제4판

# 365 Global Manners

## 365 글로벌 매너

당신의 결정적 차이를 만들어 줄 법칙

서여주 저

(주)백산출판사

## 2023년 Prologue 제4판

제러미 리프킨은 '회복력 시대'를 선언하며, 살아남기 위해 다양해져야 하고, 다양해지기 위해 낯선 것 앞에서 '더 약해지고 더 흩어질 것'을 주문했다.

2023년 계묘년을 맞이하는 우리는 모든 것은 '관계'에서 출발해서 '태도'로 수렴되는 시대를 경험할 것이다. 즉 '선을 행하되, 선은 지켜야 하는' 극한 배려 사회가 왔다는 것을 실감할 수 있다.

바이브컴퍼니의 송길영 부사장은 "무례하면 세상이 좁아진다. 섬세한 조직, 세심한 인간이 살아남는다"라고 말했다. 서로가 '소중한 손님'이라는 태도가 몸에 배어야 한다는 그의 말이 현실이 되고 있다.

기업도 개인도 결국은 태도가 경쟁력이 되는 세상에서 매너에 대한 자신감으로 독자들을 만날 것이다.

본서가 4판이 된 것은 애용해 준 대학의 독자들과 기업과 조직의 실무자들 덕분이고, 4판으로 출간되기까지 도움을 주신 백산출판사 진욱상 대표님과 책을 만드느라 애써주신 편집부와 마케팅부 여러분께도 진심으로 감사의 말씀을 전해드린다.

더욱이 앞으로 좋은 책을 만들기 위해 노력할 것이고, 독자들의 변함없는 애정을 부탁드린다.

2023.1.9.<br>서로에게 품격 있기를 바라며<br>서여주

## 2021년 Prologue 제3판

매너는 "나 다움"을 찾는 것이다. 사람들 사이의 관계를 매끄럽게 하고 타인에게 좋은 이미지를 심어주는 바른 예절과 단정한 언행은 매너의 기본이라 할 수 있다. 더욱이 지혜롭고 성공적인 삶을 살려고 한다면, 매너는 타인에게 호감을 주는 모든 것이라 할 수 있다. 이른바 매너가 "매력"이 되는 것이다.

매너라는 것은 시대에 따라서 조금씩 다르게 적용한다. 즉 매너란 실생활 속에서 에티켓을 적용하는 방식으로 상대방을 배려하고 편안하게 만들어주는 습관이라 할 수 있다. 지금은 사회생활을 윤택하게 하고 질서 있게 만드는 하나의 예의라고 생각하는 경향이 강하다. 하지만 매너의 역사를 보면, 매너란 '그 사람의 사회적인 위치를 보여주는 도구'라는 의미에서 유래되었다고 해도 과언이 아니다. 다시 말해서 좋은 매너를 보여주는 것은 '나는 사회적인 위치가 높은 품위 있는 사람'임을 과시하는 것이었다. 그러니까 매너는 문명화된 사회의 기호인 셈이라고 할 수 있다.

2020년은 전 세계가 이제껏 경험하지 못한 한 해였다. 특히 코로나19 위기를 겪으면서 타인에 대한 배려 없는 선택과 행동이 어떻게 공동체를 해치는가를 생생하게 보여줬다. 즉 새로운 시대에 새로운 매너(거리 두기와 비대면)의 가치를 먼저 익히고 실천하는 것이 중요하다는 것을 깨닫게 된 것이다.

2021년 포스트 코로나 시대가 어떤 모습일지는 예단하기 쉽지 않지만, 부드러운 매너, 폭넓은 교양, 따뜻한 친절, 상대방의 마음을 녹이는 역지사지(易地思之)가 필수가 되는 매너는 더욱 중요한 역할을 담당하게 될 것이다. 기술 중의 으뜸이 '사람 다루는 기술'이라면, '매너'야말로 자기 가치를 높일 수 있는 최고의 무형자원임을 잊지 말고 진짜 "나 다움"을 찾는 데 도움이 되길 바란다.

3판으로 출간되기까지 많은 분들이 도움을 주셨는데 우선 무리한 일정에도 기꺼이 출판을 허락해주신 백산출판사 진욱상 대표님과 책을 만드느라 애써주신 편집부 및 마케팅부 여러분께도 진심을 담아 감사의 마음을 전해드린다.

앞으로도 좋은 책을 만들기 위해 노력할 것을 약속드리며 독자들의 변함없는 애정과 격려를 부탁드린다.

2021년 3월
업그레이드 된 "나 다움"을 위해
서여주

## 2019년 Prologue 개정판

매너의 진실함(Authenticity of manners)을 강조하며, 무례를 이기는 힘이 단연코 매너임을 강조했던 2018년 본 책의 초판에 이어 2019년 개정판으로 독자분들을 다시 만날 수 있게 되어 기쁜 마음이다.

2019년 개정판에는 변화하는 글로벌 에티켓과 매너, 그리고 참신한 글로벌 비즈니스 정보를 추가하였으며 우아함의 기준을 제시하였다. 우아함이란 사람의 내면에 이르기까지 거대한 양의 세부 사항을 포함하는 다차원적 개념으로 다른 말로는 세련미라고 할 수 있다. 따라서 매너를 갖춘 우아함은 모든 상황에서 언제든지 존재하는 삶의 위치를 표현하는 것이라 할 수 있다.

본 책을 통해 올바른 매너에 대한 바른 이해로 타인의 존엄성을 침해하지 않으면서 자신의 권리를 확고히 지킬 수 있는 독자분들이 사회에 많아지길 바란다. 왜냐하면 기술 중에 으뜸이 사람 다루는 기술이라면 매너야말로 최고의 무형자원이기 때문이다. 더욱이 글로벌 매너는 글로벌 마인드로 세상을 보는 시야와 상대방에 대한 합당한 인식, 제3자에 대한 불특정 일반 대중에 대한 배려, 당당히 대우받기를 포함한 전인적 소통 능력, 비즈니스 협상 능력을 키우는 것이다. 따라서 매너를 기반으로 한 사람됨에 대한 예의와 세심함에 밑거름이 되고자 노력하였다.

개정판으로 출간을 하기까지 (주)백산출판사 진욱상 대표님과 책을 만드느라 애써주신 편집부 및 마케팅부 여러분께 감사한 마음을 언급하지 않을 수 없다. 언제나 더 좋은 책을 만들기 위해 애쓰고 있는 (주)백산출판사와의 인연을 소중하게 생각하며 한 걸음 한 걸음 더 높이 성장하겠다.

2019년 8월

야경이 아름다운 연구실에서

서여주

# Prologue

매너의 진실함(Authenticity of manners)이 커지는 시대다. 사소한 일에 감정이 격해지고 격앙된 감정을 두 번 생각할 것도 없이 배설하듯 막말로 쏟아내고 안하무인으로 거칠게 행동하는 일들이 우리 주변에서 너무 많이 일어나고 있다. 무례함의 사회라 해도 가히 틀린 말은 아니다. 무례(無禮)란 예(禮)가 없음을 말한다. 사람이 사람을 대할 때 갖춰야 할 기본적 예의를 저버리면 무례가 되는 것이다.

무례함의 특징은 전염성과 독성이다. 무례함은 전염성이 강해서 감기 바이러스 퍼지듯 퍼져나간다. 직장 내 직원들을 대상으로 한 연구결과 상사가 막말을 하면 직원들 간에 무례한 언동이 퍼지고, 이로 인한 불신이 협력을 저해하며 생산성과 창의성 저하로 이어진다는 사실이 드러났다. 무례로 인한 불쾌감은 분노, 슬픔, 우울감을 일으키면서 심신에 독소가 된다는 연구결과도 있다. 또한 무례는 심각한 공해이다. 나의 무례는 더 큰 무례로 누군가에게 전파된다. 경쟁하듯 분노와 조롱을 뿜어내다 보면 사회는 불쾌감으로 인한 불편함이 넘쳐날 것이다.

무례를 이기는 힘, 그것은 바로 매너의 진실함, 진정성이다. 더욱이 초연결사회로 진화하고 있는 현실에서 매너는 보이지 않는 힘이며, 최고의 무형자산이 된다. 따라서 본 책은 에티켓과 매너 그리고 예절에 대한 동서양의 인식과 차이를 이해하고, 각 분야별 매너를 익혀 전인적 발달을 지원하는 데 도움이 되고자 준비하였다. 더욱이 글로벌 마인드로 세상을 보는 시야와 상대방에 대한 합당한 인식을 높이고, 제3자 불특정 일반 대중에 대한 배려와 글로벌 비즈니스 및 소셜 능력을 함양하는 데 목적이 있다. 이 가운데 본 책에서 강조하는 것이 인식의 변화를 위한 노력이다. 인식의 변화가 얼마나 어려운 것인지를 단적으로 설명한 사례가 있어 소개한다.

옆에 나오는 유명한 그림 속에는 노인과 소녀가 동시에 보인다. 노인을 위주로 그림을 보면 모피코트 사이의 가로선이 살짝 열린 입이 되고 그 밑으로 턱이 보일 것이다. 입 부분 왼쪽 위에는 커다란 코가 있고, 검은 곱슬머리 바로 아래에 눈이 있다. 반면 소녀를 위주로 그림을 보면 고개를 돌리고 먼 곳을 바라보는 모습이 보일 것이다. 이 경우 노인의 입은 소녀의 목걸이가 되고, 노인의 코는 소녀의 턱이 되며, 노인의 왼쪽 눈은 소녀의 왼쪽 귀가 된다.

강의시간에 이 그림을 소개했을 때 이미 소녀와 노인의 모습이 동시에 보인다는 사실을 아는 학생들이 많았다. 하지만 학생들을 절반으로 나누어 한쪽은 소녀의 그림, 다른 쪽은 노인의 그림을 5분 동안 바라보게 한 다음 다시 전체 그림을 보여주었을 때 거의 대부분의 학생들이 다른 그림을 인식하지 못했다. 이처럼 한 이미지에 익숙해지면 다른 이미지에 대한 존재 사실을 알더라도 이를 인식하기는 쉽지 않다.

그러니 오랫동안 익숙해진 문화권에 사는 사람이 다른 문화권의 시각을 인식하는 것이 얼마나 힘들겠는가?

아주 간단한 사례지만, 매너가 매너리즘(mannerism)이 되지 않기 위해서는 우아하고 세련된 자기수양과 타인 또는 타 문화에 대한 끊임없는 학습이 필요하다는 것을 말해준다.

책은 총 5부 18장으로 구성되어 있다.

제1부는 예절, 에티켓과 매너의 이해를 고찰하였다.

제2부는 글로벌 베이직 매너로 커뮤니케이션 에티켓과 매너, 인사 에티켓과 매너, 경조사 에티켓과 매너를 다루었다.

제3부는 글로벌 비즈니스 매너로 비즈니스 근무 에티켓과 매너, 소개 에티켓과 매너, 악수 및 명함 에티켓과 매너, 방문 및 안내 에티켓과 매너, 호칭 및 경어 에티켓과 매너, 이미지메이킹을 다루었다.

제4부 글로벌 소셜 매너 1에서는 해외여행 에티켓과 매너, 호텔 이용 에티켓과 매너, 공공시설 이용 에티켓과 매너를 다루었다.

제5부 글로벌 소셜 매너 2에서는 테이블 에티켓과 매너, 국가별 비즈니스 에티켓과 매너, 세계 각국의 제스처와 의미를 포함해서 외국인이 오해할 한국인의 습관, 한국인이 오해할 외국인의 습관을 다루었다.

본 책의 가치는 독자들의 지속적인 사랑으로부터 창출된다는 것을 항상 인식하고 있다. 여러 해 동안 대학에서 '글로벌 매너'에 관한 강의를 하면서 아쉬웠던 부분은 교양서(書)다운 깊이 있는 논의가 담긴 책을 만나기 어렵다는 점이었다. 그래서 자칫 이(異)문화에 대한 이해와 스스로의 품격을 높이기 위해 마련된 대학강의가 상황별 대응 매뉴얼 정도로만 제공되는 것은 아닌지 안타까운 마음이었다. 이러한 출발점에서 본 책이 독자들에게 유익한 읽을거리가 되고 나아가 한국인의 교양을 넓히고 밝히는 데 기여할 수 있기를 바랄 뿐이다. 아직은 시행착오가 많은 초판이지만 앞으로 독자의 조언과 충고를 깊이 받아들여 향후 더 나은 내용으로 거듭날 것을 다짐해 본다.

앞으로도 변화하는 글로벌 에티켓과 매너, 그리고 참신한 글로벌 비즈니스 정보를 통해 더욱 향상된 책을 만들 수 있도록 지속적으로 노력하겠다.

끝으로 이 책이 나오기까지 여러 분들이 도움을 주셨는데 우선 무리한 일정에도 기꺼이 출판을 허락해 주신 (주)백산출판사 진욱상 대표님과 책을 만드느라 애써주신 편집부 및 마케팅부 여러분께도 진심을 담아 감사의 마음을 전해드린다.

2018년 8월

기상관측 이래 가장 무더운 여름날을 보내며 연구실에서

서여주

# 차례

## 제3부 〈글로벌 비즈니스 매너〉



## 제4부 〈글로벌 소셜 매너 1〉

PART 1

# 예절, 에티켓과 매너

# Chapter 1 예절, 에티켓과 매너의 이해

## 1 대인관계와 인간관계의 의의

대인관계(對人關係)와 인간관계(人間關係)는 일상생활에서는 대부분 같은 의미로 사용된다. 즉 일반인들이 두 용어를 혼용하고 있는데 대인관계라는 말은 어감 측면에서 볼 때 인간관계보다 가치판단(value judgement)과 감정(sentiment)이 더 개입되는 경우를 일컫는 경향이 있다. 인간관계는 경영학과 인간관계론(human relations)에서 전문적인 분야로서 다루어지는데 보통 인간관계라고 할 때는 넓은 의미로 일반적인 대인관계를 뜻하고, 좁은 의미로는 기업조직 내 구성원 간의 횡적인 관계와 상하관계를 뜻한다.

그러나 대인관계는 '집단생활 속의 구성원 상호 간의 심리적 관계'를 나타내고 있다. 구체적으로는 집단생활이 계속되는 동안 구성원 상호 간에 형성되는 어떤 특징적인 심리적 관계나 상호작용을 지칭하는 것이다. 이런 상호작용의 유형에는 협력, 경쟁, 지배 및 복종 등 여러 종류가 있다. 이들 상호작용은 조직과 사회 내에서 구성원의 적응이나 동기부여 등에 영향을 미치는 동시에 집단 전체의 특성에도 영향을 끼친다. 따라서 대인관계라는 말은 각종 심리학, 사회학, 정신치료학 등에서 전문적인 용어로 사용된다.

한편, 인간관계에 대해서는 '사람과 사람과의 인격적인 관계, 특히 경영조직 내부에서의 비공식적인 인간관계의 총칭'으로 나타내고 있다. 호손실험(Hawthorne experiments)[1]의

1) 호손효과라고도 하는데, 일종의 반응 현상으로서 개인들이 자신의 행동이 관찰되고 있음을 인지하게 될 때 그에 대한 반응으로 자신들의 행동들을 조정, 순화시키는 것이다. 이 현상은 1924년에서 1932년 사이에 미국 일리노이주 시서로(Cicero)에 있었던 '호손 웍스'(Hawthorne Works)라는 공장에서 수행된 일련의 실험에서 얻어진 결과에서 처음 관찰된 데서 유래한다.

결과 기업의 목표달성도는 종업원의 사기(士氣)에 크게 영향을 받는다는 점이 밝혀진 이래 사기앙양 요인으로 비공식 집단(informal group)의 중요성이 주목받게 되었다. 그리하여 직장의 인간관계에 유의하며 직원의 사기를 높이고 그들의 자발적인 협력을 확보하기 위한 여러 방책이 추구되기에 이르렀다.

기업경영에서 인간관계가 학문적으로 인식되기 시작한 것은 바로 위에서 언급한 것처럼 1930년 초 미국에서 이루어진 호손실험의 결과가 알려진 후부터이다. 따라서 이 실험의 결과로 인하여 대인관계에서의 인간관계와 기업조직에서의 인간관계로 뚜렷이 구분되는데 본 책에서는 대인관계에서의 인간관계를 중심으로 알아보기로 하겠다.

대인관계에서의 인간관계란 사람과 사람 사이의 관계를 말한다. 그러므로 대인관계란 인간행동과 인간행동의 상호관계라고 할 수 있다. 일반적 대인관계로서의 인간관계는 멀리 원시공동사회에서 비롯되었다고 볼 수 있다. 인간이 사회적 동물로서 살아오는 동안에 생각하는 방법과 형태가 형성될 때 그것은 바로 그 지역의 문화가 되었다. 그리고 그러한 문화 속에서 인간이 태어나고 성장해 오는 동안 인간의 사고와 행동은 그 문화의 영향을 받게 되었다.

새로운 인산관계를 맺을 때 한 국가, 한 문화 안에서도 개개인마다 사고, 행동, 언어 등에서 다양함과 차이점이 있다. 이러한 다양성과 차이점에도 불구하고 지속적인 인간관계가 유지된다. 지속적인 인간관계가 유지되는 이유는 사람들 상호 간에 감성적으로 상대방을 이해하려고 노력하기 때문이다. 감성적 이해는 말과 문자 없이도 가능한 소통이며 상대방의 행동과 사고를 수용함으로써 관계를 유지하는 것을 의미한다. 이렇게 상대방을 이해하려는 태도는 서로 행복하고 건강한 인간관계를 형성할 수 있기 때문에 인간관계를 형성하는 과정에서 상대방을 이해하는 능력이 우선시된다. 다시 말해 상대방과 만나면서 성격, 행동, 가치관 등으로 종종 문제가 발생할 수 있기 때문에 상대방을 이해하고 받아들이는 관용이 필요하다.

한 국가 내에서 좋은 인간관계를 맺는 것이 중요함과 동시에 다른 국적을 가진 사람들과 맺는 관계형성 또한 비슷하다. 오늘날은 다른 국가에 직접 가지 않더라도 자국 안에서도 국가와 문화가 다른 사람들을 종종 만날 수 있다. 이들의 만남의 방식 또한 같은 국가와 문화를 가진 사람들이 인간관계를 형성하는 방법에 상응한다.

다양한 문화가 존재하는 글로벌화 시대에 보이지 않는 감성적 대립이나 이질감 해소를 위해 서로 다른 문화 구성원들이 갖추어야 할 중요한 능력 중 하나가 매너이다. 매너는 글로벌화 사회가 아니더라도 인간이 영위하는 사회생활에서 필수적이다. 즉 글로벌 매너는 글로벌 마인드로 세상을 보는 시야와 상대방에 대한 합당한 인식, 제3자 불특정 일반 대중에 대한 배려, 당당히 대우받기 포함 전인적 소통능력, 비즈니스 협상능력을 키우는 것이다.

따라서 서구사회에서는 일상화된 행동양식인 매너가 우리에게는 생소하기 때문에 서구인들과의 문화 간 의사소통에서 이 매너 또한 문화적 갈등을 야기할 수 있으므로 다양한 국가와의 관계 형성과 유지를 위해 매너의 중요성을 인지해야 한다. 본 책은 이러한 관점으로 글로벌화에서 매너의 중요성에 대해 고찰하고자 한다.

한편, 상대방에 대한 믿음은 건강한 대인관계를 맺게 하는 또 다른 요소다. 대인관계에서 생기는 믿음은 서로가 사랑받고 이해받고 있다는 안정감을 주면서 불필요한 오해와 갈등을 방지한다. 따라서 우리는 사회생활에서 건강한 대인관계의 기둥이 되는 신뢰와 믿음을 가져야 한다.

대인관계에서 용서도 필요하다. 용서는 비난하지 않고 서로를 수용하는 것이다. 서로를 잘 이해하지 못할 때 서로에게 상처를 주는 갈등을 남기거나 상처 입은 채로 덮어놓기도 한다. 그러나 서로에게 믿음이 있다면, 상대방을 비난하지 않으면서 있는 그대로 수용하는 것이 필요하다.

대인관계에는 유머감각도 필요하다. 유머는 생활에 활력을 주는 요소이다. 서로 함께 나누는 웃음과 즐거움은 서로의 관계를 매끄럽게 만들어준다. 또한 대인관계를 무난하게 이끌어가자면 부끄러움을 극복할 필요가 있다. 부끄러움을 많이 타는 행동들은 때로 다른 사람에게 관심이 없는 것으로 비쳐지기 때문에 대인관계에서 마이너스가 될 수 있다.

| 대인관계의 기본원칙 | • 친절: 상대방에게 싹싹하게 대함으로써 불편하거나 불쾌하지 않게 한다.<br>• 신속: 상대방이 지나치게 기다리거나 짜증나지 않게 한다.<br>• 봉사: 상대방이 불필요하게 수고하거나 번거롭지 않게 한다.<br>• 정직: 상대방이 의심하거나 의아하게 생각하지 않게 한다.<br>• 정확: 상대방이 다시 처리하거나 오류를 범하지 않게 한다.<br>• 편리: 상대방이 답답하거나 불편하지 않게 한다.<br>• 명랑: 상대방 기분이 상하거나 분위기가 어색하지 않게 한다.<br>• 안심: 상대방이 불안하거나 초조하지 않게 한다.<br>• 안전: 상대방이 위험하거나 다치지 않게 한다. |
|---|---|

## 2 예절의 의미와 중요성

예절이란 예의와 범절의 준말로서 인간관계에서 서로 마찰을 없애고 불편을 덜기 위한 마음가짐이며, 약속이다. 또한 나를 낮추고 상대방을 존중하는 마음자세이며, 행동규범에 해당한다.

달리 표현하면, 예절이란 대인관계에 있어서 사회적 지위에 따라 인간의 행동을 규제하는 여러 가지 행동규칙과 사회적 관습의 체계이다. 따라서 예절의 형식은 그 사회의 생활방식, 사고방식, 사회적 흐름에 따라 다르게 나타나며 또한 시대에 따라 변천하게 된다.

이러한 예절은 법에 의해 구속되는 강제규범이 아니기 때문에 예절을 어겼을 경우 법적 처벌이 가능한 것은 아니지만 그 사회 내의 구성원들로부터 배척당하고 소외당하게 된다.

우리가 예절을 배우는 것은 집단에서 서로 다른 사람들과 잘 어울려 지낼 수 있는 능력을 기르는 것이다. 인간은 사회적 동물이다. 즉 사람은 혼자 살 수 없는 존재이며 더불어 사는 존재이다. 우리는 사람과 사람 간의 관계 속에서 더불어 살아가고 있다. 인간이 삶을 영위하고 있는 이상, 예절은 필수적이며 우리들이 살아가는 데 있어서 필요한 일정한 의식 또는 삶의 양식과도 같다.

하나의 인간은 예절을 배워 참된 인간으로 성장하고, 가정을 화목하게 이끌어 나가며, 사회에서 필요로 하는 구성원이 되는 것이다. 예절이 지켜지는 사회는 밝고 아름다운 사회이며 인간이 살기 좋은 사회가 되는 것이다. 이런 사회는 보이지 않는 무형의 '삶의 질'이 보장되는 사회로서 선진국의 필요조건이 된다.

우리나라는 전통적으로 예를 중시하였다. 그러나 현대의 한국인들은 인간소외와 물질만능의 풍조가 확산되면서 정신적으로는 황폐화되어 도덕불감증, 예의범절의 실종 등 가치관의 혼란을 겪고 있다. 따라서 전통적 가치관의 붕괴에 따른 정신적인 가치의 혼란을 극복하고 새로운 가치관을 정립하기 위해서는 더 늦기 전에 올바른 예의범절에 대한 국가적 차원의 인성교육이 절실히 요구되는 실정이다.

인간은 결코 혼자서 살아갈 수 없다. 인간은 사회적 동물이기 때문에 서로 인간관계를 맺게 된다. 즉 현실생활에서는 접촉하거나 부딪치게 되는 상대가 있기 마련이다.

따라서 인간은 동서양을 막론하고 오랜 동안 사회생활을 해오면서 인간관계를 원만히 하고 사회생활을 원활히 하기 위해 규범을 만들었다. 사람 간의 접촉에서 상대에게 갖추어야 할 말투나 몸가짐, 그리고 행동이 예의이며, 또 그러한 것들이 일상생활에서 자연스럽게 표출되는 것이 절제된 예절이다.

사람과 사람 간의 접촉과 관계에는 일정한 도리가 있어야 질서가 유지된다. 이러한 인간의 도리를 동양에서는 예(禮) 또는 예절(禮節)이라 했고, 서양에서는 에티켓(etiquette) 또는 매너(manner)라고 말한다. 오늘날 흔히 사용되고 있는 예절, 에티켓 그리고 매너의 어원과 그 차이점에 대해서 보다 자세하게 살펴보자.

## 1) 동양의 예절

동양문화권에서 사용하는 예절(禮節)은 예의(禮意)와 범절(凡節)이 합쳐진 말로 개인과 집단의 행위와 질서를 규정하는 규범이다. 즉 어느 한 시대와 한 사회의 예절이 눈에 띄는 것은 아니지만 강력한 규제력을 발휘하여 사회 구성원들의 행동양식을 일정한 방향으로 유도하면서 사회의 질서를 유지시킨다. 이런 성격 때문에 약속된 생활방식으로서 작용하는 예절은 바람직한 사회적 가치에 대한 사회 구성원들 간의 합의를 전제로 한다. 그러나 일시적으로 바람직한 가치일지라도 사회적 환경이나 시대에 따라 바뀔 수 있으므로 합의된 가치관 또한 바뀔 수 있다. 그래서 예절의 표현방식도 시대와 사회적 여건에 따라 달라질 수 있다.

예절의 어원은 '하늘에 제사를 지내고 하늘의 계시를 받아 실천한다'로 풀이되는 것처럼 그 어원적 의미는 고대의 제사의례에서 찾을 수 있다. 그러나 예(禮)는 조상을 섬기며 공경하는 것이고, 절(節)은 행동규범을 말하는 것으로서 공경하는 마음과 섬기는 마음이며 또한 절제하는 마음의 표현이었다. 그러나 예절은 점차 사회제도와 관행까지 포함하는 광의의 의미를 갖는 것으로 이해되어 오면서 특히 유교의 영향으로 인하여 복잡한 예법이 강화되는 경향을 보여왔다.

예절은 크게 마음에서 우러나오는 공경과 정성을 의미하는 예(禮)와 이러한 정신을 표현하는 행동규범으로서의 절(節)이라는 두 가지 측면으로 이루어진다. 예는 정성과 호의를 일정한 형식으로 표현하는 것이어서 정성과 공경이 부족하면 아무리 겉으로는 보기 좋은, 예절 바른 행동이라 하더라도 공허하기 마련이다.

그러므로 예절은 마음만 있어서도 안 되고 반드시 마음을 밖으로 표현하는 예절에 부합하는 언행이 있어야 한다. 즉 안에 있는 예절의 근본이 되는 마음과 밖으로 나타나는 예절의 언동이 일치되어야 진실한 예절이 되는 것이다.

예절은 두 가지 기능이 있는데 하나는 자기를 갈고 닦는 수신(修身) 또는 수기(修己)이고 다른 하나는 남과의 관계에 대처하는 치인(治人)이다. 수신하는 예절은 스스로 사람다워지려는 것으로서 자기 자신에게 작용하는 기능을 가지는데 이 경우 예절의 본질은 정성에 있는 것이다. 치인하는 예절은 자신 내부의 문제가 아니라 타인과 관계되는 것으로서 이때의 예절의 기본은 공경과 존중에 있다.

자기를 관리하는 구체적인 방법은 비록 혼자 있는 경우라 하더라도 스스로 삼가는 것이며, 대인관계에 대처하는 요령의 기본은 남을 편안하게 해주는 것이다. 즉 예절에는 모두가 함께 편히 지낼 수 있게 하기 위해서 자신의 욕구를 절제하는 마음, 서로의 편의를 위해 자신의 이익을 양보하는 마음이 필요하게 된다. 이는 곧 예절이 밝고 건전한 시민사회를 이루는 규범이며 그 나라의 국민문화수준의 척도가 된다는 점을 보여주고 있다.

## 2) 동양에서 예절의 역사

동양의 예절은 그 뿌리가 아주 깊어 고대 중국에서 서기전의 춘추전국시대까지 거슬러 올라간다. 이 시대 전반기에 살았던 유교의 창시자 공자의 저서 『논어』 안연에서 강조된 인(仁), 예(禮), 애인(愛人), 극기복례(克己復禮)[2]는 동양에서 오래전에 발달된 예절의 원형을 잘 나타낸다.

이에 대한 구체적인 실천방법은 다음과 같이 제시되고 있다. '예절이 아니면 보지 말고, 예절이 아니면 듣지 말며, 예절이 아니면 말하지 말며, 예절이 아니면 행동하지 말라'(非禮勿視 非禮勿聽 非禮勿言 非禮勿動)[3]

한편 공자의 맥을 유지하여 아성으로 불리는 맹자는 예(禮)에 대해서 '예는 문이다(禮門也)[4]'라고 강조했다. 그 뜻은 사람이 대문을 통해 드나드는 것처럼 안에 있는 마음

2) 자신의 욕구를 억제하고 예로 돌아가는 것
3) 음독은 '비례물시 비례물청 비례물언 비례물동'
4) 음독은 '예문야'

과 밖에 있는 언행이 예절이라는 문을 통해 드나들면서 한결같아야 한다고 역설하였다. 맹자의 예절은 공자의 공손축(孔孫丑) 장(章)에 나타난 인(仁)과 예(禮)에서 잘 나타난다. '남을 측은히 여기는 마음이 없으면 사람이 아니고, 부끄러워하는 마음이 없으면 사람이 아니며, 사양하는 마음이 없으면 사람이 아니며, 잘잘못을 가리는 마음이 없으면 사람이 아니다'(無惻隱之心 非人也, 無羞惡之心 非人也, 無辭讓之心 非人也, 無是非之心 非人也)[5]라는 구절이 바로 그것이다. 이어서 '측은해 하는 마음이 인의 시작이고, 부끄러워하는 마음이 의의 시작이고, 사양하는 마음이 예의 시작이고, 잘잘못을 가리는 마음은 지의 시작이다(測恩之心 仁之端也, 羞惡之心 義之端也, 辭讓之心 禮之端也, 是非之心 智之端也)'[6]라고 예의 기본에 대해 설파하고 있다.

한편, 우리나라에서는 유교의 영향을 받아 3가지 강령(綱領)과 5가지 인륜(人倫)인 삼강오륜(三綱五倫)이 전통적인 예절로서 강조되어 왔다(〈표 1-1〉 참조).

〈표 1-1〉 삼강오륜

| | | |
|---|---|---|
| 삼강(三綱) | 군위신강(君爲臣綱) | 임금은 신하의 본보기가 되어야 한다. |
| | 부위자강(父爲子綱) | 아버지는 아들의 본보기가 되어야 한다. |
| | 부위부강(夫爲婦綱) | 남편은 아내의 본보기가 되어야 한다. |
| 오륜(五倫) | 부자유친(父子有親) | 아버지와 자식 사이에는 친함이 있어야 한다. |
| | 군신유의(君臣有義) | 신하는 임금에 대하여 의로써 충성을 다한다. |
| | 부부유별(夫婦有別) | 부부 사이에는 구별이 있어야 한다. |
| | 장유유서(長幼有序) | 어른과 아이 사이에는 차례와 질서가 있어야 한다. |
| | 붕우유신(朋友有信) | 친구 사이에는 신뢰가 있어야 한다. |

또한 유교사상을 바탕으로 한 마음과 몸 수양의 또 다른 예는 학자들의 기초학문서인 율곡(栗谷) 이이(李珥)가 쓴 『격몽요결(擊蒙要訣)』의 '구용구사(九容九思)'를 제시하였는데, 이는 사람이 제 구실을 하기 위하여 마땅히 지녀야 할 아홉 가지 바른 용모와 아홉 가지

5) 음독 '무측은지심 비인야, 무수오지심 비인야, 무사양지심 비인야, 무시비지심 비인야'
6) 음독 '측은지심 인지단야, 수오지심 의지단야, 사양지심 예지단야, 시비지심 지지단야'

바른 생각을 뜻하는 말이다.

구용구사(九容九思)를 살펴보면 〈표 1-2〉와 같다.

〈표 1-2〉 구용구사

| | | |
|---|---|---|
| 구용(九容) | 족용중(足容重) | 거동을 가볍게 하지 않는다. |
| | 수용공(手容恭) | 손가짐을 공손히 한다.(손을 가지런히 모은다.) |
| | 목용단(目容端) | 시선을 바로 한다.(흘려보거나 간사하게 보지 않는다.) |
| | 구용지(口容止) | 말하거나 음식을 먹을 때를 제외하고 입은 조용히 한다. |
| | 성용정(聲容靜) | 말소리는 항상 나직하고 조용하여 시끄럽거나 수선스럽지 않게 한다. |
| | 두용직(頭容直) | 머리는 한쪽으로 기울이거나 돌리지 말고 곧게 가져야 한다. |
| | 기용숙(氣容肅) | 숨쉬기를 정숙히 한다.(소리 내서 숨쉬지 않는다.) |
| | 입용덕(立容德) | 서 있을 때는 덕이 있어 보이도록 반듯한 자세로 서 있어야 한다. |
| | 색용장(色容莊) | 얼굴은 생기 있고 씩씩하게 가져야 한다.(태만한 기색이 없어야 한다.) |
| 구사(九思) | 시사명(視思明) | 항상 사물을 볼 때 바르게 본다. |
| | 청사총(聽思聰) | 항상 남의 말과 소리를 똑똑하고 분별있게 들어야 한다. |
| | 색사온(色四溫) | 항상 온화하여 얼굴에 성난 빛이 없도록 한다. |
| | 모사공(貌思恭) | 항상 외모를 공손하고 단정하게 가지도록 한다. |
| | 언사충(言思忠) | 항상 진실하고 믿음이 있는 말만 한다. |
| | 사사경(事思敬) | 모든 일에 공경하고 행동을 조심히 삼가야 한다. |
| | 의사문(疑思問) | 항상 의심이 있을 때는 반드시 물어 알도록 한다. |
| | 분사난(忿思難) | 분한 일이 있을 때는 이성으로 억제한다. |
| | 견득사의(見得思義) | 재물은 의리의 분별을 밝혀 의에 합당한 연후에 취한다. |

예절은 사소한 것에서부터 시작되며 사소한 예절을 지킴으로써 그것이 곧 예절의 완성이 되는 것이다. 『사소절(士小節)』에 따르면 '사소한 예절을 닦지 않고서 능히 큰 예의를 실행하는 사람을 일찍이 보지 못했다'고 설파하고 있는데, 이는 사소한 예절부터 귀중히 여기고 잘 지켜나감으로써 능히 큰 예절을 지킬 수 있음을 강조하는 말이다. 『소학(小學)』에서도 바른 몸가짐, 옷 입는 법도, 음식 먹는 예절 등 사소한 예절에 대해 다루고 있듯이 남과 자기를 위한 작은 실천이 예절의 중요한 부분을 차지하고 있음은 두말할 나위가 없다.

예절의 목적은 대내적으로 수기(修己)라고 할 수 있는데, 사람다워지기 위해 자기자신을 스스로 갈고 닦는 것이다. 수기의 본질은 성(誠)이다. 성은 자기가 말한 것을 이룬다는 뜻으로서 자신을 속이지 않는 것이다. 성을 달성하기 위한 요령으로서 중용(中庸)에서는 홀로 있을 때에도 자신을 정성스럽게 관리하는 신독(愼獨)을 제안하였다. 이런 것들이 순조롭게 잘 이루어지면 결과적으로 양심 바르고 예절 바른 개인이 된다.

예절의 대외적 목적은 치인(治人)이라고 하는데 이는 대외적으로 남과 더불어 함께 살아가는 것을 의미한다. 치인의 본질은 어른을 공경하고, 아랫사람을 사랑하는 것이 기본이다. 또한 치인의 요령은 남을 편안하게 해주는 안인(安人)이다. 이런 예절이 잘 이루어지면 관용과 사랑으로 사람을 감싸는 인간애가 나타날 수 있다고 많은 사람들이 믿고 있다.

### 3) 예절의 학습과 실천

예절은 저절로 배워지는 것이 아니다. 끊임없는 노력을 기울여 마음에 들어앉고 몸에 익어야 한다.

#### (1) 마음을 바르게 갖는다

항상 사람이 되고, 사람 노릇을 해서, 사람대접을 받으며, 사람과 더불어 살아야겠다는 마음을 가지고 생활하면 예절이 마음에 들어앉고 몸에 익는다.

#### (2) 본받는다

남이 하는 것을 보고 그것이 아름답고 좋은 일이면 자기도 그렇게 본받아야 한다.

#### (3) 양보한다

자기가 하고 싶은 대로 하면 예는 지켜질 수가 없다. 남을 위하여 참고 견뎌야 한다.

#### (4) 경계한다

남이 하는 일이 미워 보이거나 나쁘다고 생각되면 경계해서 자기는 그렇게 하지 않는다.

#### (5) 잘 듣는다

어른, 스승, 선배의 말씀에 귀를 기울여 그들의 경륜을 자기의 것으로 한다.

#### (6) 친구를 고른다

남에게 칭찬받고 착한 일을 하는 사람을 친구로 사귄다.

(7) 예절에 관한 책을 읽는다

예절에 관한 책을 항상 옆에 두고 읽으며 참고한다.

(8) 예절 지도를 받는다

예절을 가르치는 곳에 가서 모르는 것을 물어 열심히 배운다.

예절은 그 내용을 아는 것도 중요하지만 실천하는 것이 더욱 중요하다.

(1) 자기관리를 철저히 한다

개성을 돋보이려 하지 말고 남과 잘 어울리도록 한다. 이는 바로 스스로 사람다워지려 하는 첫걸음인 것이다.

(2) 대인관계를 원만히 한다

자기의 방식을 고집하지 말고 모두가 약속해 놓은 방식으로 한다. 언제든지 상대편을 높이고 자기를 낮추는 공손함이 앞서야 한다.

(3) 공중질서를 지킨다

개인의 사적인 편리를 내세우지 말고 항상 남의 입장에 서서 생각한다. 사회의 분화와 함께 집단 이기주의가 팽배해 가는 오늘날 공중생활예절은 더욱 지켜야 할 덕목이라 생각한다.

(4) 내 몸을 아끼듯 남을 아낀다

자기가 원하는 대로 남에게 해야 한다. 『맹자』에도 있듯이 부모에게 효도하듯이 다른 어른을 공경하고, 자기 자식을 사랑하는 것과 같이 아랫사람을 아끼면 다른 일은 손바닥을 뒤집듯이 수월할 것이다.

(5) 언행에 책임을 진다

말만 내세우고 행동이 따르지 않는다던가, 자기가 한 언행을 부인해서는 안 된다.

(6) 잘못은 사과하여 용서를 받는다

실수를 하면 상대방이 누구든 간에 분명히 사과하고 용서를 구해야 한다.

## 3 에티켓과 매너의 이해

### 1) 에티켓과 매너의 역사

서양에서 일상적으로 사용되는 에티켓(etiquette)은 프랑스에서 온 것으로 10세기에서 13세기에 '묶다', '붙이다'라는 뜻을 가지고 있는 고대 프랑스어 'estiquier(에스띠끼에르)'에서 파생된 말이다. 이것이 14세기를 넘어가면서 줄로 연결해 박아놓은 말뚝들을 지칭하는 중세 프랑스어 'Estiquet(에스티께), Tiquet(티께), Estiquette(에스티껫)'으로 진화되었다.

에티켓에 대한 유래에는 몇 가지가 있다. 1682년에 베르사유 궁전을 건축했는데 궁전은 당시에 상류층과 귀족층의 사교중심지로서 수천 명의 초청객들이 운집하였다. 그런데 평상시에 1,000여 명, 많을 때는 4,000여 명의 초청객들이 모여들어 연회를 즐기다 보니 화장실 문제가 대두되었다. 즉 용변이 급한 사람은 정원 내 잔디밭에 들어가 슬쩍 실례하는 경우가 자연스럽게 발생했다. 그래서 화장실을 안내하는 안내표지판 말뚝을 정원에 길을 따라 박아놓았다. 정원의 출입을 금지하고 화장실을 안내하는 표시는 이후 '에티켓을 따라간다.' 또는 '에티켓을 존중한다.'라는 의미로 사용되었다. 또한 '정원 출입 금지'라는 경고 표지판의 의미를 뛰어넘어 상대방의 '마음의 정원'을 침범하지 않는다는 뜻으로 넓게 해석되어 오늘날의 에티켓으로 발전하였다.

또 하나는 루이 14세 시절 베르사유 궁전에 들어가는 사람에게 주어지는 일종의 티켓에 그 기원을 둔 설이 있다. 루이 14세는 베르사유 궁전에 출입하는 사람들에게 궁에 들어오는 사람은 아무나 들어올 수 없고 궁에 어울릴 만한 자격을 갖춘 사람, 규범을 지키는 사람만이 들어올 수 있다는 의미로 궁 내에서 지켜야 할 사항이 수록된 출입증을 줬다는 데서 유래됐다.

베르사유 궁전은 귀족들의 에티켓 교육장이 되었다. 루이 14세는 1661년에 실권을 잡은 후 『프랑스의 예의』라는 책자를 발간했는데, 이는 당시 유럽 풍속의 기준이 되었다. 루이 14세는 전통적인 귀족들을 엄격한 궁정 격식과 예법으로 묶어두는 정책을 폈다. 즉 루이 14세는 철저한 예법과 의식을 통해 전통적인 귀족들의 반발을 무마하고 지배한 군주였다.

프랑스의 에티켓은 루이 14세가 주변 사람들에게 엘레강스(elegance)를 구현하고자 했던 취지와도 부합된다. 당시까지의 궁정사회는 남성 중심이었으나, 루이 14세 때부터 많은 여성이 궁정에 모여 사교를 했다. 궁전 밖에서는 상류층의 교양 있는 여성들이 살롱(salon)에 모여 사교를 했다. 큰 저택의 객실이나 응접실에 마련된 살롱에서는 명사들의 연회, 상류층 여성의 초대회나 미술품전람회 등이 열렸다.

이어 프랑스에서는 18세기에 부르주아(bourgeois) 계층이 등장하면서부터 베르사유 궁전에서의 풍속은 파리의 부유층인 부르주아 사회로 이식되었다. 부르주아는 중세도시의 성직자, 귀족에 속하지 않은 자유민, 상공업에 종사하는 부자나 유산계층을 의미한다. 18세기 들어 몰락한 귀족은 신흥 부르주아 계층에게 경제적으로 경쟁이 되지 못했다. 부르주아 계층은 막강한 경제력을 바탕으로 과거의 봉건적인 신분사회를 허물고 근대 시민사회를 이행하는 데 크게 기여하였다. 여기에 결정적인 역할을 수행한 것이 바로 예절과 매너이다.

매너(manner)는 라틴어인 'manuarius(마누아리우스)'에서 유래하였다. manus(마누스: 행동, 습관)와 arius(아리우스: 방식, 방법)의 합성어로 상대방을 존중하며 상대방에게 불편이나 폐를 끼치지 않으려는 독특한 습관이나 몸가짐을 의미한다.

서양의 중세시대는 교황의 절대권력하에 놓이게 되어 인문과학과 문예에 있어서는 암흑기였지만, 엄격한 봉건체제는 매너의 황금기라는 역설을 낳고 있다. 그러다가 르네상스 이후 매너의 산실은 절대왕국의 왕실로 옮겨가게 되었다. 이 당시 왕실 내에서 엄격하게 지켜진 격식은 매너의 다른 표현이었는데 이렇게 왕실에서 발달된 매너는 차츰 귀족사회로 확산되어 특권층 내에서 철저하게 이루어졌다.

16세기 영국에서는 예법서로 알려진 이탈리아의 저서들이 출판되었는데 특히 1528년에 출간된 『발다사레 카스틸리오네의 예법서(Il libro del cortegiano)』는 유명하며 리처드 브래스웨이트가 쓴 『영국신사(The English Gentleman)』와 『양처의 특성(Description of a Good Wife)』 등은 영어사용권으로서 영국의 식민지였던 미국까지 전해졌다. 이 당시 상류층은 사소한 부분까지도 매너로 삼아 자신들의 계층을 특권화하려 했고 갈수록 까다로운 의식을 만들어내기도 했다.

한편 영국의 예절문화는 빅토리아 여왕(1837~1901)의 영향을 받아 형성된 새로운 상류계층에 의해 발전했다. 당시 영국은 세계적인 제국을 건설하여 해가 지지 않는 나라를 건설했는데 신흥 상류계층은 프랑스와는 달리 궁정 중심이 아니라 정치가, 기업가, 학자들로 구성되었다. 영국의 상류층은 세련된 몸가짐과 고상함을 보여 타인의 존경을 받는 것을 훌륭한 신사라고 인식하였다. 신사(gentleman)에 대응하는 숙녀(gentlewoman)의 요건도 신사가 되는 요건과 비슷했다.

그러나 제1차, 제2차 세계대전 후 사회적 평등이 강조되고 수정자본주의가 발달하면서 기존의 귀족과 같은 계층은 사라지고 행동양식이 단순화되면서 특권층만의 예절이 아니라 보통사람들을 위한 예절로 일반화되었다. 이로써 왕실이나 귀족을 위한 전통적인 예절은 대부분 사라지고 지금은 인사예절, 식사예절, 공중도덕, 장례예절 등 일반적인 생활예절이 폭넓게 자리 잡고 있다. 그러나 국왕이 있는 유럽의 국가는 그 주변에 엄격한 예의가 지켜지고 있으며, 대통령 등 국가원수 주변에서도 공식적인 행사예절이 철저하게 지켜지고 있다.

현대에 들어와서 영국은 가문 중심에서 벗어나 개인의 도덕과 교양을 갖춘 신사도(gentlemanship)를 중시하고 있다. 영국신사가 되기 위한 요건은 외면적 용모나 조건보다는 그 사람의 도덕적 성품을 반영한다. 신사는 좋은 가문이나 높은 지위에서 나오는 것이 아니라 인간의 품성에서 나온다. 남의 눈에 띄지 않는 은근함과 확고한 신념을 가져야 한다.

### 2) 에티켓과 매너의 차이점

흔히 에티켓과 매너는 동일시되거나 그 표현과 의미가 혼용되어 쓰이기도 한다. 그렇다면 그 차이는 무엇일까? 에티켓이 사람과 사람 사이의 서로 지켜야 하는 약속과 같은 것이라면 그 약속을 지키기 위해 하는 행동방식을 매너라고 할 수 있다. 즉 에티켓은 규칙과 규범 같은 합리적인 행동기준에 맞추는 '형식(Form)'에 해당하는 것이고, 매너는 그것을 보여주는 하나의 방식인 '방법(Way)'에 해당하는 것이다. 이를 테면, 스승님에게 인사하는 것은 에티켓이지만, 인사를 경망하게 하느냐, 공손하게 하느냐는 바로 매너의 문제라는 것이다. 다시 말해, 에티켓은 지켜도 되고 지키지 않아도 되는 차원의 문제가 아닌 기본적으로 지켜야 하는 것이다. 즉 에티켓을 통해 질서 있고 안정된 사회를 유지하려는 필요성에 의해 발달된 예절, 예법, 사회에서 반드시 지켜야 할 불문율인 것이다. 또한 매너는 어떤 일을 할 때 '바람직하고 좀 더 쾌적하고 우아하다'는 감각에서 생겨난 습관이다. 그것은 상대에 대한 마음 씀씀이나 물건 다루는 방법, 사람과 교제하는 방법,

몸짓 등에 관한 것이다.

간단히 정리하면, 에티켓이란 사회생활에서 일어날 수 있는 충돌을 방지하기 위해 지켜야 할 최소한의 예절이지만, 매너는 사회적이고 적극적인 교섭문화다. 에티켓은 자신에 대한 방어책이지만 매너는 존중과 감동을 통한 상대와의 진정한 소통이다. 에티켓은 최소한의 규칙이지만 매너는 큰바위얼굴 같은 주인 되기 품격이다. 규칙이나 규정은 매뉴얼화할 수 있지만 매너는 한계가 없는 내공이다. 에티켓을 지식에 비한다면 매너는 지혜와 같은 것이다. 즉 매너는 철저히 개인기다. 따라서 매너는 누구나 아무 때고 단기간에 쉽게 배울 수 있는 것이 아니다. 인간의 성장과정과 사회문화를 통해 장기간에 걸쳐 자연스레 습득되는 것이기 때문이다.

에티켓과 매너의 경계를 명확하게 구분하기가 쉽지 않지만, 매너라는 플랫폼에서 에티켓은 수면 위로 드러난 빙산의 일각에 비할 수 있겠다. 남을 인정하고 소통하고자 하는 의지를 지닌 세계관과 마음자세하에서 이를 가능케 하는 기본 몸자세 및 그것을 실현해 내는 세부 동작 믹스들이 곧 에티켓의 각론이라면, 그 효과를 증폭시키는 인문학적 도구들을 포함한 사회교섭문화 내공 전반을 매너의 영역이라 할 수 있다. 그러니까 매너란 도구(tools)이자 방법(methods), 수단(means)이자 기술(techniques)이라 할 수 있다. 즉 매너는 상대방을 인정하며 긴밀하게 소통하는 것이다.

매너에는 크게 두 가지가 존재한다. 바로 일차적 입장의 매너와 이차적 입장의 매너로 나누어 살펴볼 수 있다. 일차적 입장에서의 매너는 자신의 관점에서 사물과 사람을 바라보는 지극히 개인주의적 입장이라는 것이다. 이러한 입장에서의 매너는 상대를 의식하기보다 자기 자신의 입장에서 모든 것을 생각하고 행동하기 때문에 보는 이로 하여금 자신감 있고 독립적이라는 인상을 줄 수 있다. 그러나 사회에서의 이러한 입장을 고수하는 사람들은 다소 독선적이고, 이기적으로 비춰줄 수 있다. 앞서 설명한 바와 같이, 매너라는 것은 본디 배려가 기본이 되어야 하는 행동양식으로 먼저 상대를 생각하는 마음이 있어야 한다는 것을 알 수 있다. 이차적인 입장은 상대의 관점에서 사물과 사람을 바라보는 입장으로서 일차적 입장과는 다소 차이를 보이고 있다. 이러한 관점을 고수하는 사람은 상대방에게 배려하는 마음이 우선시되어 상대에게 보다 편안하고 좋은 이미지를 상대방에게 줄 수 있다는 점에서 좋다고 판단될 수 있다. 그러나 이 관점 역시 지나치면, 상대방의 주장과 입장을 항상 먼저 고려하고 배려하게 되어 결국 상대에게 의존적인 사람으로 보일 수 있으므로 일차적 입장과 이차적 입장을 고루 취하는 것이 진짜 매너를 잘 활용하는 사람이라 할 수 있다.

매너를 통한 인간관계 형성은 사회의 화합을 돕고 본인과 타인을 그리고 집단을 연결해 주는 원동력이며, 긍정적인 인간관계를 통해 사회적인 성공을 이끌어내는 방법이다. 다시 말해 매너는 인간관계에서 공감대를 형성하는 데 기본적인 배려이며 갈등을 최소화시켜 주는 수단이기도 하다. 강제적이거나 의무화할 수는 없지만 개인의 성향에 따라 매너가 좋고 나쁨의 차이가 존재한다는 것을 알 수 있다. 그러므로 특수한 상황에서 조건에 맞는 매너는 타인에게 신뢰감과 편안함을 주고 인간관계를 긍정적으로 만들어 준다.

한편 일부 논자(論者)들은 매너에 대해 말할 때 어떤 특정인의 매너는 좋고 나쁜 것으로 나타내는가 하면 에티켓에 대해서는 어떤 특정인이 이를 잘 지킨다거나 잘 지키지 않는다는 식으로 표현한다. 예를 들자면 '○○○은/는 항상 매너가 좋다.'라고 말하거나 '○○○은/는 평소에 에티켓을 잘 지킨다.'라는 식으로 나타낸다.

읽을거리

## Self Checklist 나의 매너점수는?

| 문 항 | 그렇다 | 보통이다 | 그렇지 않다 |
|---|---|---|---|
| | 안다 | 잘 모른다 | 전혀 모른다 |
| 사회생활에서 당신은 매너가 중요하다고 생각하십니까? | 4 | 3 | 2 |
| 첫인상의 중요성과 연관된 이론을 알고 있습니까? | 4 | 3 | 2 |
| 자동차를 탈 때 상석이 어디인지 알고 있습니까? | 4 | 3 | 2 |
| 서양식 정찬 테이블 플레이스 세팅에 있어서 각각의 용도를 알고 있습니까? | 4 | 3 | 2 |
| 상대방과 대화할 때 주로 듣는 편입니까? | 4 | 3 | 2 |
| 상사에게 자기를 호칭할 경우 '저' 또는 지위나 직명을 사용한다는 사실을 알고 있습니까? | 4 | 3 | 2 |
| 명함을 받고 상대방의 면전에서 상대의 명함 뒷면에 메모하는 것은 명함매너에 어긋난다는 것을 알고 있습니까? | 4 | 3 | 2 |
| 포타주와 콩소메 수프(soup) 먹는 방법을 알고 있습니까? | 4 | 3 | 2 |
| 전화를 받을 때 목소리를 낮춰 말하여 주위사람에게 방해가 되지 않으려고 노력합니까? | 4 | 3 | 2 |
| 식당에서 냅킨 사용법은 알고 있습니까? | 4 | 3 | 2 |
| 나이프와 포크 사용법을 알고 있습니까? | 4 | 3 | 2 |
| 회의실에서 좌석에 앉을 때 상석을 알고 있습니까? | 4 | 3 | 2 |
| 비행기 기내에서의 화장실 이용법을 알고 있습니까? | 4 | 3 | 2 |
| 호텔에서 객실 이용 시 침대 이용법을 알고 있습니까? | 4 | 3 | 2 |
| 호텔에서 모닝콜이 무엇인지 알고 있습니까? | 4 | 3 | 2 |
| 평상시 상대방과 대화할 때 안정된 자세로 이야기합니까? | 4 | 3 | 2 |
| 악수하는 순서는 상급자가 하급자에게 먼저 한다는 사실을 알고 있습니까? | 4 | 3 | 2 |
| 우리나라에서 에스컬레이터를 올바르게 타는 방법을 알고 있습니까? | 4 | 3 | 2 |
| 코르크차지가 무엇인지 알고 있습니까? | 4 | 3 | 2 |
| 상사와 함께 작업을 마친 후 상사에게 "수고하셨습니다."라고 말하고 있습니까? | 4 | 3 | 2 |

읽을거리

| 문 항 | 그렇다 | 보통이다 | 그렇지 않다 |
|---|---|---|---|
| | 안다 | 잘 모른다 | 전혀 모른다 |
| 국가별 선물매너에 대하여 알고 있습니까? | 4 | 3 | 2 |
| 국가별 식사매너에 대하여 알고 있습니까? | 4 | 3 | 2 |
| 국가별 제스처의 의미에 대하여 알고 있습니까? | 4 | 3 | 2 |
| 직장에서 이메일 매너를 잘 알고 사용하고 있습니까? | 4 | 3 | 2 |
| 예절, 에티켓과 매너의 의미와 차이점을 알고 있습니까? | 4 | 3 | 2 |
| 비행기 비상구 배정원칙에 대하여 알고 있습니까? | 4 | 3 | 2 |

〈나의 매너 평가〉

| | |
|---|---|
| 90점 이상 | 당신의 매너는 전혀 문제가 되지 않습니다. 멋진 매너를 가진 사람입니다. |
| 75~89점 | 당신은 매너에 대해 상당한 관심을 가지고 있습니다. 그러나 다소 노력이 요구됩니다. |
| 74점 이하 | 당신은 매너에 대해 다소 무관심한 편입니다. 매너에 관련된 지식을 늘려야 합니다. |

자료: 이정원 외(2017), 매력이 넘치는 매너플러스, 교문사, 인용 후 저자 일부 수정

# PART 2

# 글로벌 베이직 매너

# Chapter 1 커뮤니케이션 에티켓과 매너

## 1 커뮤니케이션의 이해

커뮤니케이션의 어원은 라틴어 'communis'에서 유래되었다. 'communis'는 '공통되는(common)', 혹은 '공유한다(share)'라는 뜻을 지니고 있으며, 여기서 파생된 단어 중에는 '공동체'를 의미하는 'community'가 있다.

이 같은 어원 설명에서 보듯이, 커뮤니케이션은 대체로 복수(複數)상황에서 일어나는 것임을 알 수 있다.(일부 학자는 그래서 반드시 복수형태인 'communications'로 표기하기도 한다.) 그리고 서로 나누는 것—우리는 정보와 생각, 감정을 말과 글은 물론 신체 언어나 심지어 자신만의 버릇, 스타일 등을 통해 상대방과 나눌 수 있다—임을 알 수 있다. 실제로 커뮤니케이션 없는 공동체, 또는 공동체 없는 커뮤니케이션은 상상하기 어렵다. 커뮤니케이션은 인간으로 하여금 사회적 존재로서 살아가게 만드는 도구가 된다. 사회학자인 쿨리(Cooley)가 커뮤니케이션을 가리켜 '인간관계가 존재하고 발전하게 되는 메커니즘(mechanism)'이라고 설명한 것은 이러한 맥락에서다. 인간은 커뮤니케이션을 행하는 가운데 관계를 형성시키고 발전시켜 왔으며, 이는 곧 역사와 문화로 이어져 왔다.

인간은 단독으로 생을 영위하는 존재가 아니라, '무리'를 지어서 존재하는 '군집성'을 지니고 있다. 이는 하나의 '군집'이 존재할 수 있는 또 다른 기제의 필요성을 의미하는데, 그것이 바로 '커뮤니케이션 행위'인 것이다. 즉 커뮤니케이션이란 서로 간의 관계상황(relational context) 속에서 이루어지기 때문에 공동체 없는 커뮤니케이션 혹은 커뮤니케이션 없는 공동체는 상상할 수가 없다는 점에서 커뮤니케이션 능력은 사회적인 존재로서 인간을 살아가게 만드는 가장 중요한 도구라고 할 수 있다.

이러한 커뮤니케이션은 송신자가 자신이 지니고 있는 감정, 정보, 사상 등을 언어적 표현이나 비언적 표현을 사용하여 수신자에게 전달하고, 이에 대하여 수신자는 특정 반응이나 행동을 보여주는 일련의 과정을 담고 있다.

## 1) 커뮤니케이션 진행과정

메시지로 표현된 커뮤니케이션의 목적은 송신자(source)로부터 수신자(receiver)에게 전달된다. 메시지는 상징적인 기호로 부호화(encoding)되어 경로(channel)에 의해 수신자에게 전달되고, 수신자는 부호화된 내용을 원래의 메시지로 해독(decoding)하게 된다. 이러한 과정을 거쳐 전하고자 하는 의미가 한 사람에게서 다른 사람에게로 전달된다([그림 1-1] 참조).

[그림 1-1] 커뮤니케이션 진행과정

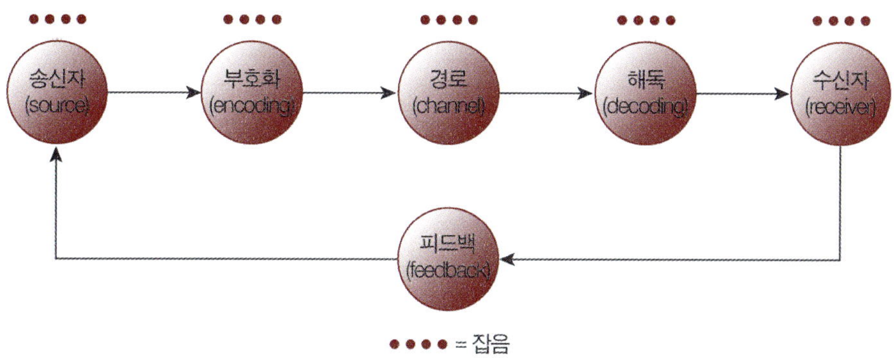


### (1) 송신자

커뮤니케이션은 송신자가 의사소통의 필요성을 느낄 때부터 시작된다. 이때의 필요성은 정보를 전달할 필요성일 수도 있고 상대방으로 하여금 특정 행동을 취할 것을 요구하는 필요성일 수도 있다.

### (2) 부호화

송신자는 전달하려는 아이디어를 부호화하여 메시지를 만든다. 송신자가 아이디어를 전달가능하고, 이해가능한 형태로 변환시키는 과정을 부호화라고 한다. 예를 들면, 우리가 누군가에게 편지를 쓰거나 말을 할 때, 사용할 단어를 선택하는 것이 아이디어의 부호화이다. 아이디어를 전달하기 위해 이 과정은 매우 중요하다.

### (3) 경로

메시지를 부호화한 후, 하나 이상의 커뮤니케이션 매체(channels of communication)를 통해 수신자에게 전달된다. 전화, 라디오, TV, 우편 등 다양한 매체들이 이용될 수 있으며, 매체는 대체로 전달하고자 하는 정보형태에 의해 결정된다. 어떤 매체가 이용되든지 부호화된 메시지 전송의 목표는 전달하고자 하는 수신자에게 메시지를 정확하게 전달하는 것이다.

### (4) 해독

일단 메시지가 수신되면, 수신자는 전해진 메시지를 아이디어로 환원하는 해독(decoding) 작업을 수행해야 한다. 해독작업이 정확하게 이루어진다면 아이디어는 전달자가 의도한 대로 전해질 것이다.

### (5) 수신자

메시지가 수신자에게 전해지면 수신자는 메시지를 통해 송신자가 무엇을 표현하려 했는지 이해할 수 있어야 한다.

### (6) 피드백

메시지가 해독된 후, 수신자는 메시지를 송신자에게 다시 전달한다. 이를 피드백이라 하는데, 송신자는 피드백을 통해 전달하려는 메시지가 전달되었고, 의도한 효과를 발휘하였는지 여부를 가늠한다.

### (7) 잡음

잡음(noise)은 송신과 수신 사이에 발생하며 커뮤니케이션의 정확도를 감소시킨다. 여기에는 언어가 갖는 어의상의 문제, 메시지의 의도적 왜곡 등이 있다. 잡음은 커뮤니케이션 과정 중 어디서나 발생할 수 있다.

## 2) 커뮤니케이션 장애요인

커뮤니케이션 과정상의 여러 장애요인들을 송신자, 수신자, 상황과 관련된 것으로 나누어 살펴보도록 하자.

### (1) 송신자와 관련된 장애요인

첫째, 의사소통 목표의 결여로 정확한 목표가 없는 경우에는 메시지의 내용이 명확하게 나타날 수 없다.

둘째, 의사소통 기술의 부족에 따른 단어 선택, 전달경로의 부적절성, 부정확한 표현이나 문장구성 등은 수신자의 이해가능성을 저하시킨다.

셋째, 대인적인 감수성 결여는 수신자에게 동기부여를 제공하지 못하므로 커뮤니케이션의 역효과를 가져온다.

넷째, 준거체계의 차이로 동일한 내용의 메시지를 다르게 해석하게 된다.

다섯째, 신뢰도의 결핍은 송신자의 메시지에 대한 수신자의 반응에 큰 영향을 미친다.

### (2) 수신자와 관련된 장애요인

첫째, 수신자가 전달자를 평가하려는 경향이 있다면, 송신자의 메시지를 정확하게 해석할 수 없게 된다.

둘째, 송신자에 대한 편견은 메시지를 즉흥적으로 판단하게 하여 효과적인 이해나 수용을 어렵게 만든다.

셋째, 사람들은 선택적 경청으로 기존사실과 다른 정보에 접할 때 그 정보를 거부하려는 경향이 있다.

넷째, 피드백의 결핍은 송신자를 실망시켜 의사소통의 기회를 줄여버린다.

다섯째, 정보 수신자가 고의로 정보를 호의적이거나 부정적으로 여과(filtering)하기도 한다.

### (3) 수신자에 대한 잘못된 가정

첫째, 의미상의 문제점으로서 같은 기호를 상황에 따라 다른 의미로 해석하는 경우가 있다.

둘째, 정보의 과중(overload)으로 수신자가 능력 이상의 메시지를 받았을 때, 커뮤니케이션의 유효성이 저하된다.

셋째, 시간의 압박(time pressure)으로 커뮤니케이션의 정확성 및 기회상실을 초래하기도 한다.

넷째, 커뮤니케이션 분위기의 문제로서 신뢰성과 개방성이 낮은 사회는 커뮤니케이션 성과가 낮다.

다섯째, 정보는 적절한 시기(timing)에 알맞게 전달되어야 한다.

여섯째, 커뮤니케이션 경로를 형성할 때에는 커뮤니케이션 당사자들에게 충분한 정보가 전달될 수 있도록 해야 한다.

일곱째, 대화 당사자 간의 지위상 차이(status difference)로 인하여 커뮤니케이션이 왜곡될 수 있다.

읽을거리

## 나의 커뮤니케이션 스타일은?

아래 각 문항을 읽고 당신의 대응 방식을 선택하시오.

| 문항 | 전혀그렇지않다 | 약간그렇다 | 상당히그렇다 | 매우그렇다 | 문항 | 전혀그렇지않다 | 약간그렇다 | 상당히그렇다 | 매우그렇다 |
|---|---|---|---|---|---|---|---|---|---|
| 1. 자신감이 있다. | ① | ② | ③ | ④ | 21. 마음이 약하다. | ① | ② | ③ | ④ |
| 2. 추진력이 있다. | ① | ② | ③ | ④ | 22. 수줍음이 있다. | ① | ② | ③ | ④ |
| 3. 고집이 세다. | ① | ② | ③ | ④ | 23. 온순하다. | ① | ② | ③ | ④ |
| 4. 지배적이다. | ① | ② | ③ | ④ | 24. 조심성이 많다. | ① | ② | ③ | ④ |
| 5. 자기주장이 강하다. | ① | ② | ③ | ④ | 25. 추진력이 부족하다. | ① | ② | ③ | ④ |
| 6. 꾀가 많다. | ① | ② | ③ | ④ | 26. 다툼을 피한다. | ① | ② | ③ | ④ |
| 7. 자기 자랑을 잘한다. | ① | ② | ③ | ④ | 27. 고분고분하다. | ① | ② | ③ | ④ |
| 8. 자존심이 강하다. | ① | ② | ③ | ④ | 28. 단순하다. | ① | ② | ③ | ④ |
| 9. 치밀하다. | ① | ② | ③ | ④ | 29. 겸손하다. | ① | ② | ③ | ④ |
| 10. 계산적이다. | ① | ② | ③ | ④ | 30. 솔직하다. | ① | ② | ③ | ④ |
| 11. 강인하다. | ① | ② | ③ | ④ | 31. 인정이 많다. | ① | ② | ③ | ④ |
| 12. 냉철하다. | ① | ② | ③ | ④ | 32. 다정다감하다. | ① | ② | ③ | ④ |
| 13. 독하다. | ① | ② | ③ | ④ | 33. 관대하다. | ① | ② | ③ | ④ |
| 14. 무뚝뚝하다. | ① | ② | ③ | ④ | 34. 부드럽다. | ① | ② | ③ | ④ |
| 15. 따뜻함이 부족하다. | ① | ② | ③ | ④ | 35. 친절하다. | ① | ② | ③ | ④ |
| 16. 쾌활하지 않다. | ① | ② | ③ | ④ | 36. 명랑하다. | ① | ② | ③ | ④ |
| 17. 붙임성이 없다. | ① | ② | ③ | ④ | 37. 붙임성이 있다. | ① | ② | ③ | ④ |
| 18. 비사교적이다. | ① | ② | ③ | ④ | 38. 열성적이다. | ① | ② | ③ | ④ |
| 19. 고립되어 있다. | ① | ② | ③ | ④ | 39. 사교적이다. | ① | ② | ③ | ④ |
| 20. 재치가 부족하다. | ① | ② | ③ | ④ | 40. 활달하다. | ① | ② | ③ | ④ |

읽을거리

유형별로 검사 점수를 합산해 보자.

| 유형 | 문항번호 | 점수 합계 |
|---|---|---|
| 지배형 | 1-5번 | |
| 실리형 | 6-10번 | |
| 냉담형 | 11-15번 | |
| 고립형 | 16-20번 | |
| 복종형 | 21-25번 | |
| 순박형 | 26-30번 | |
| 친화형 | 31-35번 | |
| 사교형 | 36-40번 | |

## 2 효과적인 커뮤니케이션 방법

### 1) 경청의 의미와 중요성

경청(傾聽)은 '귀 기울여 듣다'라고 풀이된다. 그러나 청(聽)이란 한자를 다시 살펴보면 '듣다'라는 의미가 단순히 귀로 듣는 것에만 속하는 것이 아니라는 것을 알 수 있다.

| 聽 | 耳王 | 귀를 크게 연다는 뜻 |
|---|---|---|
| | 十目 | 열 개의 눈을 가진 듯이 바라본다는 뜻 |
| | 一心 | 마음이 하나가 되어야 한다는 뜻 |

'듣는다'는 것은 왕이 말할 때 듣고 있는 것처럼 귀를 크게 여는 것뿐만 아니라, 열 개의 눈을 가진 듯이 상대방의 눈빛, 표정, 자세, 기분상태까지 모두 보아야 말하는 사람이 무슨 말을 하려는지 알 수 있다는 뜻이다. 또한 말하는 사람과 마음이 하나가 된다면 상대방의 말을 더욱 깊이 있게 알 수 있다는 의미도 내포한다.

경청은 커뮤니케이션의 기본과정으로서 상대방이 전달하고자 하는 바에 주의를 기울이고 이해하려고 노력하는 행동이라 할 수 있다.

경청의 가치가 점점 강조됨을 저명한 석학이나 인사들의 말에서 살펴볼 수 있다.

- 스티븐 코비의 『성공하는 사람의 7가지 습관』과 『성공하는 사람의 8번째 습관』
  "성공하는 사람과 그렇지 못한 사람의 대화 습관에는 뚜렷한 차이가 있다. 그 차이점이 무엇인지 단 하나만 꼽으라고 한다면, 나는 주저 없이 '경청하는 습관'을 들 것이다. 우리는 지금껏 말하기, 읽기, 쓰기에만 골몰해 왔다. 하지만 정작 우리의 감성을 지배하는 것은 '귀'다. 경청이 얼마나 주요한 능력인지, 그리고 우리가 어떻게 경청의 힘을 획득할 수 있는지 알아야 한다."
- 톰 피터스의 『초우량기업의 조건』과 『미래를 경영하라』
  "20세기가 말하는 자의 시대였다면, 21세기는 경청하는 리더의 시대가 될 것이다. 경청의 힘은 신비롭기까지 하다. 말하지 않아도, 아니 말하는 것보다 더 매혹적으로 사람의 마음을 사로잡기 때문이다."

- 피터 드러커(현대 경영학의 창시자)

  "내가 만일 경청의 습관을 갖지 못했다면, 나는 그 누구도 설득하지 못했을 것이다."

- 스콧 맥닐리(선마이크로시스템의 창업자이자 CEO)

  "선마이크로시스템에서 주는 월급의 40퍼센트는 경청의 대가이다."

- 조엘 막스(코비전 미디어 부회장)

  "커뮤니케이션을 지배하는 진정한 힘은 입이 아니라 귀에서 나온다. 이제 리더라면 누구나 자신의 책상 앞에 이런 문구를 붙여야 할 것이다. 경청하라!"

읽을거리

## 나의 경청능력은?

다른 사람과 커뮤니케이션할 때 상대방을 이해하려는 나의 듣는 태도는 어떠한지 각 문항을 읽고 자신과 가장 일치하는 것을 골라 표시하시오.

| | 문항 | 전혀 아니다 | 가끔 그렇다 | 거의 그렇다 | 항상 그렇다 |
|---|---|---|---|---|---|
| 1 | 나는 방해하지 않고 상대방이 자신의 생각을 표현하도록 한다. | 1 | 2 | 3 | 4 |
| 2 | 나는 상대방이 말하는 모든 것을 듣기를 원한다. | 1 | 2 | 3 | 4 |
| 3 | 나는 중요한 사실을 기억하는 능력을 가지고 있다. | 1 | 2 | 3 | 4 |
| 4 | 나는 상대방의 말, 제스처, 표정 등에 주의를 기울여 듣는다. | 1 | 2 | 3 | 4 |
| 5 | 나는 상대방의 메시지의 가장 중요한 세부 사항을 기록한다. | 1 | 2 | 3 | 4 |
| 6 | 나는 상대방의 말이 지루할 때도 참고 듣는다. | 1 | 2 | 3 | 4 |
| 7 | 나는 듣고 있을 때는 주위의 산만한 분위기를 무시한다. | 1 | 2 | 3 | 4 |
| 8 | 나는 상대방의 말을 진심으로 듣고 있음을 표현한다. | 1 | 2 | 3 | 4 |
| 9 | 나는 상대방의 말에 동의하지 않더라도 이야기가 끝날 때까지 듣는다. | 1 | 2 | 3 | 4 |
| 10 | 나는 말하는 사람의 다음 말을 예측하면서 공상을 피한다. | 1 | 2 | 3 | 4 |
| 소계 | | | | | |

〈경청능력 척도 총점에 대한 해석〉

| 총점 | 결과해석 |
|---|---|
| 30~40점 | 상대방의 말을 효과적으로 듣는 사람 |
| 20~29점 | 좋은 청취자이기는 하지만 앞으로 더 개선할 점이 있는 사람 |
| 10~19점 | 개선이 필요하며, 경청기술을 개발하기 위한 기법을 적극적으로 학습할 필요가 있는 사람 |

자료: 한국산업인력공단(2012), 의사소통능력

## 2) 효과적인 경청방법

### (1) 주의를 집중해서 열심히 듣는다

말하는 사람의 모든 것에 집중해서 적극적으로 들어야 한다. 그리하여 말하는 사람에게 열심히 듣고 있다는 인상을 주어 말하는 사람이 의욕을 잃지 않도록 해야 한다.

### (2) 질문을 통해 분명하지 못한 점은 확인한다

상대방에게 질문하는 것은 내가 상대방의 말을 열심히 듣고 있다는 증거이기도 하다. 질문에 대한 답을 즉각적으로 얻을 수 없다고 하더라도 질문을 하려고 하면 경청하는데 적극적이 되고 집중력이 높아진다.

### (3) 상대를 인정한다

상대를 온전한 인격체로 인정해야 진정한 마음의 소리가 들린다. 그래야 상대방의 말과 행동에 집중하며 상대방을 제대로 이해할 수 있다.

### (4) 내 말은 가능한 절제한다

경청의 수된 목석은 상대방의 이야기를 듣는 것이므로 자신의 말은 가능한 절제해야 한다. 누구나 듣기보다 말하기를 좋아하는 이유는 상대를 이해하기 전에 내가 먼저 이해받고 싶은 욕구가 앞서기 때문이다. 다른 사람이 이야기하고 있을 때 좋은 생각이 떠올랐다고 하더라도 상대가 말을 마칠 때까지 기다려야 한다.

### (5) 겸손한 태도를 취한다

겸손하면 들을 수 있고 교만하면 들을 수 없다. 상대가 내 생각과 다른 말을 해도 들어줄 줄 아는 자세가 가장 중요하다. 상대의 감정에 겸손하게 공감하며 들어야 한다. 사람들이 원하는 것은 자기 말을 진지하게 들어주고 자기를 존중하며 이해해 주는 것이다.

## 3) 경청 중 좋은 피드백을 주는 방법

피드백의 효과를 극대화하기 위해서는 다음의 세 가지를 유념해야 한다.

### (1) 즉시

시간을 낭비하지 않는 것이다. 질문을 통해 상대방의 말을 명확하게 이해했다고 생각하면 즉시 자신의 피드백을 주는 것이 좋다. 시간이 갈수록 영향력은 줄어든다.

(2) 솔직하게

자신이 느끼는 반응을 솔직하게 표현하는 것이 좋다. 긍정적인 것뿐만 아니라 보이고 싶지 않은 부정적인 느낌까지 솔직하게 피드백을 할 수 있어야 한다.

(3) 배려하며

솔직하다고 해서 상대방에게 상처를 주어서는 안 된다. 부정적인 의견을 표현할 때도 상대방의 자존심을 상하게 하거나 약점을 이용하거나 위협적인 표현방법을 택하는 대신에 부드럽게 표현하는 방법을 모색해야 한다.

### 4) 공감의 의미와 중요성

공감이라는 개념은 독일 철학자 피셔(Vischer)가 1873년에 제시하였다. 독일어 중에 'Einfühlung(아인필룽)'이라는 단어가 주로 미학 분야에서 작품의 예술성에 대해 분석할 때 사용하는 단어이고 사람들은 항상 자신의 내면적인 감정을 자신이 보고 있는 사물을 통해서 표현하는 현상을 의미한다. 이러한 개념은 1909년 심리학 분야에서 적용되기 시작했고 티치너(Titchener)라는 학자는 자신의 연구에서 처음으로 'empathy'라는 단어를 사용하였다. 그는 이러한 단어를 '정서적 진입(feeling into)'이라는 의미로 정의하였다. Titchener의 연구에서는 'empathy'라는 정서적 상태는 "특정한 대상을 의인화시킨 후에 자신이 이러한 특정 대상의 내면에 들어가서 동일한 입장에서 감정을 공유하는 과정"이라고 설명하였다.

한편, 동정(sympathy)은 'sympatheia'라는 그리스어에서 유래된 단어로 '함께(sym)'와 '고통하다(pathos)'의 두 부분으로 이루어진 합성어이다. 동정이란 '다른 사람의 어려운 처지를 이해하고 불쌍하게 여겨, 그를 물질적으로나 정신적으로 도와주고 싶은 정서·감정'이라고 정의할 수 있다. 동정은 사람들이 타고난 본능이고 특별한 도덕적 감정이라고 정의한다. 이러한 본능을 가지고 있기 때문에 사람들은 다른 사람들의 운명에 대해 관심을 보이고 다른 사람들의 행복을 볼 때 자신도 즐거움을 느끼게 되며, 큰 죄를 저지르는 사람들도 동정심을 잃어버리지 않는다는 것이다. 그러나 동정을 경험한 사람들은 상대방의 감정에 대해 슬픔을 느끼게 되지만, 상대방과 동일한 감정을 공유하지는 않는다는 것을 알 수 있다.

공감과 동정은 모두 불행을 당한 사람들의 정서적 상태를 이해하고 유래된 정서적 반응이기 때문에 많은 공통점을 가지고 있고 따라서 두 개념을 정확하게 구분한다는 것은 쉽지 않다. 하지만 공감은 자신이 경험하지 않고도 다른 사람의 감정을 거의 같은 내용과 수준으로 이해하는 것이다. 또한 공감은 더 나아가 다른 사람의 감정에 대한 나의 이해를 전달하고 소통하는 것까지를 포함한다.

### 5) 공감적 이해 수준

공감적 이해란 '역지사지(易地思之)', 즉 입장을 바꿔서 생각해 보는 것으로 다른 사람의 마음자리로 들어가서 그 사람인 것처럼 보고, 느끼고, 생각하고, 행동해 보는 것이다.

타인과 의사소통을 할 때 공감적 이해가 깊어지는 것을 알 수 있다. 공감적 이해를 잘하려면 먼저, 자신의 마음을 비워야 한다. 그리고 그 사람 안으로 들어가 그 마음의 소리를 들어야 한다. 그 사람에 대한 판단을 일체 접어둔 채 온전히 그 사람과 하나 된 입장을 취할 수 있어야 한다(박성희, 2007).

〈수준 1〉

- 상대방이 명백하게 표현한 표면적인 감정조차도 제대로 인식하지 못한 의사소통
- 지루함을 느끼거나 무관심해지거나, 상대방의 판단기준을 완전히 배제한 경우
- 상대방의 이야기를 전혀 듣지도 않거나, 명백한 감정을 전혀 이해하지도 못하고 민감하게 받아들이지 못하여, 상대방과의 의사소통이 손상된 경우

〈수준 2〉

- 상대방의 명백한 표면적인 감정을 어느 정도 인식하나, 정서의 올바른 수준을 흘려버리거나 의미수준을 왜곡시켜서 의사소통
- 상대방이 표현하거나 의도하는 것과는 거리가 있는 감정 및 의미에 반응하는 수준

〈수준 3〉

- 상대방의 표면감정을 정확히 이해하여 반응하기는 하지만 보다 내면적인 감정에는 반응하지 못함

- 수준 3은 대인관계기능을 촉진할 수 있는 기초수준

〈수준 4〉

- 상대방이 말로 표현한 것보다 더 내면적인 감정을 표현해 줌으로써 상대방으로 하여금 이전에는 표현할 수 없었던 감정을 표현하거나 경험하게 함
- 상대방이 표현한 것 외에 좀 더 깊은 감정과 의미를 첨가하여 의사소통하는 수준
- 수준 4부터는 의사소통이 촉진됨

〈수준 5〉

- 상대방의 표면적인 감정뿐만 아니라 내면적 감정에 대해서도 정확하게 반응
- 상대방과 함께 경험하거나 상대방의 말을 깊이 이해함
- 상대방의 적극적인 성장동기를 이해하여 표현함
- 상대방이 누구인가를 충분히 인식하고 상대방의 가장 깊은 감정까지 포용하여 정확한 공감적 이해를 통하여 의사소통하는 수준

## 6) 칭찬의 이해

'칭찬은 고래도 춤추게 한다'는 말이 있다. 칭찬은 상대의 자신감과 의욕을 불러일으키며 상대를 성장시킨다. 상대의 기분이 좋아지고 그 모습을 보는 자신도 기분이 좋아진다. 서로의 관계에 있어 분위기가 좋아지고 웃음이 늘어난다. 서로에 대한 이해와 배려가 많아지고 주위 사람에게 호감을 얻게 된다. 칭찬을 하다 보면 사람 보는 안목이 늘어나며 적극적인 인생관이 형성된다. 또한 상대는 칭찬에 보답하기 위해 더욱 노력한다.

### (1) 칭찬의 원칙 1: 즉시 구체적으로 하기

칭찬은 구체적으로 언급해야 진실성이 느껴진다. 또한 칭찬은 바로바로 해야 한다. 즉시 칭찬을 하지 않고 마음에만 간직했다가 오랜 시간이 지난 뒤에 칭찬을 하면 100%의 효과를 기대할 수 없다. 아껴둔 초콜릿은 시간이 지나면 녹기 마련이다.

### (2) 칭찬의 원칙 2: 냉소적 말꼬리 붙이기는 금물

칭찬을 하는 경우 비판이나 비난으로 마무리를 한다면 칭찬하지 않는 것보다 못하다. 칭찬하고자 함인지 비난하고자 함인지 상대는 헷갈리거나 오히려 불쾌한 기분이 들기 때문이다. 따라서 항상 칭찬으로 마무리하는 것이 좋다. 또한 과거나 현재 상대의 부정

적인 모습이나 상황에 대해 말한 뒤 칭찬하는 것도 좋지 않다.

(3) 칭찬의 원칙 3: 사람보다는 행동을 칭찬하기

단순히 상대 자체를 칭찬하면 무엇에 대한 칭찬인지 알 수가 없다. 자칫 잘못하면 아부로 보이기도 한다. 상대의 행동을 칭찬하면 상대 자체를 칭찬하는 효과도 함께 누릴 수 있다. 또한 이런 칭찬을 받은 상대는 동기부여 및 만족감을 얻고 더 좋은 행동을 하기 위해 노력한다.

(4) 칭찬의 원칙 4: 칭찬은 공개석상에서 하기

상대방과 단둘이 있을 때 상대에게만 칭찬하는 것보다 회의나 회식 등 공개석상에서 하는 것이 훨씬 효과적이다. 칭찬뿐만 아니라 여러 사람들의 축하나 덕담까지 듣게 된 상대는 자신감이 생겨 더욱더 좋은 모습을 보인다. 더욱이 함께한 다른 사람들도 환기효과를 받아 칭찬 들은 사람처럼 좋은 행동을 하기 위해 노력할 것이다. 또한 제3자에게 칭찬하는 것도 좋다. 상대가 제3자를 통해 칭찬을 듣게 되면 보이지 않는 곳에서도 칭찬을 한 자신의 인격도 높아진다.

(5) 칭찬의 원칙 5: 진심으로 하기

진심으로 하는 칭찬은 상대를 감동시키지만 건성으로 하는 칭찬은 효과가 없다. 오히려 무관심의 표현으로 느껴진다. 빈말과 진심이 담긴 칭찬은 하는 사람도 듣는 사람도 다르다는 것을 안다. 상대에 대한 호감과 애정을 담아 진심으로 칭찬해야 한다.

## 7) 칭찬의 기술

상대에게 관심을 가지고 자세히 관찰하면 진심어린 칭찬이 생겨난다. 칭찬은 칭찬을 낳고, 그 칭찬은 또 다른 칭찬을 낳는다. 이렇게 늘어난 칭찬만큼 상대와는 더 가까워지고 상대에 대한 더 깊은 관심과 관찰을 만들어낸다.

또한 자신이 하고 싶은 칭찬이 아니라 상대방이 듣고자 하는 칭찬을 하는 것이 좋다. 관심을 갖고 상대를 바라보며 장점을 찾아 바라는 것 없이 상대에게 칭찬하는 것이 기쁨이다.

그리고 칭찬에 대해 지나친 부정이나 외면은 상대의 호의를 거부하는 것과 같다. 그리고 칭찬받는 것에 서투르기에 칭찬하는 것도 어색해진다. “고마워요.”, “칭찬을 들으니 기분이 좋습니다."라는 인사와 함께 칭찬을 받아들이는 것이 좋다. 쑥스러워하기보다는 기쁜 마음을 솔직하게 표현해야 한다.

칭찬하는 이유는 상대방의 태도변화를 이끌 수 있기 때문이다. 이와 연관된 이론을 보면 다음과 같다.

**피그말리온 효과 (Pygmalion Effect)**

피그말리온 효과는 사람의 믿음이나 기대가 실제로 일어나는 현상을 말한다. 피그말리온이라는 명칭은 그리스 신화의 피그말리온 이야기에서 따온 것이다.

> 피그말리온은 키프로스의 조각가였다. 당시 키프로스섬의 여인들은 나그네들을 박대하여 아프로디테의 저주를 받아 나그네들에게 몸을 파는 신세가 되었는데, 이 때문에 피그말리온은 여인들의 방탕하고 문란한 생활에 탄식하며 독신으로 혼자 살았다. 그는 상아로 여인상을 조각하여 '갈라테이아'라는 이름을 붙여주고 마치 진짜 연인인 듯 옷도 입히고 몰래 입맞춤까지 하면서 지냈다.
>
> 그러던 어느 날 아프로디테의 축제날에 피그말리온은 자신 몫의 제물을 여신에게 바치면서 자신의 집에 있는 조각상이 진짜 여자로 변하게 해달라는 소원을 빌었다. 그리고 그가 집에 돌아왔을 때 아프로디테가 보낸 에로스가 조각상의 손에 입을 맞추자 조각상은 진짜 여자로 변하였다. 이때 갈라테이아의 손에 반지 하나가 생기는데, 이것은 두 사람의 사랑이 영원토록 지속될 것임을 나타내는 에로스의 반지였다.
>
> –〈그리스 로마 신화 중 피그말리온의 이야기〉

이 효과는 유래에 따라 피그말리온 효과라 불리기도 하고 이 현상을 최초로 실험대에 옮긴 교육심리학자인 로버트 로젠탈(Robert Rosenthal)의 이름을 따서 로젠탈 효과라 불리기도 한다. 로젠탈은 샌프란시스코의 한 초등학교에서 무작위로 선택된 명단을 교사에게 주며 지능지수가 높은 학생들이라고 말했다. 교사는 지능지수가 높은 학생들을 더욱 칭찬했고, 8개월 뒤 명단 속 학생들은 다른 학생들보다 평균점수가 높았다. 이 현상에 교사가 이 아이들에게 한 기대가 성적 향상의 원인이었다고 해석할 수 있고, 덧붙여 아이들도 그 기대를 의식하였기 때문에 성적이 향상된 것이라고 보았다.

| 골렘 효과 (Golem Effect) | 골렘 효과는 피그말리온 효과와는 반대로 부정적인 기대는 부정적인 결과를 만든다는 의미를 가진다. 교육심리학자인 로젠탈(Rosenthal)과 제이콥슨(Jacobson)은 추가실험을 통해 골렘 효과를 발견하기에 이른다. 즉 긍정적인 기대가 아닌 부정적인 기대가 좋지 못한 결과를 이끌어낼 수도 있다는 것이 연구되었다. 즉 긍정적인 기대로 인한 성적 향상도 있었지만 부정적인 기대로 인한 성적 하락도 기록된 것이다. 이것은 물론 교실에서 실험했지만 실제로는 직장에서 흔하게 발견되기도 한다. 상사의 부정적인 기대가 부하직원의 실적하락으로 이어지는 현상이 바로 그것이다. 이는 개인뿐만 아니라 전체 조직에 영향을 줄 수도 있으므로 경영자라면 상당히 고심해서 다뤄야 할 문제로 인식된다.<br>골렘 효과와 같은 의미로는 '스티그마 효과(Stigma Effect)', 다른 말로 '낙인효과((烙印效果)'가 있는데 이는 상대방에게 부정적으로 무시당하거나, 치욕을 당한 경우, 즉 상대방에게 낙인이 찍힌 경우에 부정적인 영향을 당한 당사자가 부정적으로 변해가는 현상을 일컫는다. |
|---|---|

## 3 커뮤니케이션 기법

### 1) 비언어적 커뮤니케이션 기법

#### (1) 거리

커뮤니케이션 과정에서 송신자와 수신자의 거리에 따라 의미전달의 상대적인 접근도를 판단할 수 있다. 즉 적극적인 태도로 메시지를 전달할 때에는 신체적으로 가장 접근된 상태에서 이루어진다.

에드워드 홀(Edward T. Hall)은 미국 북동부 연안에서 태어난 사람들을 관찰하고 인터뷰한 결과 거리에 따른 분류를 4가지로 나누었다(이와모토 시게키, 2016).

### ① 공적인 거리: 약 3.5m 이상

"… 다른 사람과 이 거리 이상으로 멀어지면 위협을 받더라도 민첩하다면 피하든지 방어할 수 있는 거리입니다. 이 거리에서는 상대의 정확한 성질은 알 수 없습니다. 게다가 공적으로 중요한 인물과 거리를 둘 때는 자동적으로 9m 정도의 간격이 벌어진다고 합니다. 그러고 보면 연예인이나 가수가 무대에 설 때 관객과 이 정도의 거리를 둔다는 사실을 알 수 있습니다. 또 대학에서 교탁과 학생과의 거리도 이 공적인 거리를 바탕으로 한 것이겠죠."

### ② 사회적 거리: 1.2m 이상 ~ 3.5m 미만

"1.2m 이상 멀어지면 상대방 얼굴의 세세한 부분까지는 보이지 않습니다. 또 특별한 노력이 없는 한 상대방과 닿지도 않고 그럴 시도조차 하지 않습니다. 상사와의 거리는 사회적 거리 범위 내에서도 먼 단계에 해당합니다. 그렇기에 상사의 책상은 비서나 방문객을 멀리하기에 충분할 만큼 커서 보통 2.4~2.7m는 됩니다. … 사회적 거리의 최대치는 사람을 서로 격리하고 차단하는 거리이므로, 이 정도의 거리를 유지한다면 앞에 사람이 있더라도 신경 쓰지 않고 계속해서 일을 할 수 있습니다."

### ③ 개인적 거리: 46cm 이상 ~ 1.2m 미만

"개인적 거리는 진정한 의미에서 신체적 지배력의 한계이기에, 손을 뻗을 수 있을 만큼의 공간을 확보하지 않으면 안정된 생활을 할 수 없다는 사실을 의미하기도 합니다. 상대방이 나의 체온과 냄새를 느낄 수 없고, 나도 느끼지 않아도 되는 거리입니다. … 이 거리에서는 손과 발로 상대방을 만지거나 잡을 수 있습니다. 부부 사이라면 특별한 애정표현을 할 때 외에 일상적으로 이 거리 안에 있어도 싫은 느낌을 갖지 않는다는 관찰을 바탕으로 홀(Hall)은 약 46cm까지를 개인적 거리로 잡았습니다. 즉 가족 간에는 약 46cm까지는 접근을 허용할 수 있다는 말입니다."

### ④ 밀접한 거리: 46cm 미만

> "밀접한 거리에 침입한다는 것은 상대의 존재감을 확실히 느끼고 냄새, 체온, 숨소리까지 감지할 수 있으니 타인과 밀접하게 관계하고 있다는 명확한 신호라고 Hall은 말합니다. 그래도 15cm 이상 떨어져 있다면 머리, 골반, 허벅지까지 쉽게 닿지는 않지만, 손이 상대의 손과 닿든지, 잡을 수도 있습니다. 목소리는 작아지고 때로는 속삭이게 됩니다. 꽤 밀접한 관계의 거리로, 서로 허락하는 관계가 아닌 이상 이 거리 안에 들어가지는 않습니다. … 15cm 이내에 대한 설명을 들으면 … 홀(Hall)도 애정, 위로, 보호의 거리라고 말했는데, 그와 동시에 밀접한 거리는 '격투'의 거리이기도 합니다. … 즉 상대의 밀접한 거리 내에 들어감으로써 상대를 위협하거나 공격하는 것입니다."

### (2) 시선

시선이란 눈의 시각이 향하는 방향으로 '눈길'이라고도 한다. 시선은 시선의 주체가 되는 개인이 겪고 있는 정서적, 물리적 환경과 긴밀한 관계를 가지게 되며, 동시에 개인이 머물고 있는 사회적 맥락에 의해서도 영향을 받는다.

예를 들어 시선을 마주치지 않는 것은 상대방의 이야기에 귀를 기울일 마음이 없거나 이미 다른 생각 중인 것을 의미한다. 그런가 하면 초조하거나 자신감이 없어서 시선을 보내지 않은 경우일 수도 있어 자신과 마주한 사람과 시선을 주고받지 않는다면 커뮤니케이션이 원활하게 진행되지 않을 것이다.

이러한 시선은 [그림 1-2]와 같이 나누어 설명할 수 있다.

**[그림 1-2] 시선의 종류**

| 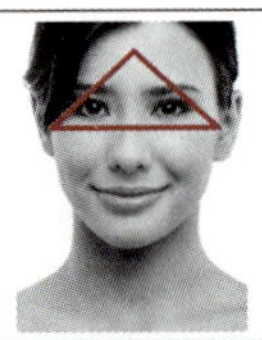 | 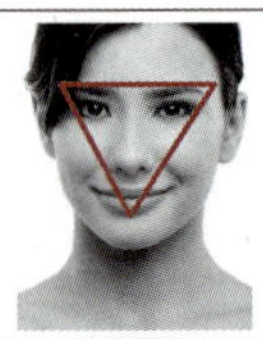 | 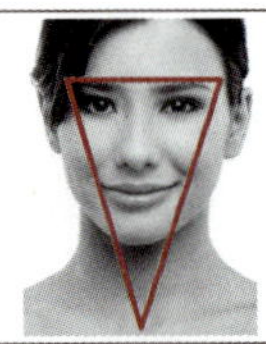 |
|---|---|---|
| 친근한 시선 | 사교적 시선 | 공적인 시선 |
| • 가족이나 연인을 바라볼 때 보는 시선<br>• 눈부터 이마까지 위쪽 삼각형 | • 동료나 친구 사이에서 바라보는 시선<br>• 눈부터 턱까지 아래쪽 삼각형 | • 처음 만나거나 어색한 사이, 공적인 관계<br>• 눈부터 쇄골까지 가장 큰 삼각형 |

올바른 시선처리는 다음과 같다.

- 상대방을 지나치게 오래 쳐다보지 않는다. 상대방을 지나치게 오래 바라보는 것은 불편함을 줄 수 있으므로 대화 시간의 40~60% 정도, 한 번에 약 5~10초 정도 응시하도록 한다.
- 부드러운 시선으로 상대방과 눈을 맞춘다. 지나치게 강한 눈빛은 상대방을 불쾌하게 만들 수 있다.
- 상대방의 눈높이에 맞추어 시선을 둔다. 시선과 몸의 방향이 일직선이 되도록 몸을 상대방 쪽으로 약간 숙여 자신이 상대방의 이야기에 주의를 기울이고 있음을 느끼게 해 준다.
- 대화의 상황에 따라 눈의 크기를 조절한다. 기쁨, 놀람, 안타까움 등 여러 상황에 따라 눈의 크기를 조절한다.

### (3) 태도, 자세

태도는 마음가짐에서 나오는 자세를 말하고, 자세는 마음가짐에서 나오는 몸가짐을 말한다. 좋은 매너는 태도와 자세를 모두 갖춘 얼굴 표정과 몸 전체에서 풍기는 개인의 고유한 스타일을 말한다.

자세를 바꾸는 것만으로도 자신감을 얻을 수 있다는 연구결과가 있다(Cuddy, Wilmuth, & Carney, 2012). 한 그룹은 어깨를 쫙 펴고 허리를 세우는 'High power' 포즈를, 다른 한 그룹은 팔짱을 끼고 몸을 웅크리는 'Low power' 포즈를 각각 2분간 취하게 했다. 실험 전후 참가자들의 소변을 분석한 결과, 'High power' 포즈를 취한 그룹은 자신감을 높여주는 호르몬인 테스토스테론이 평균 20% 증가하고, 스트레스를 유발하는 코르티솔 호르몬은 25% 감소했다. 반면에 'Low power' 포즈를 취한 그룹은 테스토스테론이 10% 감소하고, 코르티솔은 15% 증가했다. 그리고 이 두 그룹의 모의면접을 본 결과 'High power' 포즈를 취한 사람들이 면접에 통과할 확률이 20% 이상 높았다. 단 2분 동안 자세를 바꾸는 것만으로도 자신감이 커진다는 것을 보여준 이 연구는 몸의 자세가 타인의 생각은 물론이고 자신이 스스로를 어떻게 인지하느냐를 좌우한다는 것을 보여준다.

### (4) 체격과 체형

스트레스나 잘못된 습관으로 체격이나 체형이 위축된 현대인들을 많이 볼 수 있다.

걸음걸이에 의욕이 넘치고 시선은 앞을 향하며 활기 찬 사람과 구부정한 걸음걸이로 흐느적대는 사람의 모습을 비교해 보라. 우리는 그 모습에서 그가 지금 자신이 없다거나 실망이나 절망에 빠져 있다거나 또는 나와의 관계에서 의욕이 있고 없음을 읽을 수 있다.

(5) 제스처

제스처는 언어의 보조, 보강 수단으로서 눈짓, 손짓, 발짓, 몸짓 등을 의미한다. 똑바로 서서 무표정하게 말하는 사람보다는 풍부한 감성을 제스처에 실어 말하는 사람에게 더 많이 호응할 수 있다.

(6) 얼굴

얼굴은 그 사람을 대변하는 최고의 비언어적 의사소통 수단이다. 얼굴로 그 사람의 사주관상을 보는 이도 있거니와 일반인들도 상대방의 얼굴을 통해 건강이나 기분상태를 가늠할 수 있다.

사람의 얼굴은 용모, 인상, 표정에 의해 고찰될 수 있다. 물론 용모는 선천적으로 타고 난다. 그러나 타고난 용모가 좋지 않다고 비관할 일은 아니다. 용모는 인상이나 표정의 중요성으로 대체되기 때문이다.

(7) 미소

비언어적 커뮤니케이션의 신체언어 중 남에게 가장 큰 호감을 주는 것이 바로 미소이다. 미소는 본인에게는 긍정적인 마음을 고취시켜 주며 상대방에게는 만남이 즐거운 것이라는 느낌을 받게 해준다. 물론 마음속에서 우러나오는 참된 미소가 아닌 억지 미소는 오히려 역효과를 불러일으킬 수 있다. 추가적으로, 웃는 표정은 입의 모양으로 결정되므로 밝은 인상에서 웃는 입의 모양은 매우 중요하다.

- 입은 자연스럽게 다물고 살짝 미소를 짓는다. 너무 힘을 주어 입을 다문 모양이 일직선이 되지 않도록 한다.
- 입을 쑥 내밀면 불만의 표현으로 비칠 수 있다.
- 입을 너무 크게 벌려 입 안이 보이는 것은 상대방에 대한 예의가 아니다.
- 상대방이 등을 돌려 돌아설 때까지 미소를 유지한다.
- 개인적인 감정을 이겨내고 공적인 표정을 익힌다.

## 2) 언어적 커뮤니케이션 기법

### (1) 쿠션언어

쿠션은 외부충격을 흡수해 부드럽게 해주는 역할을 한다. 이렇듯 쿠션언어는 대화할 때 상황을 부드럽게 만드는 말랑말랑한 언어이다. 상대방에게 부탁이나 거절을 할 때 내용을 부드럽게 전달할 수 있도록 목적 앞에 붙이면 좋다.

'괜찮으시다면', '실례지만', '번거로우시겠지만', '죄송하지만', '바쁘시겠지만' 등이 있으며 상대에 대한 세심한 배려와 존중이 느껴지기 때문에 듣는 사람에게 존중받는 느낌을 줄 수 있다.

### (2) Yes, But화법

상대의 말이나 의견에 먼저 동의(Yes)한 후 (But) 자신의 의견을 전달하는 화법이다.

예를 들면 "네~ 공감이 가는 부분이 있네요. / 네~ 그럴 수 있습니다. / 네~ 그럴 수도 있겠군요."처럼 상대방의 의견에 적절한 동의 및 인정의 표현을 한 후 자신의 의견을 이야기하는 것이다. Yes, But 화법을 사용하면 상대의 의견을 무조건 부정하지 않고 자신의 의견을 부드럽게 전달할 수 있게 된다.

### (3) 신뢰 화법

상대방에게 신뢰감을 줄 수 있는 대화는 말 어미의 선택에 따라 조금씩 달라질 수 있다.

- 다까체와 요조체의 적절한 활용

  다까체는 정중한 느낌을 줄 수 있으나, 반면에 딱딱하고 형식적인 느낌을 줄 수 있다. 요조체의 과다 사용은 상대와의 대화 전체가 유아적인 느낌을 주거나 신뢰감을 떨어뜨릴 수 있다. 다까체와 요조체의 비율은 7:3의 비율로 사용하는 것이 적절하다.

  - 정중한 화법 70%: ~입니다. ~입니까?(다까체)
  - 부드러운 화법 30%: ~예요, 죠?(요조체)

### (4) 레이어드 화법

사람은 명령조의 말을 들으면 반발심이나 거부감이 들기 쉽다. 의뢰나 질문 형식으로 바꿔 말하면 훨씬 더 부드러운 커뮤니케이션이 될 수 있다. 명령형을 의뢰형, 질문형으로 바꾸어 표현한다.

- "하세요." → "~좀 해주시겠습니까?", "~좀 부탁해도 될까요?"
- "해주시기 바랍니다." → "해주시면 감사하겠습니다."

### (5) '나' 전달화법(I-message 화법)

주어가 일인칭인 '나'로 시작하는 문장으로 말할 때 나의 입장에서 나를 주어로 하여 내가 관찰하고, 생각하고, 느끼고, 바라는 바를 표현하여 이야기하는 화법이다. 상대와 관련된 문제를 해결하기 위한 대화를 시작해야 할 때 주로 사용되며, 자신이 느끼는 감정과 생각을 직접적으로 솔직하게 표현하여 부드럽게 전달되도록 한다.

이러한 '나' 전달화법의 단계는 행동-영향-감정 또는 영향-행동-감정의 순서로 이루어진다. 마지막에 바람을 말하기도 한다. 이러한 전달화법은 상대에게 방어심리를 감소시키고, 자신을 주어로 해서 진실한 감정을 솔직하게 표현할 수 있는 장점을 가진다.

I-message 화법 = 문제행동 + 행동의 영향 + 느낀 감정

- 행동: 문제를 유발하는 행동이 무엇인가? 상대의 행동을 비난이 섞이지 않는 객관적인 표현으로 설명한다.
- 영향: 그 행동이 나에게 어떻게 영향을 끼치고 있는가?
- 감정: 나는 그 결과에 대하여 어떤 느낌을 가지고 있는가? 즉 상대의 행동에 대해 느끼는 감정을 표현한다.
- 바람: 즉 상대가 어떻게 해주면 좋겠다는 자신의 바람을 언급한다.

- "너 왜 자꾸 음악을 크게 틀어놓니?"(You-message) → "음악소리가 너무 커서(행동) 업무에 집중할 수가 없어.(영향) 오늘 마감기한이라 걱정이 돼.(감정) 소리 좀 줄여줬으면 좋겠어.(바람)"(I-message)
- "예약시간에 늦으셨잖아요."(You-message) → "예약시간보다 많이 늦어져서(행동) 무슨 일이 생겼는지(영향) 걱정했어요.(감정) 다음부터는 늦게 되면 꼭 연락주세요.(바람)"(I-message)

### (6) 'Do' 전달화법(Do-message 화법)

Do-message 화법은 어떤 잘못된 행동의 결과에 대해 그 사람의 행동과정을 설명하면서 그 잘못에 대해 스스로 반성하도록 유도하는 화법이다. 그러나 Be-message 화법은 잘못된 결과를 일방적으로 단정함으로써 상대방으로 하여금 반감을 불러일으키는 화법이다. Do-message 화법을 이용하여 상대방의 입장과 감정을 배려하고 이해해 주는 화법이 필요하다.

구체적인 대화의 예를 들면, 한 젊은 직장인이 연 사흘째 회사에 지각을 했다고 치자. 미안한 표정으로 사무실에 들어서는 직원에게 그의 상사가 "지각대장이구먼, 여기가 당신 집인가?"라고 면박을 주는 것은 내심 그 직원의 반감을 살 수 있다. 이것이 바로 Be Message 화법이다. 이에 반해 "그제 10분, 어제 20분, 오늘 30분 늦었는데 집에 무슨 일이 있는가?"라고 반성을 촉구하며 돌려 묻는다면 과실을 인정하는 쪽에서도 오히려 미안하게 생각할 것이다. 이것이 바로 Do-Message 화법이다.

### (7) 아론슨 화법

미국 심리학자 아론슨(Aronson)의 연구에 의하면, 사람들은 비난을 듣다 나중에 칭찬을 받게 됐을 경우가 계속 칭찬을 들어온 것보다 더 큰 호감을 느낀다고 하였다.

어떤 대화를 나눌 때 부정과 긍정의 내용을 혼합해야 하는 경우 이왕이면 부정적 내용을 먼저 말하고 끝날 때는 긍정적 의미로 마감하라는 것으로 단점이 있는 한편 못지않은 장점도 존재한다는 사실을 동시에 제시함으로써 저항의 강도를 낮춰가는 것이다.

"효과는 최고인데 가격은 좀 비싸죠."보다 "가격은 비싸지만 효과는 최고죠."라고 표현하는 것이 "약점도 있지만 강점도 있다."는 관점 차이를 강조하는 표현이다.

- "가격이 비싼 만큼 품질이 돋보인다.", "가격이 비싼 만큼 서비스가 완벽하다."

### (8) 맞장구

누군가와 말을 할 때에는 상대가 나의 말을 잘 듣고 있는지, 아닌지를 항시 확인하게 된다. 상대가 나의 의미를 파악하고 있는지, 혹은 관심 없어 하는지 알아야 다음 말을 진행할 수 있기 때문이다. 의사소통을 원하는 대화에서 사소한 이야기에 대한 기억과 배려는 상대에게 관심이 있음을 직접 보여주는 행동이고, 그렇게 보여주는 행위가 있어야 상대는 관심을 알아챌 수 있다. 관심은 꼭 기억해서 다음에 이야기해 주는 것에만 국한되지 않는다.

이야기를 듣는 동안 바로 전에 했던 말에 맞장구를 치는 것도 해당된다. 상대가 했던 말을 되새기는 효과와 함께 경청하고 있음을 보여주는 것이다.

① 동의의 맞장구

- 맞아요!
- 정말이에요.
- 그렇지요.
- 옳으신 말씀입니다.

② 흥을 돋우는 맞장구

- 그래서요?
- 그리고요?
- 그 다음에는 어떻게 됐어요?

③ 정리하는 맞장구

- 그 말씀은 이러이러한 말씀이군요?
- 그러니까 이러저러하게 된 거군요?
- 이러저러한 게 요점이시지요?
- 그러저러한 점이 포인트군요?

### (9) 복창(반복 확인)

상대방에게 좀 더 친절하고 신속, 정확한 업무를 제공함과 동시에 업무의 효율성을 증대시키기 위한 일련의 과정이다. 상대방과의 업무과정에서 발생할 수 있는 여러 가지 문제상황을 사전에 방지하고, 부득이하게 발생한 문제에 관해서는 양해를 구함으로써 커뮤니케이션을 향상시키기 위함이다.

① 복창 확인 멘트

- 네~ + 용건 내용 + 말씀이십니까?

(호응) (용건) (청유형)

② 복창 시 주의사항

- 상대방의 얘기를 잘 경청하며 요약, 정리하여 듣는다.

- 상대방과 눈맞춤을 하면서 친근감 있게 "네~"라고 미소 지으며 답변한다.
- 자신의 상체를 앞으로 10cm 정도 상대방 쪽으로 향하면서 확인 멘트를 한다.

(10) 주의해야 할 대화법

① 부정의 말

"안 됩니다.", "안 돼요.", "모르겠는데요."

② 핑계의 말

"그건 제 담당이 아니에요.", "지금 바빠서요."

③ 무례한 말

"뭐라고요?", "어쩌라는 거죠?"

④ 냉정한 말

"업무시간 끝났습니다.", "그건 당신 사정이죠."

⑤ 따지는 말

"그건 당신 책임이지요.", "저희 책임이 아닙니다."

⑥ 권위적인 말

"규정이 그렇게 되어 있습니다."

⑦ 무시하는 말

"그건 아니죠.", "당신이 잘 몰라서 그런 거 같은데요.~"

### 3) 매력적인 목소리 만들기

(1) 좋은 음색(音色) 훈련

듣기에 좋은 목소리는 음색이 결정한다. 음색이 좋지 않으면 듣는 사람이 피곤하거나 불쾌감을 느끼는 반면 음색이 좋으면 듣는 사람이 편안하고 기분이 좋아진다.

매력적이고 아름다운 목소리를 위해서는 자세도 중요하다. 목소리는 성대에서 나오는데 자세와 무슨 상관이 있을까 싶겠지만, 자세가 바르지 못하면 좋은 음색을 낼 수 없다.

좋은 음색을 내기 위한 기본 자세는 다음과 같다.

① 얼굴, 턱, 목, 팔 등 상체는 힘을 빼고 다리는 약간 힘을 준다.
② 시선은 전방 15~20도를 향한다. 이 상태에서 발끝에 중심을 두고 몸 전체를 약간 앞으로 기울인다. 이때 발바닥이 지면에서 떨어지면 안 된다.
③ 머리나 목의 위치는 성대에 지대한 영향을 미치므로 과도하게 위를 향하거나, 혹은 아래를 향하지 않도록 한다. 약간 턱을 당기는 듯한 모습이 좋다.

### (2) 풍부한 성량 훈련

좋은 목소리의 판단기준에서 성량을 빼놓을 수가 없다. 목소리가 너무 작은 사람은 전달력도 떨어질 뿐 아니라, 무기력하고 자신감 없는 사람으로 비춰질 수 있다. 반대로 성량이 풍부하여 목소리가 크고 분명하면 상대방의 기선을 제압할 수 있고 자신감이 넘쳐 보여 신뢰감을 줄 수 있다.

성량을 풍부하게 하는 복식훈련 방법은 다음과 같다. 복식호흡을 실행하기는 매우 어렵다. 오랫동안 무의식적으로 행하던 흉식호흡법을 바꾸는 작업이니 힘이 드는 것은 당연하기 때문에 처음부터 무리하지 말고 천천히 바꾸는 훈련을 하면 된다. 처음에는 10분 정도 연습을 하다가 점차 시간을 늘리는 것이 좋다.

① 가장 편한 자세를 취한다. 앉아서도 좋고, 누워서 해도 좋다. 다만 눈을 감고 배에 정신을 집중한다.
② 천천히 깊게 숨을 들이마시면서 가슴이 아니라, 배가 부풀어 오르도록 한다. 무리가 가지 않도록 평소 자신의 호흡보다 조금 길게 들이마신다.
③ 배로 모은다는 느낌으로 숨을 들이마신 후 얼굴이 빨개질 때까지 숨을 참는다. 이때 목에 힘이 들어가지 않도록 한다.
④ 숨을 들이마실 때보다 2배 정도 길게 숨을 내뱉는다. 이때는 배가 자연스럽게 들어가도록 한다.
⑤ 호흡을 매번 일정하게 유지하면서 틈틈이 연습한다.

Chapter 2

# 인사 에티켓과 매너

## 1 첫인상의 중요성

첫인상이 중요한 이유는 자칫 한번 잘못 비쳐지면 상대방의 기억 속에 오랫동안 각인되어 회복이 어려워지기 때문이다. 첫인상은 처음 대면하는 극히 짧은 시간에 그 사람에 대한 평가와 결론을 내리는 것으로, 처음 대하는 사람에 대해 갖는 최초의 이미지이며 동시에 타인에게 자신을 개방하는 최초의 단계이다.

첫인상은 그 사람과의 상호작용이 어떻게 진행될 것인가를 어느 정도 예측해 주는 역할을 한다. 두 가지 경우 모두 제한된 정보에 바탕을 둔 판단이나, 이러한 판단은 심리적으로 만족스러울 것이라는 기대를 갖게 된다.

첫인상이 좋아야 한다는 것은 지극히 일반적인 사실이다. 이는 일상생활 속에서 어떤 사람의 모습이나 행동을 짧은 순간만 접촉해도 그 사람에 대해 광범위한 인상을 형성하는 경향이 있음을 시사한다. 첫인상은 사회적 상호작용의 시작이며, 추후 상호작용의 결정요인이 되므로 타인에 대한 인상 형성 상황에서의 영향요인 및 정보처리방식을 이해하는 것은 매우 중요하다.

세계적인 심리학자 로렌스의 '오리새끼 실험'은 관계를 형성하는 데 있어 첫인상이 얼마나 중요한지를 설명하고 있다. 오리새끼는 부화하는 순간부터 여덟 시간에서 열두 시간 정도 함께 있어준 사람을 뒤따라다닌다는 것이다. 함께 있어준 처음 본 사람을 어미오리로 각인한다는 것이다.

인간사회뿐만 아니라 모든 동물들도 그 대상과의 신뢰감을 형성하는 시기가 있다는 증거가 된다. 따라서 첫인상을 어떻게 심어놓느냐가 다른 사람들과의 관계를 결정하는 가장 큰 변수가 된다.

첫인상에서 영향을 주는 얼굴은 곧 자신을 표현하는 것이므로 사람을 나타내는 전부가 될 수 있다. 또한 얼굴은 상대방의 영혼까지 볼 수 있는 여러 의미를 담고 있어서 상대의 얼굴에서 나오는 표정이나 인상은 자신에게도 비춰지게 되어 우리에게 아주 위력적인 영향을 준다.

사람의 인상은 경험과 학습을 통해 과거에 지각했던 자극을 상기시키는 형태로 기억되거나, 과거의 지각이 없어도 그 사람에 대해 마음속에 떠오르는 영상상태로 나타나기도 한다. 또한 사람의 진가는 많은 대화를 함으로써 여러 가지 종합하여 판단하고 알아가게 되겠지만 첫인상이 좋아야 첫 만남 이후의 대면에서 호감을 느끼면서 지속적으로 인간관계가 원만하게 진행된다. 반대로 첫인상이 좋지 않으면 무관심해지고 자기표현을 할 수 있는 기회를 잃게 되면서 만남은 더 이상 이루어지지 않는다.

### 1) 첫인상의 결정요소: 메라비언 효과(Mehrabian Effect)

캘리포니아대학교 로스앤젤레스캠퍼스(UCLA) 심리학과 교수 앨버트 메라비언(Albert Mehrabian)은 인간은 일상적인 의사소통에서 55%의 시각적 정보와 38%의 청각적 언어, 그리고 7%의 언어적 요소로 첫인상을 형성한다고 하였다([그림 2-1] 참조).

**[그림 2-1] 메라비언 차트**

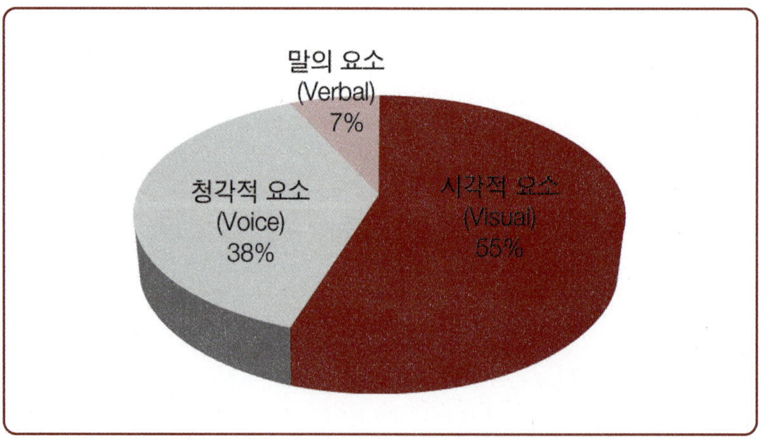

시각적 정보는 용모, 복장, 제스처, 자세, 표정처럼 외적으로 보이는 부분을 말하고, 청각적 언어는 목소리의 톤, 음색, 빠르기, 호흡 등의 어조를 말한다. 언어적 요소는 말의 내용이다. 메라비언 효과에 따르면 상대방에 대한 이미지를 결정짓고 호감·비호감을 느끼는 데 있어 상대가 하는 말의 내용은 7%밖에 영향을 미치지 않는다. 반면에 말을 할 때의 모습, 태도, 목소리 등 비언어적인 요소는 무려 93%를 차지한다. 이것은 무슨 말을 하느냐보다 상대에게 어떤 모습으로 비춰지는지가 더 중요하다는 것을 의미하는 것이다.

## 2) 첫인상과 연관된 효과

### (1) 초두효과(Primary Effect)

우리가 상대방에 대한 인상을 형성할 때, 그가 제공하는 모든 정보를 동일하게 중시하는 것은 아니다. 예를 들면, 우리는 상대방에 대한 인상형성에서 나중보다 처음에 제시된 정보를 더 중요시할 수 있다.

초두효과(primacy effect)로 볼 때 첫인상인 중요한 이유는 그것이 이후에 형성되는 인상의 기저선 역할을 하기 때문이다. Ash(1946)는 두 집단의 참가자에게 한 가상적 인물에 대한 동일한 내용의 성격특질 목록을 제시하고 그 사람의 인상을 보고하도록 했다. 첫 번째 집단의 참가자에게는 '지적인, 근면한, 충동적인, 비판적인, 고집 센, 시기하는' 목록을 제시하였고, 두 번째 집단에게는 동일한 목록을 그 순서만 정반대로 해서 제시하였다. 즉 첫 번째 목록은 긍정적 특질에서 부정적 특질로 나아갔지만, 두 번째 목록은 부정적 특질에서 긍정적 특질로 나아갔다. 연구 결과 첫 번째 집단의 참가자들이 두 번째 집단의 참가자들에 비해 이 가상적 인물을 더 긍정적으로 지각했다.

이와 같은 초두효과의 원인은 무엇일까? 처음에 제시된 형용사가 나중에 제시된 형용사의 의미를 변화시키기 때문으로 보인다. '지적인', '근면한' 특질은 이후의 '비판적인'이라는 특질을 자신의 지적인 능력을 제대로 발휘하는 것으로, '고집 센' 특질을 자신의 신념이나 입장을 견지하는 것으로 해석할 수 있게 한다. 반대로, '시기하는', '고집 센' 특질은 이후의 '지적인' 특질을 간교하거나 계산이 빠른 특질과 연결해서 해석하게 만들 수 있다. 또 다른 설명으로 초두효과는 후속 자극에 대한 주의의 감소 때문에 나타나거나 초기의 정보에 근거해서 인상을 형성한 다음 이후의 정보를 경시하여 생길 수 있다(Anderson, 1981). 초두효과에 대한 연구의 차이가 있지만 확실한 것은 첫인상을 판단하는 데 10초가 넘지 않는다. 이는 첫인상이 나쁘면 나중에 아무리 잘해도 긍정적인 이미지로 바꾸기가 어렵다는 것을 나타낸다. 한번 결정된 인상을 바꾸는 데 일반적으로 40시간이나 걸린다고 한다. 그만큼 첫인상은 매력을 결정짓는 데 있어 매우 중요한 요소이다.

### (2) 맥락효과(Context Effect)

처음 주어진 정보에 의해 나중에 수용되는 정보의 맥락이 구성되고 처리 방식이 결정되는 것을 '맥락효과(Context Effect)'라 한다. 이는 사전에 노출되는 단서들에 의해 인식이 편향되는 현상을 보이기도 한다. 처음 제시된 정보가 나중에 들어오는 정보들의 처리지침을 만들고 전반적인 맥락을 제공하는 것을 '첫인상의 맥락효과'라 부른다. 일반적으로는 사전에 가진 선입견을 바탕으로 좋은 인상을 가진 사람의 행동은 좋게 평가하고, 나쁜 인상을 가진 사람의 행동은 나쁘게 평가하는 것이다. 얼굴이 예쁜 여성이 공부를 잘하면 기특한 것이 되고, 못생긴 여성이 공부를 잘하면 독하다고 간주하는 것이 그 예다. 또는 성실한 사람이 머리가 좋으면 현명하고 지혜롭다고 생각하지만, 이기적인 사람이 머리가 좋으면 교활하다고 생각하는 것도 맥락효과의 예라고 할 수 있다.

### (3) 부정성 효과(Negativity Effect)

임상심리학자인 Elisabeth Lukas 박사가 재미있는 실험을 하였다. 15%가량의 상한 딸기가 섞여 있는 두 개의 바구니에서 한 그룹의 아이들에게는 상한 딸기를, 다른 그룹에게는 싱싱한 딸기를 고르게 한 후 싱싱한 딸기의 양이 얼마나 되는지 말해보라고 했다. 싱싱한 딸기를 골라낸 그룹의 아이들은 거의 정확한 답을 내놓았지만, 상한 딸기를 골라낸 아이들은 싱싱한 딸기의 양을 실제보다 훨씬 적다고 대답했다. 어른들을 상대로 한 실험에서도 그 결과는 다르지 않았다고 한다.

심리학에서는 이런 현상을 부정성 효과(negativity effect)라고 하는데, 긍정적인 정보와 부정적인 정보가 동일한 양과 강도를 가지고 있을 때 사람들이 전자보다 후자에 가중치를 두어 대상을 평가하는 심리현상을 의미한다. 보다 구체적으로 타인에 대한 판단 과정에서 사람들은 부정적인 정보에 특별한 주의를 기울이며, 부정적 정보에 보다 많은 가중치를 두는 경향이 있다는 것이다(Anderson, 1965; Hamilton & Zanna, 1972; Taylor, 1991; Pratto & John, 1991).

부정성 효과는 인상의 수정(imprssion revision)에서도 나타나는데 판단 대상 인물에 대한 추가 정보가 긍정적일 때보다는 부정적일 때, 인상이 더 크게 변화하게 된다는 것이다. 인상을 수정하는 경우, 인상의 불일치되는 정보 중 부정적인 정보가 더 큰 영향을 미친다는 사실을 연구를 통해서 밝혔다(Reeder & Coovert, 1986).

예를 들어, 첫인상이 매우 좋았는데 그 사람에 대한 나쁜 말을 들으면 그 사람에 대한 긍정적인 인상이 나쁜 인상으로 바뀌는 것을 말한다. 호감 가는 첫인상은 부정적인 정보를 접하면 쉽게 나쁜 쪽으로 바뀔 수 있다. 그러나 한번 나쁘게 인식된 첫인상은 긍정적 정보가 적용되어도 좋은 쪽으로 바뀌지 않는다. 즉 부정적인 정보는 긍정적인 정보보다 훨씬 더 중요하게 작용되기 마련이다. 이처럼 부정적인 정보가 긍정적인 정보보다 인상형성에 더 강하게 작용하는 것을 말한다.

#### (4) 후광효과(Halo Effect)

어떤 대상이나 사람에 대한 일반적인 견해가 그 대상이나 사람의 구체적인 특성을 평가하는 데 영향을 미치는 현상이다. 광배효과(光背效果)라고도 하며, 어떤 사람이 갖고 있는 한 가지 장점이나 매력 때문에 다른 특성들도 좋게 평가되는 것이다.

첫 번째 만났을 때 어떤 사람에게 호감이 간다면 그 사람은 매력적이고 지적이고 관대하다는 등의 평가를 받는다. 매력적인 사람이 못생긴 사람에 비해 거의 모든 영역(대인관계, 자신감, 적극성, 지적 능력, 성실성)에서 유리한 평가를 받는다.

## 2 올바른 인사

우리는 하루에도 몇 번씩 많은 인사를 한다. 인사는 사람 '人(사람 인)'과 '事(일 사)'로 이루어진 단어로, '사람이 마땅히 섬기면서 할 일'을 뜻한다. 이는 사회생활에서 나 자신의 인상을 대표하는 것이자 인간관계에 있어서 가장 기초가 되는 행위이기 때문이다.

이처럼 인사는 예절의 기본이며, 인간관계의 시작과 끝이라고 해도 과언이 아니다. 동서고금을 막론하여 인품을 말할 때에는 예절 바른 사람을 제일로 하고 있다. 이렇듯 인사는 인간사회에서 윤리 형성의 기본이며, 직장인에게 있어서는 상사와 동료 그리고 고객과의 관계시작을 알리는 첫 단추인 것이다. 상사에 대하여는 존경심의 표현이며, 동료

간에는 우애의 상징이고, 고객에 대하여는 서비스를 바탕으로 한 직업정신의 표현이며 아울러 자신의 인격과 교양을 나타내는 것이라 할 수 있다.

이러한 인사는 친절함을 나타낼 수 있는 가장 기본적인 행위이며, 상대방에 대한 마음가짐의 외적 표현으로 상대방에게 마음을 열고 다가가는 적극적인 마음의 표현이라 할 수 있다. 일반적으로 단순한 고갯짓이 아닌, 내가 먼저 상대방을 보면서 상황에 맞는 인사말과 미소를 곁들여 바른 자세로 행할 때 상대로부터 호감과 신뢰를 얻을 수 있을 것이다. 이러한 인사의 종류와 순서 및 기본자세에 대하여 알아보자.

## 1) 인사하는 자세

인사는 자신을 상대방에게 알리는 첫 번째 단계로 상대방에 대한 호의와 존경심, 친근함을 표현해 주는 마음가짐의 외적 표현양식이다. 적극적인 태도로 정중한 마음자세를 가지고 상황에 맞는 인사말과 바른 자세로 신뢰감을 전달하고, 상대방의 마음을 열게 한다.

- 표정: 밝고 부드러운 미소
- 시선: 인사 전후에는 상대방을 바라본다.
- 고개: 반듯하게 들고
- 턱: 턱은 내밀지 말고 자연스럽게 당긴다.
- 어깨: 힘을 뺀다.
- 무릎, 등, 허리: 자연스럽게 곧게 편다.
- 입: 조용히 다문다.
- 손자세

• 남자: 차렷자세로 계란을 쥐듯 손을 가볍게 쥐고 바지 재봉선에 맞춰 내린다.
• 여자: 오른손이 위로 오도록 양손을 모아 가볍게 잡고[1] 오른손 엄지를 왼손 엄지와 인지 사이에 끼워 아랫배에 가볍게 댄다.

---

1) 공수의 기본 동작은 (1) 두 손의 손가락을 가지런히 붙여서 편 다음 앞으로 모아 포갠다. (2) 엄지손가락은 깍지 끼듯이 교차시켜 포개는데 위의 손 엄지로 아래의 손 엄지를 꼭 감아쥔다. (3) 식지 이하 네 손가락은 가지런히 붙여서 포갠다.(위의 손 네 손가락으로 아래의 손 네 손가락을 지그시 감아쥐어도 좋다.) (4) 평상시: 남자는 왼손이 위이고, 여자는 오른손이 위이다. (5) 흉사시: 남자는 오른손이 위이고, 여자는 왼손이 위이다.

- 발자세: 다리는 가지런히 하고 무릎은 구부리지 않는다. 발뒤꿈치를 붙이고 남자는 시계의 10시 10분 정도가 되게 벌리고, 여자는 11시 5분을 나타낸 정도로 벌린다. 허리에서 머리까지 일직선이 되도록 자세를 취한다.
- 마음: 존경, 사랑, 감사의 마음을 담아야 한다.

### 2) 인사하는 방법

인사에 대한 근본적인 의미는 첫째로 상대방에 대한 불안감을 없애주는 것이고, 둘째는 상대방에 대해 호의를 가지고 있다는 것을 보여주는 것이다. 또한 인사는 단순한 고갯짓이 아니라, 상대방을 보았을 때 상황에 맞는 인사말과 스마일을 곁들여 바른 자세로 행해야만 한다.

- 준비단계: 밝은 표정으로 상대방의 눈을 바라보면서 바르게 선다.
- 1단계: 가슴과 등을 자연스럽게 곧게 펴고 허리부터 숙인다.
- 2단계: 숙인 상태에서 1초 정도 멈춰서 공손함을 더한다.
- 3단계: 상체를 천천히 일으켜 세운다.
- 4단계: 똑바로 서서 상대의 눈을 보며 미소와 함께 인사말을 전한다.

## 3 올바른 자세

### 1) 서 있는 자세

서 있는 자세는 몸 전체가 가장 많이 남의 시야에 드러나는 자세이므로 단정하고 바르지 못하면 그 사람의 인품을 떨어뜨리는 결과를 가져온다.

① 발은 가장 편하게 약간 옆으로 벌리는데 앞뒤로 엇갈려서는 안 된다.
② 무릎과 엉덩이, 허리를 자연스럽고 곧게 편다.
③ 몸의 체중을 두 다리에 고르게 싣는다.

④ 두 손은 앞으로 모아 공수한다.
⑤ 가슴을 의도적으로 내밀거나 뒤로 젖히지 말고 자연스럽게 편다.
⑥ 두 어깨는 수평이 되게 반듯하게 해서 앞으로 굽히거나 뒤로 젖히지 않는다.
⑦ 고개는 반듯하게 들고 턱을 자연스럽게 한다.
⑧ 눈을 곱게 떠서 시선의 초점을 자기 키의 3배 정도로 정면에 둔다.
⑨ 입은 자연스럽게 다문다.

좋지 않은 자세는 다음과 같다.

① 무릎을 벌리고 서는 자세
② 어깨를 올리고 서는 자세
③ 뒷짐을 지고 서는 자세
④ 서 있을 때 손가락을 벌리는 자세
⑤ 몸의 중심이 잡히지 않는 자세
⑥ 기대거나 몸을 꼬는 자세

### 2) 바닥에 앉는 자세

어른의 정면에 앉지 않고, 남자는 어른의 왼쪽 앞, 여자는 어른의 오른쪽 앞에 앉는 것을 원칙으로 한다.

① 실내의 장식을 가리지 않고 충분한 공간을 두고 앉는다.
② 어른께서 앉으라고 말씀해야 앉는다.
③ 먼저 왼 무릎을 꿇고 다음에 오른 무릎을 꿇어 앉는다.
④ 두 손을 가지런히 펴서 두 무릎 위에 얹거나, 공수한 손을 남자는 중앙에, 여자는 오른쪽 다리 위에 놓으면 좋다.
⑤ 어른께서 편히 앉으라고 말씀하면 편히 앉는다.
⑥ 벽이나 가구 등에 기대 앉지 않으며 손으로 바닥을 짚고 비스듬히 앉지 않고, 다리를 뻗고 앉아도 안 된다.
⑦ 의복이 앉은 주위에 넓게 펼쳐지지 않도록 갈무리한다.
⑧ 자세를 바르게 하고 시선은 앉은키의 두 배 정도의 바닥에 둔다.

### 3) 방석 위에 앉는 자세

① 모든 앉음새는 바닥에 앉을 때와 같다.
② 어떤 경우라도 방석을 발바닥으로 밟으면 안 된다.
③ 앉을 때 왼 무릎을 꿇기 전에 두 손으로 방석을 당겨 무릎 밑에 반듯하게 넣으면서 방석 위에 무릎을 꿇는다.
④ 방석의 중앙에 앉되 발끝이 방석의 뒤편 끝에 걸쳐지게 앉는다.
⑤ 방석이 구겨지지 않게 곱게 앉는다.
⑥ 일어날 때는 무릎을 들면서 두 손으로 방석을 원래의 자리에 밀어 놓는다.

### 4) 일인용 의자에 앉는 자세

① 앉아야 할 의자의 옆에서 바른 자세로 정면을 향해 선다.
② 의자 쪽으로 몸을 약간 돌리면서 의자 쪽의 손으로 의자의 등받이를 잡아 의자가 흔들리지 않게 한다.
③ 의자의 반대쪽 발을 의자의 앞선보다 약간 앞으로 내디딘다.
④ 의자 쪽의 발을 의자에 앉았을 때 놓일 위치로 내디딘다.
⑤ 의자의 반대쪽 발을 앞에 내디딘 발과 가지런히 모으며 등받이를 잡은 손을 뗀다.
⑥ 의자가 밀려 흔들리지 않도록 두 손으로 의자의 양옆이나 팔걸이를 잡고 앉는다.
⑦ 남자는 두 무릎은 어깨 너비보다 약간 좁게 벌리고, 양손은 가볍게 주먹을 쥔 상태에서 허벅지 중앙에 가지런히 얹는다. 여자는 무릎을 붙이고, 양손을 포갠 상태로 앉는 것이 바람직하다.
⑧ 등받이에 등을 기대지 않고 곧은 자세로 앉는다. 즉 등을 의자에 깊이 파묻으면서 흐트러진 자세를 취하는 것은 남 보기에 좋지 않다.

### 5) 걷는 자세

걷는다는 것은 바르게 선 자세에서 발을 움직여 위치를 옮기는 것이다. 걷는 것도 장소와 상황에 따라 여러 가지가 있다.

### (1) 걷기의 기본 자세

① 몸의 중심은 바닥을 디딘 발에 얹는다.

② 몸은 흔들지 않고 발만 옮긴다.

③ 양팔은 자연스럽게 앞뒤로 흔들거나 앞으로 모아 공수한다.

④ 발바닥이 앞뒤에 보이지 않게 바닥과 발바닥이 평행이 되게 걷는다.

⑤ 발바닥을 바닥에 놓을 때는 앞과 뒤가 동시에 바닥에 닿게 놓는다.

⑥ 발끝을 벌리지 말고 일직선의 양옆에 놓이도록 곧게 걷는다.

⑦ 옷이 펄럭이지 않게 여미며 걷는다.

⑧ 뛰거나 허둥대지 말고 조용히 물이 흐르듯이 걷는다.

### (2) 실내에서 걷기 자세

① 보폭을 옥외에서보다 좁게 한다.

② 발자국 소리가 나지 않게 걷는다.

③ 실내에서는 발을 너무 높이 올리지 않는다.

④ 실외보다 팔을 작게 흔들고 발자국도 작게 뗀다.

⑤ 시선은 2-3m 앞을 본다.

⑥ 바쁘면 잔걸음을 빨리 걷는다.

### (3) 계단을 오르내릴 때

① 발소리가 나지 않게 한다.

② 상체가 앞이나 뒤로 굽히지 않는다.

③ 계단을 오르내릴 때 아래쪽에 있는 사람이 위쪽에 있는 사람을 올려다보는 것은 실례가 된다.

④ 계단을 오르내릴 때에는 천천히 조심성 있게 걷는다.

### (4) 남의 앞을 지날 때

① 반드시 "실례합니다.", "미안합니다."라고 양해를 구한다.

② 조용하면서도 민첩하게 걷는다.

③ 남의 몸에 기대거나 부딪치거나 옷이 스치지 않게 한다.

④ 상대에게 정면으로 뒷모습을 보이지 않는다.

⑤ 남의 앞을 정면으로 지나지 않고 뒤로 비켜서 지나간다.

⑥ 어른과 마주쳤을 때는 어른이 먼저 지나가시도록 비켜선다.

#### (5) 방향을 전환할 때

① 남의 앞에서 방향을 바꾸거나 물러날 때는 가급적이면 상대방에게 뒷모습을 보이지 않도록 움직이는 선이 짧도록 한다.

② 뒤로 돌아서 물러날 때는 두어 걸음 뒤로 물러서서 돌아선다.

### 6) 출입의 자세

① 인기척을 낸다. (노크, 기침이나 말로 방안에 있는 사람에게 양해를 구한다.)

② 문을 열고 닫을 때는 어깨, 등, 발을 쓰지 말고 가능하면 두 손으로 한다.

③ 두 손에 물건을 들었을 때는 물건을 내려놓고 손으로 문을 열고 닫는다.

④ 문턱을 밟지 않는다.

⑤ 방안에 있는 사람에게는 될 수 있는 대로 뒷모습을 보이지 않는다.

⑥ 문은 소리 나지 않게 열고 닫으며 끄는 빌소리도 안 나게 한다.

⑦ 문을 필요 이상으로 많이 열지 말고, 문을 열어놓은 채 다른 일을 하지 않는다.

### 7) 어른과 함께할 때의 자세

#### (1) 어른 앞에서의 몸가짐

우리나라에서는 유교영향권의 오래된 역사와 전통을 가지고 있기 때문에 어른에 대한 예절과 대우가 각별한 것이 현실이다. 어른 앞에서의 기본 자세를 바르게 익혀보자.

① 누워 있거나, 앉아 있다가도 어른의 인기척이 나면 민첩하게 일어나서, 문을 열고 밖으로 나가 어른을 맞아들인다.

② 어른이 앉으실 자리는 바르게 해서 앉으시기를 권해 드린다.

③ 어른이 앉으시더라도 스스로 따라서 앉지 말고, 두 손을 포개어 잡고 서서 모신다.

④ 어른이 앉으라고 말씀하시면 한쪽 옆에 무릎을 꿇고 공손한 자세로 앉는다.

⑤ 어른이 일어나실 기미가 보이면 먼저 일어나서 부축하거나 두 손을 포개어 잡고 한쪽으로 비켜선다.

⑥ 어른이 나가시면 따라 나가 모시거나, 보이지 않을 때까지 서 있는다.
⑦ 말씀을 여쭐 때는 조용히 조리 있게 최대의 높임말로 한다.
⑧ 어른의 말씀에 참견하지 않는다.
⑨ 어른의 명을 받았을 때는 복잡한 내용을 메모했다가 곧 이행하여 결과를 알려드린다.
⑩ 어른보다 편한 자세를 취하지 않는다.
⑪ 어른보다 높은 곳에 위치하지 않는다.
⑫ 어른에게 뒷모습을 보이지 않는다.
⑬ 어른의 말씀이 자기에게 유익한 내용이면 세 번 정도 사양하다가 감사하며 따른다.

### (2) 어른이 집밖으로 나들이하실 때

① 어른이 집밖으로 나가실 일이 있으면 나들이에 필요한 모든 것을 자상하고 알뜰하게 준비해 드린다
② 어른이 손님으로 어디를 방문하시기 되면 필요한 물건을 챙겨 드린다.
③ 어른이 낯선 길을 가시게 되면 모시고 가거나, 실수하지 않으시도록 준비해 드린다.
④ 어른이 나가실 때는 문 밖까지 따라 나가 공손히 전송하고 보이지 않을 때까지 서 있는다.
⑤ 어른이 복잡하거나 먼 곳에 가셨을 때에는 행선지에 연락해서 무사히 도착하셨는지를 확인한다.
⑥ 어른이 돌아오시는 기척이 나면 밖으로 나가서 맞이한다.
⑦ 어른이 안 계신 동안의 집안일을 자상하게 말씀드려서 궁금하지 않으시도록 한다.

### (3) 어른을 모시고 나들이할 때

① 어른을 모시고 나들이할 때, 어른을 인도하는 위치는 어른의 2-3보 앞이고, 수행하는 위치는 어른의 2-3보 뒤이다.
② 어른을 모시고 차를 타고 내릴 때는 안전하게 부축한다.
③ 어른이 짐을 들지 않으시도록 하며, 가장 편안하고 편리한 방법으로 모신다.
④ 어른이 들어가고 나가실 문을 반드시 미리 열어 드리고 뒤를 따른다.
⑤ 어른이 길이나 사람을 물으시거나 목적지에서 서성거리지 않도록 미리 묻고 알아서 인도한다.

⑥ 아랫사람 때문에 어른이 기다리시는 일이 없도록 미리 대비하고 즐거운 나들이가 되도록 모신다.

## 8) 물건을 다룰 때의 자세

### (1) 물건을 다루는 기본자세

① 물건을 소리 나지 않게 상하지 않게 다룬다.
② 물건의 아래와 위가 뒤집히지 않고 속과 겉이 바뀌지 않게 다룬다.
③ 물건은 두 손으로 다루는 것을 원칙으로 한다.
④ 먹는 음식이나 먹는 데 쓰이는 기구는 음식이나 입에 닿는 부분에 손이 닿지 않게 다룬다.
⑤ 칼, 송곳 등 위험한 물건은 손잡이를 잡아야 하고 남에게 줄 때는 상대가 손잡이를 잡기 편하게 준다.
⑥ 바늘, 핀같이 작은 물건은 큰 종이나 천에 찔러서 보관한다.
⑦ 작거나 흐트러지기 쉬운 물건은 그릇에 담아서 보관한다.
⑧ 같은 종류의 물건이나 주된 물건에 따르는 물건은 한 곳에 보관한다.
⑨ 물건은 일정한 곳에 두어 찾아 쓰기 편하게 관리한다.

### (2) 물건을 주고 받는 예절

① 받는 사람에게 편하게 두 손으로 준다.
② 물건을 손 위에 얹어서 든다.
③ 손잡이가 있는 물건은 손잡이를 든다.
④ 신문, 책 등 읽을거리는 상대가 바르게 보이도록 한다.
⑤ 음식을 담은 그릇은 음식이나 그릇의 안쪽에 손이 닿지 않게 한다.
⑥ 물건을 바닥에 놓을 때나 바닥에서 들 때는 앉아서 놓고 든다.
⑦ 앉은 사람에게는 앉아서 주고, 선 사람에게는 서서 준다.
⑧ 앉아서 주는 물건은 앉아서 받으며, 서서 주는 물건은 서서 받는다.
⑨ 그릇에 담긴 물건은 흔들리지 않고 쏟아지지 않게 든다.

## 4 인사의 종류

### 1) 목례

목례(目禮)는 '눈인사'로 순화하여 부르기도 하며, 상체를 숙이지 않고 가볍게 머리만 숙여서 하는 인사 중에서 가장 가벼운 인사를 말한다. 이러한 목례를 하는 상황은 실내나 복도에서 자주 마주치는 경우, 양손에 무거운 짐을 들고 있는 경우, 모르는 사람과 마주칠 경우, 통화 중일 경우에 하게 된다.

### 2) 약례

짧은 시간에 이루어지는 인사로, 반드시 미소와 함께 하는 인사가 약례다. 약례는 허리를 15도로 살짝 숙여서 하는 인사를 말한다. 보통 실내나 통로, 엘리베이터 안과 같이 협소한 공간에서나, 화장실과 같은 개인적인 공간, 상사나 손님을 여러 차례 만나는 경우, 상사가 주재하는 회의, 면담, 대화의 시작과 끝에서 할 수 있다. 이처럼 단시간, 좁은 공간에서 예를 갖춰야 할 때 하는 인사가 약례라고 할 수 있다.

[그림 2-2] 약례 예시

[그림 2-3] 보통례 예시

### 3) 보통례

일상생활 중 어른이나 상사, 내방객을 맞을 때 하는 인사로 상대를 향하여 허리를 30도 정도 굽혀주는 인사다. 전통 인사법의 평절에 가까운 인사로 가장 기본이 되는 인사라고 할 수 있다. 보통례는 손님이나 상사를 만나거나 헤어지는 경우, 보편적으로 처음 만나 인사하는 경우, 상사에게 보고하거나 지시를 받을 경우에 하는 인사로 상대에 대한 정식 인사라고 할 수 있다. 단, 굽힌 허리를 너무 빨리 세우면, 가벼운 인사의 느낌이 들 수 있으니 주의해야 한다. 남자는 양손을 바지 재봉선에 대고 하며 여자는 공수 자세로 인사한다.

### 4) 정중례

감사나 사죄의 마음을 전하는 경우에 45도 정도 허리를 굽혀서 마음을 전하는 인사이다. 정중례는 감사의 뜻을 전할 경우, 잘못된 일에 대해 사과하는 경우, 면접이나 공식 석상에서 처음 인사하는 경우, VIP고객이나 직장의 CEO를 맞이할 경우에 하는 인사다. 가장 정중한 표현이므로 가벼운 표정이나 입을 벌리고 웃는 행동은 삼가는 것이 좋다. 단, 지나치게 허리를 굽힐 경우(예, 90도 인사)는 상대방으로 하여금 오히려 부담을 느끼게 할 수 있으므로 주의할 필요가 있다.

[그림 2-4] 정중례 예시

## 5 상황별 인사의 종류

인사는 마음의 문을 여는 열쇠로 상대방을 먼저 보는 사람이 하고, 윗사람이라 할지라도 받은 인사에 대해서는 반드시 답례를 해준다. 단 장소에 따라 상황이 여의치 않은 곳에서는 인사를 하지 않는 것이 예의가 될 수 있다. 인사는 곧 상대방에 대한 배려이고 상대방을 위한 것이기 때문이다.

일상에서 행해지는 인사는 정지된 상태가 아닌 움직이는 상태에서 자연스럽게 이루어져야 한다. 상대방의 동작과 상황에 따라 적합한 인사를 하는 것이 중요하다.

### 1) 걸을 때 인사

원거리에 위치할 때에는 가벼운 목례를 한 다음 가급적 가까운 거리에 다가서서 상대방과 눈을 마주치면서 정중하게 인사하는 것이 기본 예의이다.

### 2) 계단에서의 인사

계단에서의 인사는 계단을 오르내리면서 상대방과 마주치면 가까운 계단의 위치에 이르렀을 때 인사를 한다. 계단을 올라갈 때에는 시선을 위로 하고, 내려갈 때에는 시선을 약간 아래로 향한다. 동료를 만났을 때에는 같은 위치의 계단에서 하며, 연장자를 만났을 때에는 연장자 위치까지 내려와서 서로 인사를 나눈다.

### 3) 앉은 자세 인사

의자에 앉은 상태에서 인사를 해야 하는 경우에는 상체의 허리를 곧게 펴고, 상대의 눈을 보며 가볍게 목례를 한다.

인사는 가능한 적극적으로 하는 것이 좋다. 하지만 상황에 따라 어떻게 인사를 해야 할지 애매한 경우가 있다. 여기서 인사와 관련된 애매한 상황에 대한 대처법에 대해 정리하였다.

### 사례 1. 화장실에서 상사를 만났을 때

화장실에서 상사를 만나게 되면 누구나 한번쯤은 고민하게 되며, 특히 남성들의 경우 더욱 그러하다. 일반적으로 화장실에서는 인사를 하지 않는다. 다만, 상사나 동료와 눈이 마주쳤을 경우 간단한 목례로 인사를 표현하는 것이 적절하다.

### 사례 2. 정신없이 작업 중일 때

가끔 정신없이 작업하는 도중에 상사가 사무실로 들어오는 경우가 많다. 이때는 작업 중인 일이 인사할 정도의 여유가 있다면 상황에 맞게 인사를 하거나 가볍게 목례를 하는 것이 좋다. 반면, 도저히 인사할 수 없이 바쁜 경우에는 굳이 인사를 하지 않아도 상관없지만 이는 상사의 성향에 따라 대응하는 것이 적합하다.

### 사례 3. 상사와 함께하는 작업을 마쳤을 때

상사와 함께 작업을 하다가 마쳤을 때 인사를 하는 경우 직장인들이 많은 실수를 범하곤 한다. 그 대표적인 예가 바로 "수고하셨습니다."라는 표현이다. "수고하셨습니다."라는 표현은 윗사람이 아랫사람에게 하는 표현으로 부하직원이 상사에게 하는 것은 바람직하지 않다.

이보다 부하직원은 상사에게 "감사했습니다.", "노고가 많으셨습니다." 등의 표현으로 인사하는 것이 바람직하며, 최대한 감사의 마음을 표현하고자 노력해야 한다.

### 사례 4. 타 부서 혹은 모르는 사람이 인사할 때

직장생활에서 회사 내 타 부서의 동료 혹은 모르는 사람이 인사하는 경우가 종종 있다. 이때 당황하여 적절히 대처하지 못하는 경우도 발생하는데 이 경우 인사한 상대방에게 불쾌감을 줄 수 있으므로 유의해야 한다. 우선 인사를 한 후에 주위 동료에게 누구인지 물어보고, 다음에 마주쳤을 때 가벼운 인사말을 먼저 건네는 것이 현명하다.

## 6 흔히 볼 수 있는 잘못된 인사 습관

잘못된 인사 습관은 크게 네 가지 정도로 구분할 수 있다.

첫째, 지나치게 공손하게 하는 인사이다. 이는 자칫 인사받는 사람이 부담을 느낄 수 있으며, 상황에 따라 아첨하는 사람으로 오해받을 수 있으므로 유의해야 한다.

둘째, 턱을 들어서 하는 인사이다. 이러한 행동은 인사예법에 어긋나는 행동이니 주의해야 한다.

셋째, 고개만 까딱하는 인사이다. 이는 마치 하기 싫은 인사를 억지로 한다는 인상을 줄 수 있으며, 상대방이 불쾌함을 느낄 수 있다.

넷째, 고개를 옆으로 숙이면서 하는 인사이다. 이는 지나가다 마주친 경우에 자주 범하는 행동으로 인사는 반드시 바른 자세로 해야 한다.

읽을거리

## 결국 조직에서 밀려나게 될 직원유형 일곱 가지 중 하나

■ 인사를 하지 않는다

'설마…'라고 생각하겠지만 많은 직원들이 상사, 타 부서, 오며 가며 안면이 익은 사람들에게 인사를 하지 않는다. 인사는 사풍과도 관계가 있다. 어떤 회사에서는 늘 밝고 시원시원한 목소리로 인사를 나누고 어떤 회사는 가볍게 목례와 미소로 대신하기도 한다. 그런가 하면 우물우물 마지못해 대충 얼버무리는 회사도 있다. 그리고 최악은 슬며시 눈을 피하며 그냥 지나치는 경우.

'우리 회사는 분위기가 원래 그래', '그 사람은 나를 모를 텐데', '인사를 해도 상대방이 제대로 안 받거든'이라는 이유들에서다. 그러나 그건 어디까지나 본인만의 생각이다. 윗사람들이나 타 부서 사람들은 당신을 무례하고 불쾌하게 여기고 있다. 정작 그 사람들이 인사성이 있느냐 없느냐, 인사를 하면 잘 받아주기는 하느냐 따위의 생각은 할 필요가 없다. 중요한 건 당신에 대한 평가일 뿐이다.

읽을거리

거울을 보고 웃는 연습을 따로 해서라도 건물 출입구의 경비 아저씨에서부터 새로 들어온 신입사원에까지 적어도 한 공간에 있는 사람들에게는 인사하라. 또 인사는 눈을 마주치며 해야 하는 것이다. 눈과 입을 동시에 사용하라. 목례도 웃으며 하라. 웃으며 하는 인사는 당신이 아무리 일을 망치고 엉망으로 만들어도 '그래도 그 사람, 사람은 참 좋은데'라는 평판을 만들어낼 수 있다.

자료: 매일경제, Citylife, 제309호, 2012.01.03, 기사 중 일부 발췌

# Chapter 3 경조사 에티켓과 매너

인사(人事)란 살아가면서 우리가 겪는 여러 가지 세상일들로서, 그에 관해 사람들 사이에서 지켜야 할 예의범절을 말한다. 따라서 일상생활에서 주위의 경조사를 맞아 함께 기뻐하고 슬퍼하는 것이야말로 사람의 도리이고, 인간미 있는 삶의 태도가 아닐까 한다.

여기에서 경사(慶事)와 조사(弔事) 두 경우에 맞추어 어떻게 인사를 하고 무엇을 선물하고 부조(扶助)[2)]하며 그 서식은 어떻게 하는 것이 좋은지 알아보도록 하자.

## 1 경사(慶事) 인사법의 실제

### 1) 출산

- 차림새: 청결한 평상복(정장)
- 인사 시기: 외인(外人)의 경우 산모의 남편이나 산모의 부모에게는 아무 때나 만나게 될 때 한다. 산모 방문은 근친은 언제라도 좋으나, 외인은 1주일 후가 좋다.

2) • 부의금(賻儀金): 부의로 보내는 돈 = 조의금
부의: 상가(喪家)에 부조로 보내는 돈이나 물품. 또는 그런 일
• 조의금(弔意金): 남의 죽음을 슬퍼하는 뜻으로 내는 돈 = 부의금
조의: 남의 죽음을 슬퍼함
• 부조금(扶助金): 부조로 주는 돈. 경조사에 모두 사용할 수 있음
부조: 잔칫집이나 상가(喪家) 따위에 보내는 돈이나 물품. 또는 그런 일
• 축의금(祝儀金): 축하하는 뜻을 나타내기 위하여 내는 돈
축의: 축하하는 뜻을 나타내기 위하여 내는 돈이나 물건

- 인사 대상: 본인, 남편, 본인의 부모
- 인사말
  - 본인에게: "순산을 경하합니다. 아기가 참으로 건강하군요."
  - 남편에게: "부인의 순산을 경하합니다."
  - 부모에게: "자부(또는 따님)의 순산을 경하합니다. 얼마나 기쁘십니까?"
- 대답말: "고맙습니다. 염려해 주신 덕분입니다."
- 선물의 종류: 신생아용품
- 유의사항: 신생아에게 차별 인사를 하지 않는다.
- 겉포장 서식: '경하 순산' '(성명) 드림'
- 속지 내용 서식

| ○○○의 순산을 경하합니다.<br>산모와 아기의 건강을 빌면서<br>작은 정성으로 (물품명 또는 금액)을 드립니다.<br><br>년 월 일<br>(성명) 드림 |
|---|

## 2) 돌

- 차림새: 청결한 평상복(정장)
- 인사 시기: 초청받았을 때
- 인사 대상: 아기를 보면서
- 인사말: "아기의 첫돌을 축하합니다."
- 대답말: "감사합니다. 모두 염려해 주신 덕분입니다."
- 선물의 종류: 아기의 옷, 완구
- 유의사항: 초대받지 않았으면, 미리 챙겨서 인사하는 것이 도리어 실례이다.
- 겉포장 서식: '첫돌 축하' '(성명) 드림'

• 속지 내용 서식

| |
|---|
| ○○○의 아드님(따님)의 첫돌을 축하합니다.<br>훌륭히 자라기를 빌면서<br>작은 정성으로 (물품명 또는 금액)을 드립니다.<br><br>년 월 일<br>(성명) 드림 |

## 3) 혼인

- 차림새: 청결하고, 화사한 정장
- 인사 시기: 혼인하는 날
- 인사 대상: 예식장, 기타 만난 장소에서 본인과 부모에게
- 인사말
  - 본인에게: “혼인을 축하합니다. 행복하시길 빕니다.”
  - 부모에게: “아드님(따님)의 혼인을 경하합니다. 며느님(사위님)이 아주 훌륭하십니다.”
- 대답말
  - 본인: “감사합니다. 잘 살겠습니다.”
  - 부모: “감사합니다. 모두 염려해 주신 덕분입니다.”
- 선물의 종류: 신접살림의 용품이나 현금
- 유의사항: ‘결혼(結婚)’이란 말은 일본에서 들어온 한자어이므로 쓰면 안 되고, 우리말인 ‘혼인(婚姻)’을 써야 한다. 그리고 ‘축(祝)’은 ‘빈다’는 뜻이므로 ‘경축(慶祝)’을 쓰면, 혼인하는 사람에게는 걸맞지 않다. 때문에 경하혼인(慶賀婚姻)이라고 써야 한다.
- 겉포장 서식: ‘경하 혼인’ ‘(성명) 드림’

- 속지 내용 서식

| ○○○군(양)의 혼인을 진심으로 경하합니다.<br>행복을 빌면서<br>작은 정성으로 (물품명 또는 금액)을 드립니다.<br><br>년 월 일<br>(성명) 드림 |
|---|

### 4) 어른의 생신 · 수연(壽筵)

- 차림새: 청결한 평상복(정장)
- 인사 시기: 생신날
- 인사 대상: 만나는 곳이나, 생신 축하장소에서 본인 또는 자손에게
- 인사말
  - 본인에게: "생신(회갑 또는 고희 등)을 축하합니다. 만수무강하세요."
  - 자녀에게: "아버님(어머님)의 생신을 경하드립니다. 저토록 기력이 좋으시니 얼마나 기쁘십니까?"
- 대답말
  - 본인: "고맙습니다. 모두 염려해 주신 덕분입니다."
  - 자녀: "감사합니다."
- 선물의 종류: 노인용품이나 현금
- 유의사항: 노인의 생신은 어떤 생신이든 '수연(壽筵)'이라고 쓰면 된다. '잔치 연(宴)'자를 쓰면 생일잔치를 하지 못하는 사람은 미안할 것이므로, '자리 연(筵)'자를 쓰는 것이 좋다.
- 겉포장 서식: '경하 수연' '(성명) 드림'

• 속지 내용 서식

| |
|---|
| ○○○의 선생님(여사님)의 생신을 맞이하여 진심으로 경하를 올립니다.<br>삼가 오복을 누리시고 만수무강하시길 빕니다.<br>작은 정성으로 (물품명 또는 금액)을 드립니다.<br><br>년 월 일<br>(성명) 드림 |

• 생신의 종류

- 수연(壽筵) : 모든 생신에 통용되는 명칭이며 가장 무난함
- 이순(耳順), 육순(六旬): 60세의 생일. 학문이 깊어서 하늘의 뜻을 저절로 알게 되는 나이
- 회갑(回甲), 화갑(華甲): 61세의 생일. 출생년의 간지가 한 바퀴 돌아 다시 그 간지의 해를 맞는다는 뜻
- 진갑(進甲, 陳甲): 62세의 생일. 묵은 회갑이란 뜻과 다시 육갑(六甲). 이동이 끝나고 은퇴하는 나이이기 때문에 가장 아름다운 나이임
- 미수(美壽): 66세의 생일. '美'자가 六十六을 아래위로 붙여 쓴 것과 비슷한 데서 유래됨. 최근에는 사회활동 후 정년기를 맞아 회갑연 대신 미수연을 차리는 경우가 많음
- 희수(稀壽), 고희(古稀): 70세 생일. 두보(杜甫) 곡강시(曲江詩)의 한 구절인 '70세까지 사는 사람이 드물다'는 뜻인 "인생칠십고래희(人生七十古來稀)"에서 유래됨
- 희수(喜壽) : 77세 생신. 한문으로 '喜'자를 흘림체로 쓰면 七七을 아래위로 붙여 쓴 것과 비슷한 데서 유래됨
- 팔순(八旬): 80세의 생일. '旬'자는 '열'이라는 뜻이므로 열이 여덟이라는 뜻
- 미수(米壽): 88세의 생일. 한문으로 '米'자가 八十八을 붙여쓴 것과 같은 데서 유래됨
- 졸수(卒壽): 90세의 생일. '卒'자를 약자로 쓰면 九十이라 써지는 것에서 유래됨
- 백수(白壽): 99세의 생일. '百'에서 '一'을 뺀 자가 '白'이라는 것에서 유래됨

## 2 애사(哀事) 인사법의 실제

### 1) 문병

- 차림새: 평상복
- 인사 시기: 소식을 들었을 때
- 인사 대상: 가족을 만난 장소나 병실
- 위로말
  - 아이가 아플 때 본인에게: "많이 아프니? 사람은 누구든지 아픈 때가 있단다. 그렇지만 스스로 병을 이기고 일어나야지. 얼른 건강을 되찾길 바란다."
  - 아이의 부모에게: "얼마나 걱정이 되십니까? 빨리 건강해져 씩씩하게 뛰놀길 빕니다."
  - 젊은이가 아플 때 본인에게: "얼마나 고생이 됩니까? 빨리 쾌유하시길 빕니다."
  - 젊은이의 부모에게: "얼마나 걱정이 되십니까? 조속한 쾌유를 빕니다."
  - 노인의 병환: "얼마나 고생이 되십니까? 빨리 회춘하시길 바랍니다."
  - 자녀에게: "아버님(어머님)의 병환이 위중하시니 얼마나 걱정이 되십니까? 효성이 지극하시니 이제 곧 회춘하시리라 믿습니다. 너무 염려 마십시오."
  - 사고에 대한 문병: "얼마나 놀라셨습니까? 이만하시기를 다행으로 생각하시고 조속히 쾌유하시기 바랍니다."
- 대답말
  - 아이: "고맙습니다."
  - 아이의 부모: "감사합니다. 이토록 심려해 주시니 곧 일어날 것입니다."
  - 젊은이 본인: "감사합니다. 이런 모습을 보여드려 부끄럽습니다."
  - 보호자: "감사합니다. 이토록 염려해 주시니 곧 회복되리라 믿습니다."
  - 노인 본인: "고맙습니다. 모두에게 염려를 끼쳐 미안합니다."
  - 자녀: "감사합니다. 워낙 노환이시라 걱정이 되고 조심스럽습니다."
  - 사고를 당한 본인: "고맙습니다. 저의 부주의로 이렇게 심려를 끼쳐 죄송합니다."
  - 사고 가족: "감사합니다. 너무 심려를 끼쳐 죄송합니다."

- 위문품의 종류: 환자의 음식물이나 보호자의 용품, 현금
- 겉포장 서식: '기(祈) 쾌유(快癒)/회춘(回春)' '(성명) 드림'
- 속지 내용 서식

| ○○○의 병환에 대해 진심으로 아픔을 나눕니다.<br>조속한 쾌유(회춘)를 빌면서<br>작은 정성으로 (물품명 또는 금액)을 드립니다.<br><br>년 월 일<br>(성명) 드림 |
|---|

## 3 조사(弔事) 인사법의 실제

### 1) 조문

죽은 이의 영좌(靈坐: 신주(神主)를 모신 자리)에 죽음을 슬퍼하며 예를 드리는 것을 조상(弔喪)이라 하고, 상주(喪主)에게 위문하는 것을 문상(問喪)이라 한다. 따라서 '조문(弔問)'이라 하면 죽은 이에게 예를 드리고 상주를 위문하는 모든 것을 말한다.

- 차림새: [그림 3-1]을 참조한다.
- 조문 시기: 상제의 성복(상복을 갈아입은 것) 후 가는 것이 바람직하며, 염습이나 입관 후 문상하나, 현재는 돌아가신 직후 조문하여도 무방하다.

• 조문 순서

① 상가(빈소)에 도착하면 문밖에서 외투나 모자 등을 미리 벗어둔다.

② 조객록(弔客錄)[3] 또는 조위록(弔慰錄)[4]에 기명하게 되어 있으면 정자로 정중하게 소속이나 주소, 성명 등을 기록한다.

③ 상주에게 가볍게 목례를 하고 영정 앞에 무릎을 꿇고 앉는다.

**[그림 3–1] 조문객의 옷차림**

| 남성 조문객의 옷차림 | 여성 조문객의 옷차림 |
| --- | --- |
|   |  |
| 검은색 정장 자켓/바지 검은색 양말과 검은색 구두 | 검은색 정장 자켓/무릎치마, 바지, 원피스/검정색 스타킹/검정색 구두 |
| • 현대의 장례예절에서는 검정색 양복을 입는 것이 무난하나, 검정색 양복이 준비되지 못한 경우 감색이나 회색 양복도 무난하다.<br>• 와이셔츠는 화려하지 않은 흰색 또는 무채색 계통의 단색으로 하는 것이 좋다. | • 검정색 상하의를 입는 것이 무난하다.<br>• 검정색 구두에 스타킹이나 양말을 필히 착용하여 맨발을 보이지 않아야 한다.<br>• 그 밖에 장갑이나 핸드백도 검정색으로 통일시킨다.<br>• 되도록 색채화장은 피하는 것이 바람직하다.<br>• 귀걸이, 목걸이, 반지 등 장신구도 가능하면 피하거나 눈에 띄지 않도록 한다. |

자료: 보건복지부 장사정보시스템(http://www.ehaneul.go.kr/)

3) 문상객의 출입을 적는 책은 부상(父喪)이면 조객록이다.
4) 문상객의 출입을 적는 책은 모상(母喪)이면 조위록이다.

④ 분향 및 헌화방법은 향나무를 깎은 나무향일 경우는 오른손으로 향을 집어 향로 위에 놓는데 이때 왼손으로 오른손목을 받친다.

- 선향(線香 · 막대향)일 경우 하나 또는 둘을 집어 촛불에 불을 붙인 다음 손가락으로 가만히 잡아서 끄든지, 왼손으로 가볍게 흔들어 끈다. 절대 입으로 불면 안 된다.
- 헌화할 때는 오른손으로 꽃줄기 하단을 가볍게 잡고, 왼손 바닥으로 오른손을 받쳐 들어 두 손으로 공손히 꽃봉오리가 영정 쪽을 향하게 하여 제단 위에 헌화한 뒤 잠깐 묵념 및 기도를 한다.

⑤ 영좌 앞에 일어서서 잠깐 묵념 또는 두 번 절(재배)한다.

⑥ 영좌에서 물러나 상주와 맞절을 한다. 종교에 따라 절을 하지 않는 경우는 정중히 고개를 숙여 예를 표해도 된다.

⑦ 평소 안면이 있는 경우라면 상주에게 문상 인사말을 건네는데 이때는 낮은 목소리로 짧게 위로의 말을 하되 고인과 관련된 질문을 많이 하는 것은 좋지 않다.

⑧ 문상이 끝나고 물러나올 때에는 두세 걸음 뒤로 물러난 뒤, 몸을 돌려 나오는 것이 예의이다.

⑨ 부의금을 전달한다. (요즘은 조객록에 서명하면서 부의금을 전달하는 추세이다.)

### [조전, 조장]

불가피한 사정으로 문상을 갈 수 없을 때에는 편지(弔狀)나 조전(弔典)을 보낸다. 부고(訃告)[5]를 냈는데도 문상을 오지 않았거나 조장 또는 조전조차 보내오지 않은 사람과는 평생 말도 않고 대면도 하지 않는 것이 예전의 풍습이었다.

- 조전을 보내는 요령
  - 우체국을 직접 방문하거나 인터넷우체국을 이용하여 "경조카드"를 보낸다.
  - 국번없이 115번을 이용, 상담원과 상의하여 조전을 보낼 수 있다.

- 조전 문구 예시
  - 삼가조의를 표하오며 고인의 명복을 빕니다.
  - 삼가조의를 표하오며 고인의 유덕이 후세에 이어져 빛나기를 빕니다.
  - 뜻밖의 비보에 슬픈 마음 금할 길 없습니다.
    머리 숙여 고인의 명복을 빕니다.
  - 평소 고인의 은덕을 되새기며 삼가 고인의 명복을 빕니다.
  - 큰 슬픔을 위로하오며 삼가 고인의 명복을 빕니다.
  - 고인의 명복을 비오며 장례에 참석하지 못하여 죄송합니다.
  - 부득이한 사정으로 문상치 못하여 죄송하오며 삼가 고인의 명복을 빕니다.
  - 고인의 각별한 정을 떠올리며 삼가 조의를 표합니다.
  - 진심 어린 마음으로 고인의 명복을 빕니다.

5) 부고는 사람의 죽음을 알리는 통지문으로 부고의 전달방법은 전인(傳人)부고, 우편부고, 신문부고 등이 있다. 부고장은 일반적으로 우선 사망자의 성명을 쓰고 사망일시를 사인과 함께 간략히 기입한 뒤 장례식장, 발인일시, 발인장소, 장지 등을 기입한다. 부고는 호상(護喪)이 보내는 것으로 부고장은 호상의 입장에서 작성하여 호상명의로 발송한다.

[그림 3-2] 조문 순서

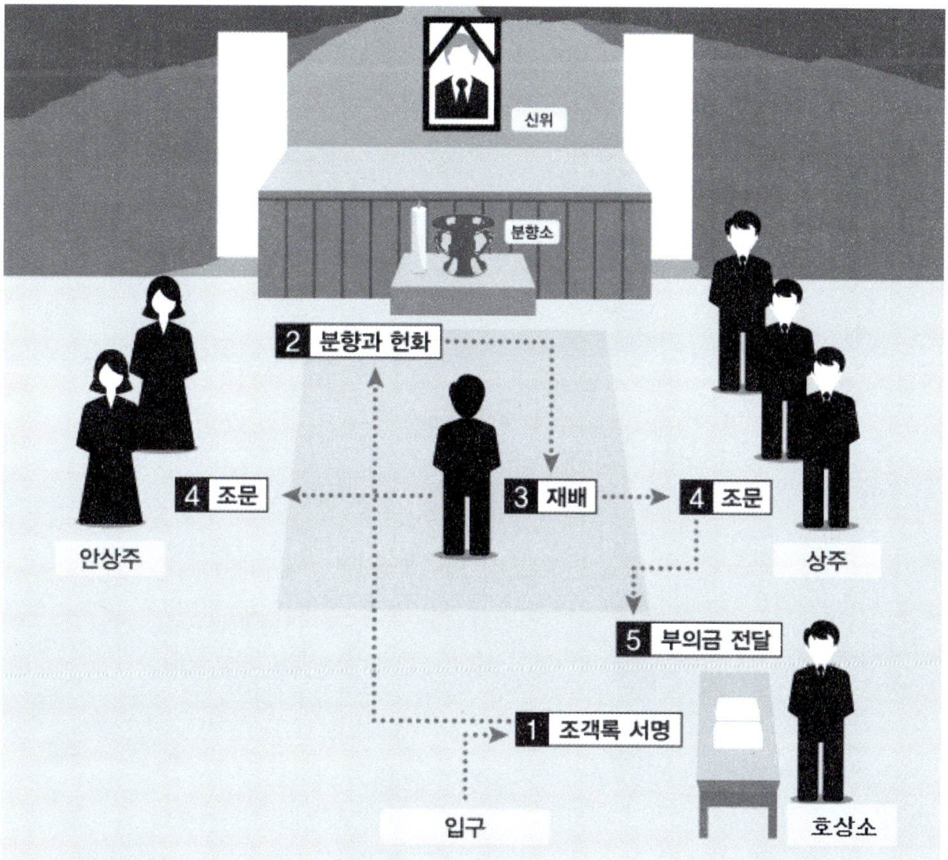


자료: 보건복지부 장사정보시스템(http://www.ehaneul.go.kr/)

### [조문 순서에서 용어]

- 호상(護喪) : 장례에 관한 온갖 일을 책임지고 맡아 다스리는 사람. 친척이나 친지 중에서 상례에 밝은 사람을 뽑아 상주를 대표하여 장례 절차를 맡아보는 사람을 말한다.
- 호상소(護喪所) : 초상을 치르는 데 관한 온갖 일을 맡아보는 곳

- 절하는 법

① 남자의 큰절(상례: 큰절을 두 번 한다.)

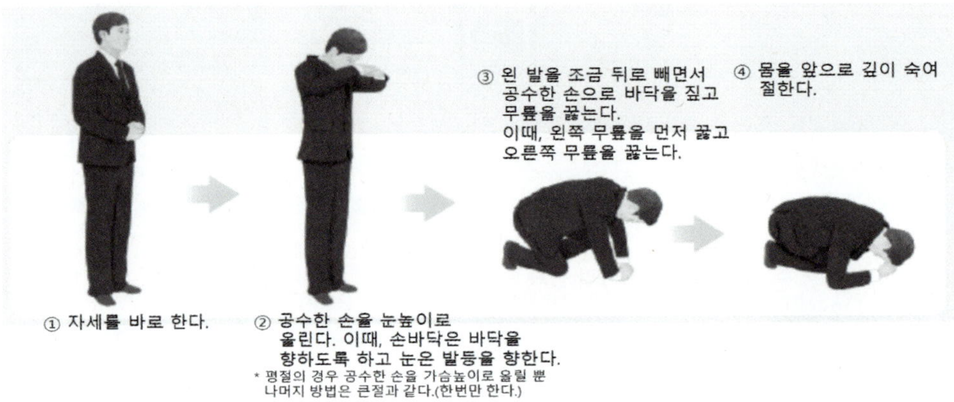


② 여자의 큰절(상례: 큰절을 두 번 한다.)

③ 여자의 평절

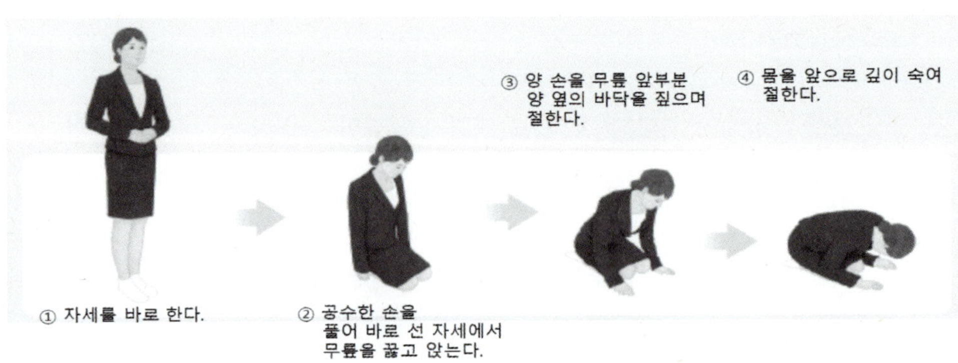

- 큰절은 절을 하는 사람에게 답배를 하지 않아도 되는 높은 어른 및 의식행사(관례, 혼인례, 상례(장례), 제례(제사) 시를 대상으로 한다(직계존속, 배우자의 직계존속, 8촌 이내의 연장 존속).
- 평절은 절을 하는 사람에게 답배 또는 평절로 맞절을 해야 하는 웃어른이나 또래를 대상으로 한다(선생님, 연장자, 상급자, 배우자, 형님, 누님, 형수, 시숙, 시누이, 올케, 제수, 친구사이).
- 부의 봉투 작성하는 방법
  ① 조의금 봉투에는 '부의(賻儀)'라 쓰는 것이 가장 일반적이다. (그 밖에 '근조(謹弔)', '조의(弔儀)', '전의(奠儀)', '향촉대(香燭代)'라고 쓰기도 한다.)
  ② 조의금 봉투 안에는 단자(單子)를 쓴다.
  ③ 부조하는 물독이 돈일 경우에는 단자에 '금 ㅇㅇ원'이라 쓴다.
  ④ 부조하는 사람의 이름 뒤에는 아무것도 쓰지 않아도 되지만 '근정(謹呈)', '근상(謹上)'이라고 쓰기도 한다.
  ⑤ 단자의 마지막 부분에 'ㅇㅇ대(宅) 호상소 입납(護喪所 入納)', 'ㅇㅇ상가(喪家) 호상소'라고 쓰기도 한다.
  ⑥ 집안에 따라서는 별도로 조의금을 접수하지 않고 함(函)을 비치하여 부의금을 받기도 한다.

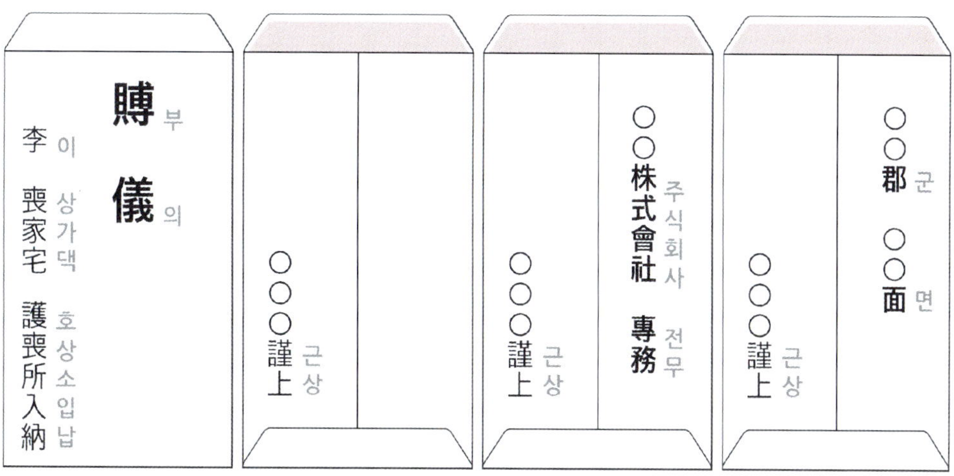

| | | |
|---|---|---|
| 李(이) 喪(상) 家(가) 護(호) 喪(상) 所(소)<br>○○○ 再(재) 拜(배) | 年(년) 月(월) 日(일)<br>金(금) 壹(일) 萬(만) 원(원) | 海州後人(해주후인) 李(이) ○○公(공) 喪事(상사)<br>謹(근) 弔(조) |

• 위로말과 대답말

- 부모의 상: 조문객이 "얼마나 망극(罔極)[6]하십니까?"라고 하면, 상주는 "오직 망극할 따름입니다."라고 대답한다.
- 아내의 상: 조문객이 "얼마나 상심되십니까?"라고 하면, 남편은 "앞이 캄캄합니다."라고 대답한다.
- 남편의 상: 조문객이 "상사말씀 무엇이라 여쭈리까?"라고 하면, 미망인은 "모두 저의 죄가 큰 탓인가 봅니다."라고 대답한다.

• 유의사항

① 고인이 연하일 경우 조문방법

- 아내의 상(喪) 또는 제사에는 절을 하나, 자식에게는 절하지 않는다.
- 아우, 조카 상(喪)에는 절하지 않는다.
- 친구 부인 상(喪)이나 이성 사돈 상(喪)의 경우: 평소 인사하고 지내던 사이면 절하고, 평소 모르고 지내던 사이면 절하지 않는 것이 옛 원칙이나, 현대에는 두 경우 모두 절한다.

② 연하인 상주에게 절하는지의 여부

- 상주 나이가 연하일 경우에는 조문객이 먼저 절하지 않는다.
- 어른 조문 시 상주가 먼저 절을 하면 답례를 할 뿐이다.

6) 망극(罔極)이라는 표현은 오직 부모 상(喪)에만 쓰인다.

③ 조문 시 삼갈 일이 있다.
- 유가족을 붙잡고 계속해서 말 시키는 것은 실례가 된다.
- 상주, 상제에게 악수를 청하는 행동은 삼가야 한다.
- 상주가 어리다 하여 반말이나 예의 없는 행동을 해서는 안 된다.
- 반가운 친구나 친지를 만나더라도 큰 소리로 이름을 부르지 말아야 한다.
- 낮은 목소리로 조심스럽게 말하고 문상이 끝난 뒤 밖에서 이야기하도록 한다.
- 고인의 사망 원인, 경위 등을 유가족에게 상세하게 묻는 것 또한 실례가 된다.
- 집안 풍습이나 종교가 다른 경우라도 상가의 가풍(家風)에 따라주는 것이 예의이다.
- 망인이 연만(年滿)하여 돌아가셨을 때 호상이라 하여 웃고 떠드는 일이 있으나, 이는 예의가 아니다.
- 과도한 음주, 도박 등으로 인한 소란한 행위나 고성방가는 삼가야 한다.

• 겉포장 서식: '부의(賻儀)' '(성명) 드림'
• 속지 내용 서식

| ○○○의 ○○○상에 깊은 애도를 표합니다.<br>삼가 위문의 말씀을 올리면서<br>작은 정성으로 (부의품 또는 부의금)을 드립니다.<br><br>년 월 일<br>(성명) 드림 |
|---|

• 조문객 접대예절

① 자택
- 상중에는 출입객이 많으므로 방이나 거실의 작은 세간을 치워 되도록 넓은 공간을 사용할 수 있도록 조치한다.
- 벽에 걸린 화려한 그림이나 장식들을 떼어낸다.
- 신발장을 정리하여 조객들이 신발을 넣고 뺄 수 있도록 한다.
- 겨울에는 현관에 외투걸이를 준비한다.
- 요즘은 장례식장을 이용하여 조문객을 접대하는 것이 보편적이다.

② 조문객 접대

- 상제는 근신하고 애도하는 자세로 영좌에 마련되어 있는 방에서 조문객을 맞이한다.
- 조문하는 사람이 말로써 조문하는 것이 가장 모범이듯, 조문받는 상주 역시 조문객에게 아무 말도 하지 않는 것이 좋다. 굳이 표현한다면, "고맙습니다.", "드릴(올릴) 말씀이 없습니다." 정도의 말로 조문객에게 고마움을 표하면 된다.
- 상제는 영좌를 모신 방을 지켜야 하므로 조문객을 일일이 배웅하지 않아도 된다.
- 간단한 음료 및 음식물을 대접한다.

③ 장례 후 답례인사

- 장례 후 인사는 장례가 끝난 수일 내에 해야 한다. 도와준 사람들과 밤샘을 해준 친지들에게 감사의 자리를 마련하는 것도 좋다.
- 조객록에 기록된 조문객들에게 찾아가거나 빠짐없이 인사를 해야 하는데, 일일이 찾아가거나 전화를 할 형편이 아닐 때에는 감사 인사장을 보내거나 신문에 내는 것이 예의이다.

| |
|---|
| 삼가 아뢰옵니다.<br>지난번 아버님(또는 어머님)의 상을 당하였을 때 바쁘신 중에도 장례에 참석하여 따뜻한 위로의 말씀을 해주셔서 감사한 마음 금할 길이 없습니다.<br>황망한 가운데 우선 글로써 인사를 대신하려 합니다.<br>년 월 일<br>(성명) 드림 |

읽을거리

### 애경사(哀慶事)와 경조사(慶弔事)

우리가 흔히 그 뜻을 제대로 분간하지 못하고 아무렇게나 쓰고 있는 '애경사(哀慶事)'와 '경조사(慶弔事)'의 뜻을 제대로 알아보자. 한마디로 줄여 '애경사'의 '哀'와 '경조사'의 '弔'는 그 뜻을 확연히 구분해야 마땅하다. '슬플 애(哀)'는 그 뜻의 범위가 넓은 일반적인 슬픔을 뜻하고, '조문할 조(弔)'는 흉사(凶事) 중에서도 주로 초상을 당한 상가(喪家)의 상주를 조상(弔喪)하고 위문한다는 뜻이다.

다시 말해 애경사의 '哀'는 실연, 이별, 낙방, 좌천, 승진탈락, 입원, 부도, 폐업, 기타 실패당한 일 등이 안겨주는 여러 가지 일반적인 슬픔을 뜻하는 반면, 경조사의 '弔'는 주로 상주를 찾아가 죽음을 슬퍼해 주고 위로해 준다는 뜻으로 한정되어 쓰인다. '弔=喪事'다. 초상난 일, 사람이 죽은 사고가 상사(喪事)다. 상변(喪變) 즉 '죽은 변'인 것이다.

자료: 전북일보, 2007.04.18

# PART 3

# 글로벌 비즈니스 매너

# Chapter 1 비즈니스 근무 에티켓과 매너

## 1 기본 근무 매너

### 1) 출근 시 매너

- 출근 소요시간 20~30분 여유를 두고 집을 나선다. 이와 함께 통근코스도 2~3개를 미리 알아두면 좋다.
- 출근했을 때는 통상 업무시간 10분 전까지 자기 책상에 앉아 대기하며, 작업복, 또는 유니폼 등의 필요한 옷차림이 요구되는 직장이면 업무 개시 전에 갖춘다.
- 실내 정돈, 청소 등의 업무준비도 업무 전에 이루어져야 한다. 출근과 더불어 먼저 출근한 직원들에게 명랑하게 인사를 하며, 뒤늦게 출근한 직원에게도 또한 인사한다.
- 출근하면 하루의 일을 능률적으로 처리할 수 있도록 업무처리 순서를 생각해 둔다.
- 부득이 지각이나 결근을 하게 될 경우에는 상급자나 동료가 걱정하지 않도록 미리 연락을 해둔다.
- 코트, 우산, 가방 등은 지정된 장소에 둔다.

### 2) 퇴근 시 매너

- 퇴근시간을 지키고 싶다면, 출근시간을 엄수하며, 근무시간 중에도 높은 집중도와 책임감을 가지고 임해야 한다.

- 퇴근시간이 되면 오늘 한 일을 점검하고, 내일 해야 할 일을 챙기는 습관이 필요하다.
- 자기 자리(책상, 작업장 등)는 깨끗이 정돈한다.
- 퇴근시간에 걸려 있는 업무가 있다면 그 사항에 대해 상사에게 보고하고 지시를 받도록 한다.
- 퇴근 시 상사가 계속 남아 있다면, "먼저 퇴근하게 되어 죄송합니다.", "약속이 있어 먼저 퇴근합니다." 등의 인사를 하는 것이 좋다.
- 전화 약속을 여러 곳에 해둔 채로 퇴근하지 않는다.

### 3) 외출 시 매너

직장에서 근무 중에는 함부로 자리를 비워서는 안 된다. 동료들이 찾거나 고객이 찾을 때 자리를 비우게 된다면, 나쁜 평판이 형성될 것이고 이는 업무평가에도 영향을 미칠 수 있기 때문이다.

이를 위해 자리를 비울 때나, 외출 시의 좋은 매너는 다음과 같다.

외출할 때는 확실하게 인사하여 자신의 부재와 존재를 주위에 알림으로써 자기 존재감을 더욱 확실하게 한다. 또한 장시간 자리를 비울 때는 행선지를 적어놓은 메모지를 책상 위에 붙여두고 연락받을 수 있는 전화번호도 남겨둔다.

예정보다 늦어지면 돌아와서 간단한 해명과 함께 사과의 말을 꼭 하도록 한다.

다음은 보다 구체적인 외출 시 상황에 대한 요령을 알아둘 필요가 있다.

- 외출할 때
  - 외출할 때는 외출지, 용건, 소요시간 등을 상사에게 사실적으로 말한 다음 허락을 얻도록 한다.
  - 근무시간 중에 무단으로 개인용무를 보는 것은 피한다.
  - 외출 중 업무가 예정시간보다 길어질 때는 도중에 회사로 전화통보를 해준다.
  - 외출 후 시간이 남았을 때는 반드시 귀사하여 업무를 마감한 후 퇴근한다.
  - 부득이 회사로 복귀하기가 곤란한 경우 도중에 회사로 수시 연락하여 긴급사항 여부를 확인하고 외출결과를 요약하여 보고한다.
  - 외출 후 회사로 복귀하여서는 부재중의 용건 유무를 확인하고, 외출결과를 상사에

게 상세히 보고하는 것이 원칙이다.

- 자리를 비울 때
  - 행선지, 용건, 소요시간 등을 주위 사람에게 말하고 소재를 명확히 한 후에 나간다.
  - 책상 위를 간략히 정리하고, 중요한 서류는 서랍이나 캐비닛 등에 챙겨서 보안에 신경을 쓰는 것이 좋다.
- 외출지에서 퇴근시간을 맞았을 때
  - 상사에게 전화해서 바로 퇴근할 것인지 여부를 지시받는다.

〈표 1-1〉은 직장에서의 보안점검에 관한 내용으로 직장에서 수시로 이루어지는 사항을 보여주고 있다.

〈표 1-1〉 보안점검 리스트(예)

| | |
|---|---|
| 시간장치 | ○ 전 직원 시건장치 의무화<br>- 퇴근 시 문서 등을 개인 캐비닛에 보관 후 시건장치 의무화 |
| 자리이석자 정돈상태 | ○ 자리비움 시 문서 등 캐비닛 보관<br>- 특히, 외근 후 현장 퇴근 시에는 동료에게 연락 취해 협조 요청<br>※ 자리비움: 퇴근, 출장, 교육, 휴가는 물론 외근도 포함 |
| 문서 보안 | ○ 보관해야 할 문서의 범위<br>- 모든 결재문서<br>- 기밀을 요하는 서류<br>- 기타 중요서류<br>○ 책상 정리의 생활화<br>- 필요한 서류를 제외한 모든 문서 등은 캐비닛 또는 서랍에 보관한 채 근무 (책상 위 개인 식음료, 세면도구 등도 서랍 보관 권장)<br>- 필수자료 외 파티션 부착서류 제거(바인더 활용 권장)<br>- 제철 지난 피복 의자에 걸어두는 것 금지 |
| PC 전원차단 및 주변기기 관리 | ○ 자리비움 시 개인 PC 및 주변기기 전원 차단<br>- PC 전원을 눌렀을 때 전원이 켜지지 않도록 차단<br>- 전원 스위치 부착된 개인별 멀티탭 설치 권장<br>- 팀별 전원 일괄 차단장치 설치 권장<br>○ USB 및 외장하드 관리<br>- USB 및 외장하드 사용 후 PC 본체에서 제거<br>- 개인 USB 사용 제한 등 관리 계획 수립 |

| 기타 사항 | ○ 화재 예방 및 에너지 절약 강화 등<br>- 개인 전열기 사용 금지<br>- 콘센트 근처에 의류, 서류박스 등 비치 금지<br>- 실별 소화기 위치 숙지(층별 화장실 앞에 비치)<br>- 중식시간 등 불필요한 전등 소등 등 에너지 절약 강화<br>- 공용기기(복사기, 냉온수기 등) 관리자 지정 운영 |
|---|---|

### 4) 사내통행 매너

사내에서 통행할 때에는 큰 소리로 잡담하지 않고, 조용하게 하는 것이 필요하다.

타인과 부딪치지 않도록 유의해야 한다. 특히, 통행 시 상사나 고객 등과 마주하였을 때 적절한 예의를 표하는 것이 필요하다.

복도에서 상사나 고객을 만났을 때는 비켜서거나, 급할 때는 "실례합니다."라고 인사를 하고 지나가야 한다.

엘리베이터를 탈 때에는 통행에 방해가 되지 않도록 가장자리로 비켜서 기다리거나 상사 혹은 고객이 먼저 내리도록 한다.

타 부서 혹은 회의장에 들어갈 때는 반드시 노크를 해야 하며, 상사나 고객과 함께 들어설 때는 이들이 먼저 출입할 수 있도록 한다.

## 2 회의 매너

직장에서 회의에 임할 때는 사전에 회의의 목적을 이해하고, 관련 자료를 사전에 읽어보아야 회의에 적극적으로 참여할 수 있다. 아울러 의제에 대한 의견이나 견해를 미리 정리해 두면 당황스러운 일을 피할 수 있거나 애매한 태도를 가짐으로써 빈축 사는 일을 면할 수 있다.

한편, 회의는 공적인 미팅인 만큼 개최시간을 엄수해야 하는데, 이를 위해 일시와 장소를 확인해야 한다. 회의에 참가해서는 참가자의 시선이 발표자 이외의 곳을 향하지 않도록 하여 집중된 회의가 되도록 협조하는 자세를 가져야 한다.

회의 시 지켜야 할 매너 몇 가지를 살펴보자.

- 자신의 의견이나 주장을 적극적으로 명확히 발언할 수 있도록 한다.
- 의견이나 주장은 항상 건설적이고 생산적으로 한다.
- 자신의 이해, 입장, 감정에 사로잡힌 발언이나 태도는 피하도록 한다.
- 회의 중에 졸거나, 하품, 잡담, 기타 회의 진행에 방해가 되는 비협조적 언동을 취하지 않아야 한다.
- 회의는 사회자의 지시에 따라 질서 있게 진행되도록 한다.
- 자신의 의견이나 주장이 부결되었다는 이유로 불만을 품고, 퇴장, 욕설, 난동 등을 하는 것은 비민주적 행위로서 조심해야 한다. 의결된 사항에 대해서는 불만스러워도 따르고 실천해야 한다.
- 상대방이 말하는 도중에 질문하지 않는다.

## 3 전화 매너

### 1) 전화응대법

전화응대는 음성으로만 전달되는 응대로서 잘못하면, 큰 오해가 생길 수 있으므로 주의해야 하며, 더욱 정중하고 공손하게 받아야 한다.

통화 중에는 항상 바른 자세와 밝게 웃는 얼굴로 말해야 하는데 이는 누구나 목소리만 들어도 상대의 표정을 충분히 읽을 수 있기 때문이다. 전화응대의 기본은 밝은 얼굴에서 시작된다. 항상 말하는 동안 미소를 짓고 한 톤 높은 목소리로 응대하는 것이 좋다.

#### (1) 효과적으로 전화받기

직장에서 전화를 받을 때는 다음의 원칙을 준수해야 한다.

- 전화는 벨이 울리자마자 받는 것이 예의이다.

- 세 번 이상 벨소리가 울린 후에 받을 때에는 "늦게 받아 죄송합니다." 하고 전화를 받는 것이 상대방에 대한 예의이다.
- 전화를 받을 때는 먼저 분명하고 정확하게 자신을 밝혀야 한다.
- 전화 통화 시 항상 존댓말을 쓴다.
- 메모를 위해 펜과 종이를 준비한다.
- 전화받을 사람이 자리에 없을 경우, 용건을 물어 요점을 메모한다.
- 전화를 끊을 때는 작별인사를 잊지 말아야 한다.
- 상대가 전화 끊는 것을 확인한 뒤에 끊는다.

### (2) 효과적으로 전화 걸기

직장에서 업무적으로 전화를 걸 때에는 다음의 원칙을 준수해야 한다.

- 전화를 걸기 전에 통화할 내용을 간단히 메모한 후 통화한다.
- 상대방이 나오면 자신을 밝힌 후 "죄송하지만, ○○○부의 ○○○씨 부탁합니다."라고 통화할 사람을 부탁한다.
- 통화할 상대가 부재중일 때는 언제쯤 통화가 가능한지를 정중히 확인하고, 다시 전화를 하겠다든지 또는 메모를 부탁한다.
- 용건을 간단히 이야기하고 끝나면 중요한 요점을 정리해서 반드시 확인한다.
- 이야기의 내용에 맞게 어울리는 인사를 하고, 끊을 때는 원칙적으로 건 쪽에서 먼저 끊는다. 다만, 상대방이 윗사람일 경우는 나중에 조용히 끊는다.

읽을거리

## 바람직한 전화응대 표현

| 바람직하지 않은 표현 | 바람직한 표현 |
|---|---|
| 안녕하세요. | 안녕하십니까? |
| 우리 회사 | 저희 회사 |
| 데리고 온 사람 | 모시고 온 분 |
| 누구십니까? | 어느 분이십니까? |
| 누구지요? | 어느 분께서 전화하셨다고 전해드릴까요? |
| ㅇㅇㅇ씨입니까? | ㅇㅇㅇ 고객님 되십니까? |
| 기다리십시오. | (죄송합니다만) 잠시만 기다려주시겠습니까? |
| 할 수 없는데요. | 죄송합니다만, 좀 곤란합니다. |
| 없습니다. | 자리에 안 계십니다. |
| 다시 한번 말해 주십시오. | 다시 말씀해 주시겠습니까? |
| 잠깐 자리에 없습니다. | 죄송합니다. 잠시 자리를 비웠습니다. |
| 전화 주십시오. | 전화를 주시겠습니까? |
| 알았습니다. | 잘 알겠습니다. |
| 아닙니다. | 제가 알기로는 그렇지 않은 것 같습니다. |
| 말씀하세요. | 감사합니다. ㅇㅇㅇ 부서입니다. |
| 수고하십시오. | 네, 감사합니다. 안녕히 계십시오. |
| 알고 있어요. | 알고 있습니다. |
| 그대로예요. | 바로 그렇습니다. |
| 물어보고 올게요. | 여쭤보고 오겠습니다. |
| 모르겠습니다. | 죄송합니다만, 제가 알아봐드리겠습니다. |
| 알아봐 주십시오. | 확인해 주시겠습니까? |
| 다른 전화를 받고 있으니 기다리세요. | 다른 전화를 받고 있습니다. 잠시만 기다려주시겠습니까? |
| 나중에 전화하세요. | 나중에 전화해 주시겠습니까? |
| 나중에 전화드릴게요. | 잠시 후에 전화드리겠습니다. |
| 그런 사람 없습니다. | 죄송합니다. 찾으시는 분은 저희 회사의 직원이 아닙니다. |
| 들리지 않아요. 뭐라고요? | 죄송합니다. 전화상태가 좋지 않으니, 다시 한번 말씀해 주시겠습니까? |
| 고마워요. | 감사합니다. |
| 전화 돌려드릴게요. | 전화를 연결해 드리겠습니다. |

자료: 문소윤(2016), 서비스파워, 백산출판사

읽을거리

### 심리학자가 말하는 '전화 공포증'의 원인과 치료방법은?

신종 코로나바이러스 감염증(코로나19)의 대유행으로 '대면'이 아닌 전화와 통화앱을 통한 상호작용이 늘고 있다. 그러나 전화 통화에 극도의 스트레스를 느끼거나 두려움을 느끼는 전화 공포증(Call phobia)을 겪는 사람도 존재한다.

심리학자인 일함 세바(Ilham Sebah) 영국 로열할러웨이 런던대 교수가 사람들이 왜 전화공포증을 겪게 되는지, 어떻게 하면 전화공포증을 극복할 수 있는지에 대해 호주 매체 『더 컨버세이션』에 해설했다.

전화 공포증까지는 아니지만, 최근에는 통화를 선호하지 않는 사람이 증가하는 추세다. 영국 직장인을 대상으로 한 2019년 조사에서는 베이비붐 세대의 40%, 밀레니얼 세대의 76%가 전화가 울리면 불안감을 느낀다고 응답했다.

국내에서도 2020년 잡코리아가 성인남녀 518명을 대상으로 '전화공포증 현황'을 조사한 결과 절반이 넘는 53.1%가 전화 공포증을 겪고 있다고 답했다. 또 성인의 58%가 전화보다 메신저나 문자 등 비대면 의사소통이 익숙하다고 답했다. 성인남녀들이 가장 선호하는 의사소통 방식이 통화에서 문자나 메신저 등을 활용한 비대면 의사소통으로 변화한 것이다.

**읽을거리**

전화 공포증은 통화를 기피하는 사람 중에서도 특히 전화에 반응한 특정 증상을 동반하는 것을 의미하며, 사회 공포증을 겪는 사람에게 많이 나타난다.

대표적인 증상으로는

- 전화가 오면 시간을 끌거나 아예 받지 않는다.
- 통화 전후나 전화 도중에 극도의 불안과 긴장감을 느낀다.
- 본인의 발언에 집착하고 걱정한다.
- 전화에 반응하여 구토 · 호흡곤란 · 현기증 등의 증세가 나타난다.
- 심박수가 증가한다 등이 있다.

### ◆ 전화 공포증의 원인은?

대면 대화는 몸짓 · 신체 언어 · 눈 맞춤 등 사회적 단서를 포함한 커뮤니케이션이다. 이에 반해 전화는 목소리만을 단서로 한 커뮤니케이션이다. 이에 대면 대화에 문제가 없는 사람도 전화 통화는 부담스럽게 느끼는 경우가 있다.

또 대면 대화 시에는 상대방이 아닌 주위 환경 · 소음 · 스마트폰 메시지 등 다른 것에 신경을 쓸 수 있는 여유가 있다. 이러한 여유는 대화를 좀 더 편하게 느끼도록 한다. 그러나 통화는 상대방의 목소리 이외에 산만한 외부요인이 없어 항상 스포트라이트를 받는 듯한 느낌이 든다.

최근 문자와 메신저 소통이 일반화되고 있다. 언어적 소통이 메신저나 SNS로 대체되고 비언어적 문맥은 이모티콘으로 보완되고 있어 전화공포증은 더욱 증가할 전망이다.

세바 박사는 '전화 공포증은 문자와 비대면 소통을 선호하는 경향이 있다'고 말한다. 메시지 교환은 시간적인 여유가 있어 부담이 덜하고 말실수를 줄일 수 있지만, 전화는 상대와 실시간으로 상호 작용하기 때문에 약간의 침묵도 어색하게 느낄 수 있다.

또 전화는 말을 시작하기 전에 답을 생각할 여유가 적어 대답이 충동적이고 위험하다고 느낄 수 있고, 원하지 않는 대답 및 대화 주제도 거르기가 어렵다.

읽을거리

◆ 전화 공포증, 어떻게 치료해야 좋을까?

전화 공포증을 겪는 사람들은 가급적 전화를 피하려고 하지만, 이를 극복하고자 한다면 가장 효과적인 방법은 '오히려 더 많은 통화를 하는 것'이라고 세바 박사는 주장한다.

전화 공포증은 경험 부족과 관련이 있을 가능성이 있어 전화 통화를 많이 할수록 불안이 줄어들고 자신감을 가질 수 있게 된다는 설명이다. 실제로 앞서 언급한 국내 조사에서도 연령대가 낮은 취업 준비생의 전화공포증 응답률이 57.7%로 가장 높았다.

세바 박사는 '우선 전화로 얘기해야 할 사람의 목록을 작성하고, 미리 전화 내용을 시뮬레이션해본다. 그리고 통화가 끝나면 자신을 인정함으로써 동기를 유지할 수 있다'고 언급했다.

아울러 전문가의 도움을 구하는 것도 대안 중 하나이며, 상담 및 대화 요법을 통해 전화 공포증을 극복할 가능성도 있다고 덧붙였다.

자료 : 데일리포스트(2021.02.26.)

## 4 이메일 매너

재 비즈니스상에서 대부분의 업무는 미팅, 전화에 이어 이메일을 통해 이루어진다. 더욱이 스마트폰 이용이 보편화되면서 더욱 다양한 자료를 첨부한 이메일을 언제, 어디서나, 편하게, 확인할 수 있게 되었다.

### 1) 이메일 조건

- 목적성 파악
  - 한눈에 이메일을 보낸 사람과 의도를 알 수 있도록 제목을 작성한다.
  - 메일 본문은 간단명료하게 작성한다.
  - 복잡한 내용의 경우 첨부파일을 이용한다.
- 메일 발송시기
  - 의사결정이 필요한 내용일 경우 여유기간을 두고 발송해야 한다. 메일 수신 후 내용을 검토하여 답신을 줄 때까지 시간이 오래 걸릴 수 있기 때문이다.
  - 밤늦게 또는 새벽에 발송할 경우에는 수신자에게 방해가 될 수 있으니 주의해야 한다.

### 2) 이메일 작성과 발송

- 메일 제목
  - 메일 제목은 첫인상이다.
  - '안녕하세요', '감사합니다'와 같이 내용을 짐작할 수 없는 제목은 삼간다.
  - 목적이나 주요 내용을 간단명료하게 표현해야 한다.
  - 빠른 시일 안에 의사결정이 필요한 경우에는 '회신요망'도 넣어야 한다.
- 발신/수신인
  - 발신할 경우에는 실명을 써야 한다. 직장에서 별명을 사용하여 이메일을 보내면, 매우 가벼운 인상을 줄 수 있다.

- 끝인사 시에 이름과 회사, 직급, 연락처 등 기본 정보를 넣는 서명란을 활용한다.
- 수신인에 따라 메일 본문 끝인사에 올림, 드림, 배상(拜上)[1]을 적는다.

• 참조/숨은 참조
- 동시에 여러 명에게 메일을 보낼 경우 사용하는 것이 참조기능이다. '참조'는 메일을 받는 사람 모두에게 메일 주소가 표시되게 할 수도 있고, 자신 이외의 수신자에 대한 정보를 공개하지 않을 수 있다.
- 수신자들이 서로 잘 모르는 경우에는 '숨은 참조' 기능을 활용해야 한다. 흔히 내·외부 업무 등 연관성이 있는 사람들에게 보낼 때 사용한다.

• 인사
- 인사말을 작성할 때는 형식적인 느낌이 들지 않도록 한다.

• 내용
- 표준어와 쉬운 표현을 사용한다.
- 외국어, 외래어 등은 가급적 자제한다.
- 결론을 먼저 작성하고, 이유와 근거, 대안 제시에 대해 작성한다.
- 메일 내용은 간결하고 정확하게 전달한다.
- 메일 내용이 길어질 경우 "끝까지 확인 부탁드립니다."와 같이 설명한다.
- 파일 첨부 시에는 메일 본문에 첨부파일명과 내용을 안내한다.
- 오·탈자를 확인하고, 이모티콘 사용은 자제한다.
- 첨부파일은 열었을 경우, 맨 앞줄이 나올 수 있게 저장한다.

## 3) 이메일 답신

• 신속한 답장 보내기
- 이메일을 확인하면 신속하게 답장을 하고, 여유있게 답장을 할 수 없는 상황이라면 '확인했습니다. 곧 회신드리겠습니다.'라는 짧은 인사를 해야 한다.

1) 국립국어원에서는 올림과 드림, 그리고 배상의 쓰임에 대한 설명을 다음과 같이 안내하고 있다. 표준화법에는 윗사람에게 편지를 쓸 때 서명란에 '○○○ 올림'과 '○○○ 드림'을 쓰도록 하고 있다. 또 동년배에게 보낼 경우에는 '○○○ 드림'을 쓰고 아랫사람에게는 '○○○ 씀'을 쓰도록 하였다. 그리고 '절하며 올림'의 뜻으로 '배상(拜上)'이라는 말을 쓰는 경우가 있는데, 예스러운 편지에서 주로 쓰였던 것으로 오늘날에는 많이 쓰이지 않는다.

- 효과적인 'Re' 사용
  - 회신할 경우에는 상대의 제목에 'Re'가 표시되도록 한다.
  - 의사결정이 필요한 중요한 메일의 경우 'Re'를 활용한다.
  - 관련된 추가내용을 계속 주고받을 때에도 'Re'를 활용하면 혼동이 없다.

**참고: 서면(우편, 팩스) 매너**

- 민원서류가 접수될 경우, 담당부서에 전달하여 고객이 원하는 내용을 신속, 공정, 정확하게 처리한다.
- 회신 처리기한은 48시간 이내 처리를 원칙으로 하되, 부득이한 사정으로 회신 처리기간이 늦어질 경우에는 그 사유, 처리상황, 처리예정기한을 고객에 알려드린다.

## 5 업무 수명(受命)과 보고 매너

직장에서는 대부분의 일들이 상사의 지시에서 시작하여 업무 처리 후 부하직원의 보고로 마무리된다. 상사의 지시사항을 정확히 이해하여 업무를 수행한 후 효과적으로 보고하는 것이 중요하다.

### 1) 업무 지시를 받을 때

직장에서 효과적으로 일을 수행하기 위해서는 상사의 업무 지시사항을 정확히 이해하는 것이 중요하다. 상사가 원하는 것이 무엇이며, 내가 해야 할 일이 어떤 것인지를 명확히 파악하는 일이야말로 업무의 시작이라 할 수 있다.

다음은 업무지시를 효과적으로 받기 위한 요령이다.

- 상사가 나를 부르면 즉시 활기차게 대답한다.
- 메모지와 펜을 가지고 상사에게 다가간다.

- 업무 지시내용을 듣고, 요점을 메모한다.
- 불명확한 점이나 의문점이 있으면, 이해가 될 때까지 확인한다.
- 두 가지 이상의 업무지시가 있을 경우 반드시 우선순위를 확인한다.
- 받은 업무지시는 끝까지 책임감을 가지고 완수한다.

### 2) 업무지시를 할 때

업무지시를 효과적으로 할 때에도 요령이 필요하다.

- 명령만 하지 말고 의견을 물어본다.
- 지시하는 타이밍을 잘 맞춘다. 마감시간이 임박하거나, 퇴근시간에 가까워질 때 지시를 하면 심리적인 부담감이 커질 수 있다.
- 결론을 먼저 말하고 부가적인 부분은 뒤에 한다.
- 업무와 책임의 범위를 명확히 해준다.
- 지시한 사항을 메모해 둔다.

### 3) 업무보고를 할 때

상사로부터 지시받은 업무를 처리하고 나면, 업무 추진결과에 대한 보고의 과정이 이루어진다.

## 6 올바른 상석 매너

사회생활을 할 때에는 상황과 장소에 따른 직급별 앉을 위치, 즉 상석을 파악하는 것이 중요하다. 더욱이 윗사람을 모실 때 알아야 할 상석 매너는 회사생활에 기본이어서 올바른 상석의 위치를 알아두는 것이 무엇보다 중요하다.

## 1) 회의실 테이블별 상석

- 출입문에서 가장 먼 자리가 상석이다.
- 공간 내에 발표를 위한 스크린이 있고 발표나 보고를 하는 자리라면 스크린을 마주 보는 쪽이 상석이 된다.
- 상석은 항상 고정되어 있지 않다. 만약, 바깥 경치가 보이는 회의실이라면, 전망이 좋은 자리가 상석이다.
- 상석이라 하더라도 불편할 수 있는 자리라면, 편안한 자리가 상석이다.
  (예: 상석 위치가 햇빛으로 인해 불편하면, 자리를 바꿔 편안한 자리를 안내한다.)

**[그림 1-1] 회의실 테이블별 상석**

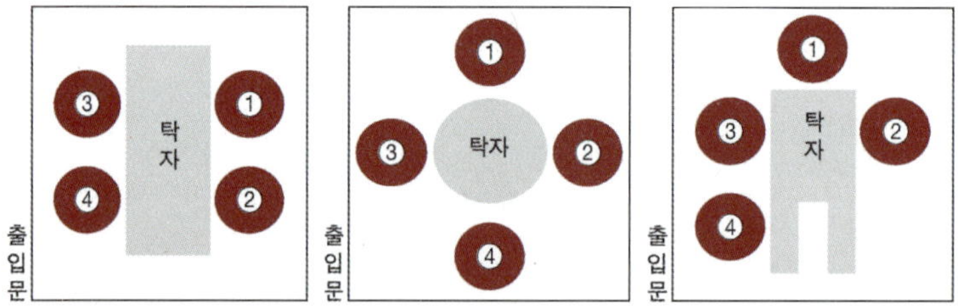


주) 번호 순서대로 상석부터 말석을 의미한다.

## 2) 응접의자형 좌석배치 상석

- 상급자(임원실)의 응접의자형 좌석배치는 상황에 따라 상석이 다르다.

**[그림 1-2] 응접의자형 좌석배치 상석**

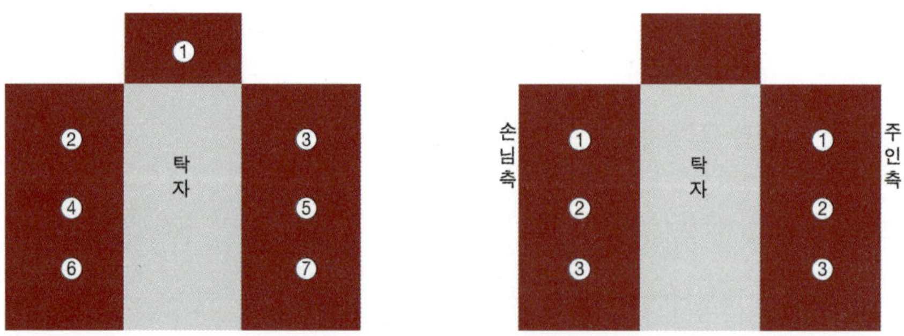


그림에서 ①은 주인인 최상위자를 표시하며 주인은 원래의 자리를 지키고, 외부님은 서열에 따라 착석한다.

주인과 동급이거나 상위자가 방문하는 경우 주인석을 비워둔 채 가장 상위자의 맞은편에 착석하는 것이 원칙이다.

### 3) 엘리베이터 상석

- 문을 바라보고 섰을 때 조작 버튼의 대각선 안쪽이 상석이다.
- 엘리베이터를 함께 탄다면 먼저 탑승해 상급자가 탈 때까지 열림 버튼을 누르고 있고, 내릴 때는 상급자가 먼저 내릴 수 있도록 배려하는 것이 좋다.

[그림 1-3] 엘리베이터 상석

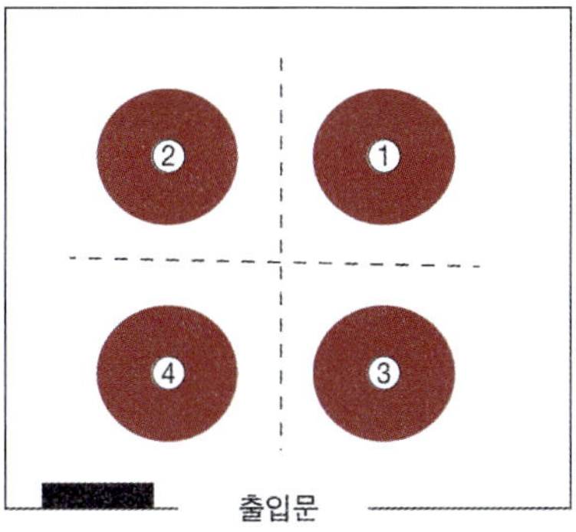


### 4) 자동차 상석

- 차주가 직접 운전할 경우에는 운전자 옆자리가 상석이다.
- 운전사가 따로 있을 경우에는 운전사의 대각선 뒷좌석이 최상석이다.
- 만약, 문이 2개인 경우 운전자 옆자리가 상석이다.

[그림 1-4] 자동차 상석

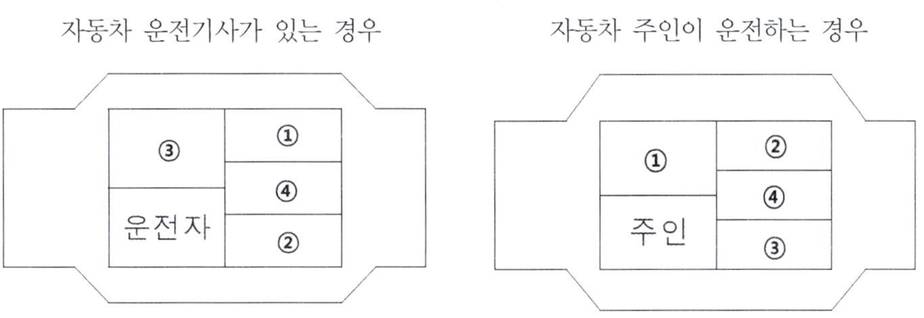

## 5) 기차 상석

- 기차에서도 상석은 존재한다. 상급자가 특정한 자리를 원한 것이 아니라면, 기차에서는 보통 진행 방향과 동일한 방향을 보고 있고 창문과 가까운 자리가 상석이다.
- 진행방향과 반대로 앉아 있고 통로와 가까운 자리가 말석이다.

[그림 1–5] 기차 상석

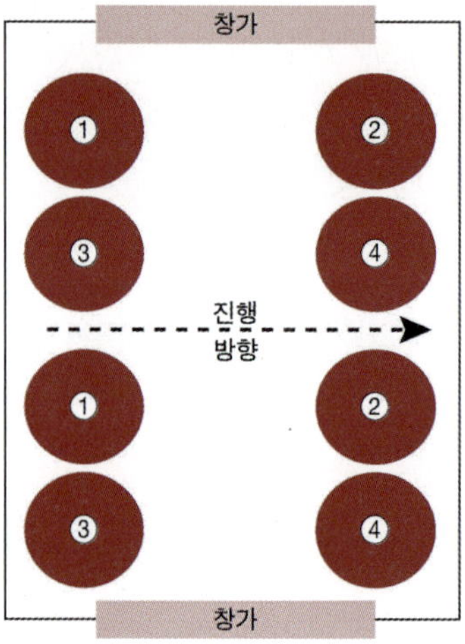


## 6) 비행기 상석

비행기에서는 창가 쪽 자리가 상석이다. 하지만 이런 상석은 상대방이 고소공포증이 있거나 여행시간을 고려해서 바뀔 수 있다.

[그림 1–6] 비행기 상석

# Chapter 2 소개 에티켓과 매너

## 1 올바른 소개 매너

사회생활을 하다 보면 늘 다른 사람들을 만나고, 끊임없이 인간관계를 맺어 나간다. 소개자를 통해 자신이 소개받게 되는 경우도 있고, 자신이 소개자가 되어 다른 사람을 소개해야 하는 경우도 있다.

사람을 처음 만났을 때 받은 인상은 오래 기억에 남는 법이기에 소개 매너에 대해 알아보도록 한다.

### 1) 소개 시의 자세

- 소개 시에는 소개받는 사람과 소개되는 사람 모두 일어서는 것이 원칙이다.
- 동성끼리 소개받을 때에는 서로 일어선다.
- 남성이 여성을 소개받을 때에는 일어선다.
- 여성이 남성을 소개받을 경우 일어날 필요는 없다. 나이가 많은 부인이나 앉아 있던 여성은 그대로 앉아 있어도 된다. 그러나 이것은 서양식에 불과하므로 우리나라는 일어나는 것도 좋다.
- 자신보다 지위가 높은 사람을 소개받을 때는 남녀에 관계없이 일어서는 것이 원칙이나 환자나 고령자인 사람은 예외이다.

### 2) 소개하는 순서

- 두 사람을 소개할 때는 아랫사람을 윗사람에게, 지위가 낮은 사람을 높은 사람에게, 후배를 선배에게, 연소자를 연장자에게, 미혼자를 기혼자에게, 덜 중요한 사람을 더 중요한 사람에게 소개한다.
- 이성 간에는 남성을 여성에게 소개한다. 단, 남성이 연장자이거나 사회적 지위가 높을 경우는 예외로 한다.
- 지위나 연령이 같을 때, 소개자가 잘 아는 사람을 먼저 잘 모르는 상대에게 소개한다.
- 가족의 경우에는 가족을 다른 사람에게 소개한다. 혹시 가족 중에 중요한 사람이나 여성이 있더라도 가족을 다른 사람에게 먼저 소개한다.
- 한 명을 여러 명에게 소개할 때는 한 사람을 우선 전원에게 소개시킨 후, 전원을 단체로 소개한다. 그 다음 단체의 개개인을 소개한다.

### 3) 소개 시 첫인사

- 누군가를 소개할 때는 그 사람의 특징과 장점을 정확히 전달해야 한다.
- 상대방이 소개할 때는 상대방의 얼굴을 쳐다보면서 이름을 주의해서 듣고 기억해 두도록 한다.
- 누군가의 소개에 의해 첫인사를 할 때는 소개된 사람이 소개받은 사람에게 먼저 자기의 성명을 말하며 인사한다.

> 예) "이분은 ㅁㅁ회사의 △△△부장입니다."라고 소개하면,
> 소개된 사람은
> "처음 뵙겠습니다. 저는 ㅁㅁ회사의 ◇◇부의 △△△입니다."라고 말한다.

- 첫인사를 할 때는 정중하게 자기를 낮추고 상대를 존중한다.
- 상대방이 인적 사항을 물을 때는 분명하게 대답한다.

> 예) 나이를 물었을 경우,
> "넷입니다."(×)—끝 숫자만 말하면 안 된다.
> "스물넷입니다."(○)—분명히 말한다.

## 2 상황별 소개 매너

### 1) 만찬이나 오찬 시 소개 매너

- 호스트는 손님과 인사를 주고받은 후 주빈이나 지위가 높은 사람에게 소개한다.
- 지위가 높은 사람이 다른 곳에 있을 경우 호스트는 손님을 동반하고 그곳까지 가서 소개한다.
- 외국인이 참석한 경우, 호스트는 대화가 가능한 사람을 소개한다.
- 손님이 많을 때는 전부 소개할 필요가 없다. 단 외국인은 가능하면 참석자 전원에게 소개한다.

### 2) 영국식 소개 매너

- 영국에서는 파티나 모임의 호스트가 참석자를 반드시 소개해야 한다.
- 반면, 프랑스에서는 호스트에 의한 소개 없이도 평소 안면 있는 사람 또는 이전에 정식으로 소개받은 사람을 통해서 소개받기도 한다.

### 3) 유럽 및 남미식 소개 매너

- 유럽이나 남미에서는 소개에 매우 높은 비중을 둔다. 자기 스스로 하는 소개를 대단히 나쁜 방식으로 여기므로, 호스트나 다른 사람을 통해 소개받는다.
- 소개를 부탁하는 대상은 호스트나 정식으로 소개받은 사람 그 누구라도 상관없다.
- 남성은 필히 참석한 모든 여성, 연장자 및 손윗사람에게 소개를 해야 하고, 여성의 경우도 나이가 어린 경우라면, 연장자 전원에게 소개하도록 되어 있다.

## 3 소개 후 행동

소개가 끝나면 보통 악수로 첫인사를 나눈다. 그러나 여기에는 몇 가지 기억해야 할 에티켓이 있다.

- 소개를 받았다고 곧바로 손을 내밀지 않는다.
- 연소자가 연장자에게 소개되었을 때는 상대방이 악수를 청하기 전에 손을 내밀어서는 안 된다.
- 연장자가 악수 대신 간단히 인사하면 연소자도 이에 따른다.
- 악수할 때에는 얼굴에 미소를 띠도록 한다.

Chapter 3

# 악수 및 명함 에티켓과 매너

## 1 악수 매너

악수는 인간관계를 열어주는 문이라고 할 수 있다. 손을 맞잡음으로써 마음의 문을 열 수 있는 기회를 가지며, 손을 흔들면서 일체를 나타내는 의미를 가지게 되는 것이다.

하지만 악수를 하는 데 있어서도 기본적인 예의가 따른다. 무소선 손을 내밀어서도 안 되며, 적절한 상황에 따라 악수를 청하고 받을 수 있어야 한다.

### 1) 악수하는 순서

악수는 상호 대등한 의미이지만, 먼저 청하는 데에는 나름대로의 순서가 있다. 그 기준은 다음과 같다.

- 윗사람이 아랫사람에게 청할 수 있다.
- 선배가 후배에게 청할 수 있다.
- 기혼자가 미혼자에게 청할 수 있다.
- 상급자가 하급자에게 청할 수 있다.

그러나 국가원수, 왕족, 성직자 등은 이러한 기준에서 예외가 될 수 있다. 왕족의 경우에는 악수의 일반적인 순서와 상관없이 먼저 청할 수 있다.

### 2) 악수하는 방법

악수할 때에는 원칙적으로 오른손을 사용하여 상대방이 아프지 않을 정도로 가볍게 잡는다. 그리고 악수할 때에는 상대방의 눈을 직시하면서 미소 지으며 즐겁게 하는 것이 좋다.

또한 아랫사람이 윗사람과 악수할 때 자주 범하는 실수가 악수할 때 머리를 너무 숙이는 것인데 이는 적절하지 않다.

- 자세
  - 악수하면서 지나치게 머리를 숙이며 굽신거리는 행동은 비굴하게 보이므로 바람직하지 않다. 따라서 악수는 허리를 숙이지 않고 바르게 세우고 한다. 하지만 대통령이나 왕족을 대하는 경우에는 머리를 숙인다.
- 시선처리
  - 악수하는 동안은 상대의 눈을 보면서 밝은 표정으로 한다. 감정교환의 중요한 수단인 상대방의 시선을 피하는 것은 상대의 의견을 무시하는 행위로 간주된다.
- 손을 잡을 때
  - 반드시 오른손으로 한다. 단, 오른손에 부상이나 장애가 있을 경우에는 왼손으로 한다.
  - 남자는 악수할 때 장갑을 벗는 것이 예의이다. 특히 여성과 악수할 때에는 반드시 장갑을 벗어야 한다. 다만, 우연한 만남으로 여성이 먼저 손을 내밀 때 다급하게 장갑을 벗느라 상대방을 기다리게 하는 것보다는 실례한다고 양해를 구한 후 장갑을 낀 채로 신속하게 악수를 하는 것이 좋다.
  - 여성은 실외에서 악수하는 경우 반드시 장갑을 벗을 필요가 없으며, 낀 채로 해도 상관없다. 특히 공식적인 모임이나 행사에서 주최자로서 임할 때에는 손님에게 장갑을 낀 채로 악수를 청할 수 있다.
  - 지위가 낮거나, 나이가 적은 사람이 손을 흔들어서는 안 되며, 악수를 청한 사람이 2~3회 흔들면 그에 응해주는 것이 좋다.
  - 악수할 때에는 양손을 걸치거나 어깨를 껴안는 등의 필요 없는 과장된 행동은 품위가 없어 보이므로 삼가야 한다.
  - 손에 땀이 많이 났을 경우에는 양해를 구하고, 손수건으로 닦은 후 악수한다.
  - 일반적으로 조문을 할 경우에는 악수하지 않는다.

### 3) 잘못된 악수의 사례

사례 1. 손 아프다, 아파.

악수를 하다 보면 상대의 손을 지나치게 꽉 잡을 수 있다. 이때 상대는 '뭐야. 힘 자랑하는 거야?'라고 생각할 수 있으며, 불쾌감을 느낄 수도 있다.
반면, 상사 혹은 윗사람과 악수할 때 아랫사람들은 예의를 의식해서 지나치게 가볍게 잡는 경향이 있다. 이러한 행동은 자칫 상대방으로 하여금 자신감이 부족하다는 인상을 줄 수 있다.

사례 2. 이게 악수야? 그냥 손 잡는 거야?

반가움을 표현하기 위해 두 손으로 악수를 한다거나, 오랫동안 손을 잡은 상태로 이야기하는 경우가 있다. 혹은 반가운 마음에 손을 심하게 흔드는 경우도 종종 있다. 악수는 한 손으로 가볍게 하고 나서 이야기를 나누는 것이 예의에 맞는 행동이다.

사례 3. 지금 장난치는 거야?

이런 경우는 드물지만, 악수를 하다가 손가락으로 장난을 치는 경우가 더러 있다. 이는 의식적으로 한다기보다 무의식적으로 친한 사람과 하던 버릇이 나타나는 것이다.
따라서 친한 사람과 악수할 때에도 예의에 맞게 함으로써 나쁜 습관이 몸에 배지 않도록 주의해야 한다.

읽을거리

## 악수의 유래

악수는 천상의 신이 지상의 지배자에게 권력을 부여하는 제스처라는 이야기가 있다. 고대 바빌로니아에선 새해 축제를 벌일 때 왕이 최고신 말두크 상(像)의 손을 잡았다. 말두크가 그해의 통치권을 왕에게 내린다는 의미를 가졌다고 한다.

악수의 유래와 관련해 또 다른 견해도 있다. 로마시대엔 단검을 소매에 감춘 경우가 많았다. 이 때문에 자기 방어를 위해 서로의 손목을 잡는 것이 인사였다. 나중에 손바닥을 잡는 것으로 발전했고, 19세기 들어 상거래하는 남자들 간의 보편적 인사법으로 자리 잡았다.

읽을거리

## 코로나 시대에 안전한 악수법은?

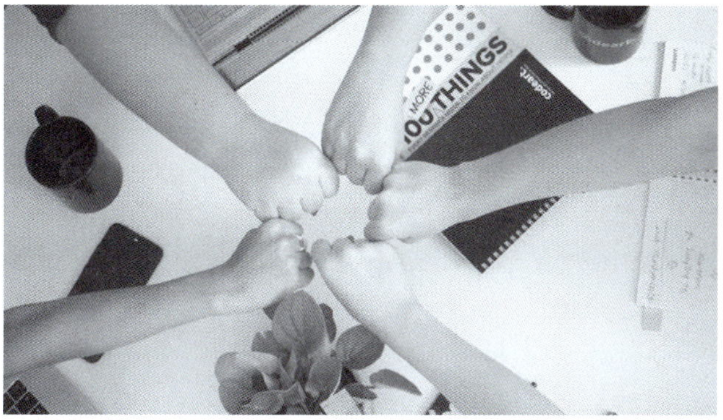

코로나 시대, 아주 오래간만에 만나는 친구나 선후배간에 악수(shake hands)하는 인사법 대신 피스트 펌프 그리팅(Fist pump greeting)을 소개한다.

피스트 펌프(Fist Pump)란 승리나 기쁨을 자축하는 제스처로 주먹(Fist)을 불끈 쥐고 펌프질 하듯이 위로 올리는 것이다. Punch the air와 같은 뜻(골프에서 대표적인 예가 타이거 우즈)이고, Fist pump greeting은 '서로 간에 주먹을 부딪히는 인사하는 법'을 뜻한다. 미국 야구, 농구 경기 장면에서 많이 볼 수 있다.

참고로, 하이파이브(High Five)는 특히 야구에서, 같은 팀 선수가 공격이나 수비에서 아주 잘했을 때 취하는 것(명사로 공중에 서로 상대방 손바닥을 쳐주기, 여기서 파이브는 다섯 손가락을 의미)으로 축하해주는 것이다.

로우파이브(Low Five)는 허리보다 약간 밑에서 손바닥을 서로 마주치는 것을 뜻한다. 골프에서도 프로 선수와 캐디 간에, 예상한 결과에 대한 격려 제스처로 많이 볼 수 있다. 예전에는 로우파이브를 많이 썼는데, 지금은 피스트 펌프 그리팅(fist pump greeting)이 지배적이다.

자료 : 시사저널(2020.07.13.)

## 2 명함 교환 매너

직장에서 자신의 인맥을 유지하고, 네트워크를 쌓아가는 수단으로써 명함은 중요한 의미를 갖는다. 명함은 자기를 소개하고 상대방으로 하여금 자기를 기억하게 하는 수단이 되며, 또한 받는 사람 입장에서도 명함이 인간관계 형성과 인맥 관리의 중요한 도구가 된다. 그러므로 직장인에 있어서 명함은 좋은 자료와 기회를 제대로 활용할 수 있도록 도움을 주는 소중한 도구라 할 수 있다.

### 1) 명함 교환 예절

#### (1) 명함 교환 순서

- 아랫사람이 윗사람에게 먼저 명함을 주는 것이 기본이다. 하지만 비즈니스에서 명함을 주고받는 것은 사회적 지위나 나이에 관계없이 부탁받는 측이 먼저 주고, 부탁하는 측이 나중이다.
- 비즈니스 관계가 아닌 경우에는 지위가 높은 사람이 먼저이고, 방문하는 사람이 나중이다.
- 여러 사람이 명함을 교환할 경우에는 윗사람부터 순서대로 명함을 교환한다.
- 처음으로 소개받은 사람과는 악수한 뒤 명함을 교환한다.

#### (2) 명함을 상대방에게 줄 때

- 명함을 주고받을 때 주의할 점은 명함지갑에서 인사할 인원 수만큼 명함을 미리 꺼내서 명함지갑에 준비해 두었다가, 상대방이 글씨를 읽을 수 있는 방향으로 명함을 전달한다.
- 꼭 일어나서 인사를 하고 건네며, 아랫사람이 먼저 "○○회사 ○○부 홍길동 입니다"라고 말하고 가볍게 머리를 숙인 다음에 명함을 전달한다. 이때 본인 명함은 상대방 명함보다 낮은 위치에서 내미는 게 좋다.

### (3) 명함을 상대방에게 받을 때

- 상대방의 명함을 받을 때는 “받겠습니다.”라고 말하면서 양손으로 받는데, 이때 상대방 회사의 로고나 성함 부분을 손가락으로 가리지 않도록 주의해야 한다.
- 받은 다음 바로 명함을 지갑에 넣지 말고 상대방의 이름, 직책, 회사 위치 등을 확인하고 “좋은 이름이군요.”, “회사가 △ △ 근처네요.” 등 상대방과 대화 소재로 삼으면 좋다.

### (4) 명함 교환방법

- 명함 교환 시에는 두 손으로 주고 두 손으로 받는 것이 원칙이지만, 동시에 명함을 주고받는 상황에서는 오른손으로 주고, 왼손으로 받는다. 사실 동시에 명함을 주고받게 되는 상황이 제일 많다.

[그림 3-1] 명함 교환방법

명함지갑 없이 두 손으로 교환하는 방법

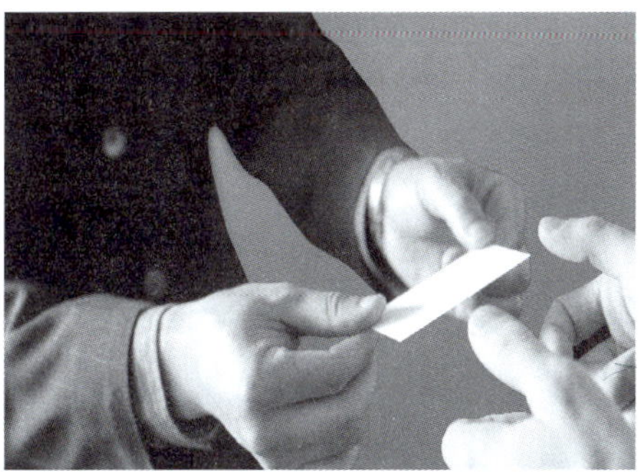

명함지갑 위에 올려놓고 두 손으로 교환하는 방법

명함지갑 없이 동시에 교환하는 방법

명함지갑 사용하여 동시에 교환하는 방법

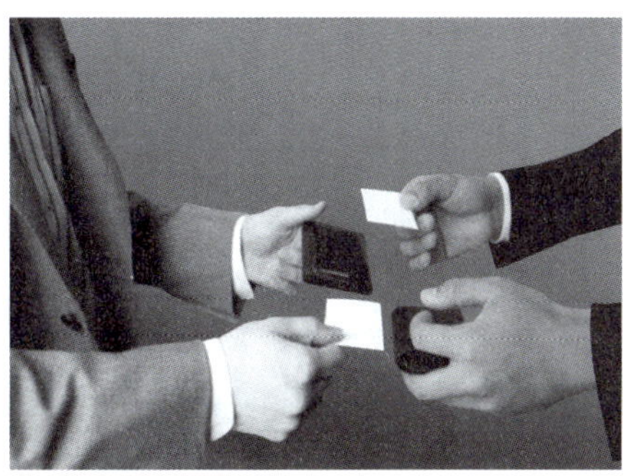

- 두 손으로 받을 때는 중지와 약지 사이에 상대방의 명함을 두고 내 명함은 상대방을 향해서 양손의 엄지와 집게손가락으로 잡고 있다가 상대방에게 자신의 명함을 건네준다. 명함지갑 위에 올려 받았을 때에는 자신의 명함지갑 위에 상대방의 명함을 올린 상태에서 그 위에 가운뎃손가락을 놓고 나서 내 명함을 올린 후에 건넨다.

## 2) 명함 교환 시 주의사항

- 명함은 본인의 얼굴을 나타내므로 항상 깨끗한 명함을 가지고 다녀야 하고 지저분하거나 구겨진 명함을 주는 것은 실례다.
- 명함이 떨어져서 없을 경우에는 “죄송합니다. 명함이 떨어졌습니다. 저는 ○○회사 ○○부 대리 홍길동입니다.” 복귀 후 바로 받은 상대방의 명함을 확인하고 사과 메일을 보내는 것이 좋고, 다음에 만났을 때 상대방이 달라고 하기 전에 먼저 명함을 전달하는 것이 좋다.
- “명함이 없다”라는 말은 절대 해서는 안 된다. 이러한 상황을 미연에 방지하기 위해 ① 명함은 언제든 바로바로 꺼낼 수 있는 곳을 정해두고 넣어야 한다. 가방에 명함지갑 두는 위치를 정하거나, 남성의 경우는 가슴주머니도 좋다. ② 가방을 바꿔도 명함을 잊지 않기 위해서는 저렴한 명함지갑을 여러 개 사서 모든 가방에 넣어두는 것도 방법이다. 마지막으로 ③ 수첩이나 지갑에도 예비로 넣어둔다. 단, 상대에게 이곳에서 꺼내는 모습을 보이지 않도록 주의한다. 명함은 꼭 명함지갑을 이용해야 한다.

[그림 3-2] 명함지갑 선택방법

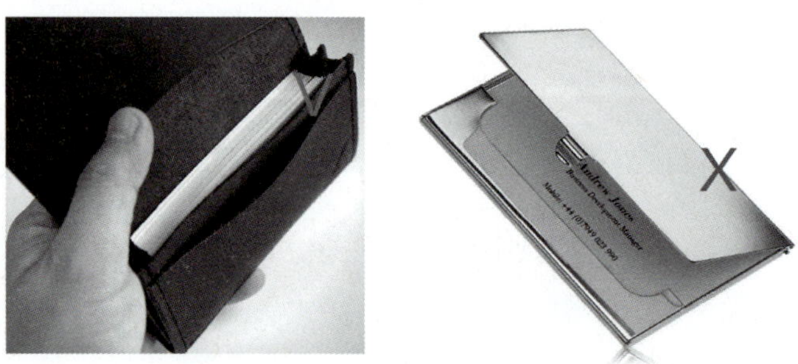

- 명함지갑을 선택할 때에는 내부에 칸막이가 있는 것이 좋다. 자신의 명함과 받은 명함을 정리해 넣을 수 있고, 꺼낼 때도 내 명함을 찾지 않아도 된다.
- 명함지갑에 자신의 명함은 건넬 방향에 맞춰 넣어둔다. 명함지갑을 연 후 돌리지 않고 매끄럽게 건네면 동작이 줄어 보기에도 자연스럽다.
- 테이블 위에 명함은 본인이 봐서 상대방 좌석 순으로 늘어놓고 이름과 얼굴을 확인하면서 이야기한다. 여기에서 주의할 점은 테이블 위에 놓고 대화한 후 일어날 경우에는 반드시 받은 명함을 챙기는 것이다.
- 1:1로 명함을 교환한 경우 받은 명함은 테이블 위에 직접 놓지 말고 내 명함지갑 위에 올려놓는 게 좋다.
- 명함을 본인만 먼저 명함지갑에 넣으면 실례가 되기 때문에 넣을 타이밍은 상대방 또는 미팅 전체의 분위기에 맞춰 판단한다.
- 리셉션이나 모임 등에서 잠깐 만난 사람과 명함을 교환했을 경우에는 다음 날 메일을 보내고 나중에 공식적으로 인사하러 가고 싶다고 전달하는 게 좋다.

### 3) 외국인과 명함 교환 시 주의할 섬

- 중동, 동남아시아, 아프리카에서는 반드시 오른손으로, 일본, 싱가포르에서는 양손을 사용해 전달한다.
- 2중 언어로 제작된 명함이라면 반드시 상대국의 언어가 위로 보이도록 전달한다.
- 서양에서는 우리나라처럼 초면에 명함을 꺼내 교환하는 일은 드물며, 특히 공식행사나 식사모임 중에 명함을 돌리지 않는 것이 에티켓이므로 주의한다.
- 상대방의 이름을 발음하기 어려울 때는 반드시 물어보며, 외국 이름은 현지식으로 발음해 주는 것이 매너이다.

### 4) 올바른 명함 관리

그렇다면 명함 관리, 어떻게 해야 할까?

- 명함을 받고 이메일을 보내면 효과적이다. 추후에 연락할 때 다소 어색하고 불편함을 해소할 수 있으며, 상대방이 기억할 수 있는 기회를 제공하게 된다.

- 상대방에게 받은 명함에는 미팅 내용을 메모해 두는 것이 좋다. 예를 들면 미팅 날짜, 미팅 목적, 미팅 내용, 또 얼굴을 기억해야 하는 사람이라면 상대의 인상착의 등을 메모해 두면 나중에 상기하기 좋다. 단, 상대가 보는 앞에서는 메모하지 말아야 한다.
- 명함을 관리하는 다양한 프로그램들이 출시되고 있으며, 이를 활용할 경우 효과적으로 관리할 수 있다. 이러한 프로그램을 활용한다면, 그 사람의 정보를 찾는 데 소요시간을 줄일 수 있어 매우 효과적이다.

읽을거리

## 명함의 유래

명함 사용의 시초로 추정되는 중국에서는 그 용도가 달랐다. 중국인들은 아는 사람의 집을 방문했을 때 상대방이 부재중이면 이름을 적어 남겨두었는데 채륜이 종이를 발명한 시점이 AD 105년임을 감안하면 중국인들이 사용한 그것이 오늘날 명함의 용도와 일치하는지 확인할 수는 없다.

독일의 경우도 중국과 비슷한 용도로 16세기경 이름 적은 쪽지를 사용했으며, 이와 용도가 다르지만 프랑스는 루이 14세 때부터 명함을 사용했다고 알려져 있다. 명함이 사회생활에서 매우 중요한 역할을 하는 일본의 경우 최초로 명함이 사용된 때는 1854년 에도막부의 관리가 방일한 미국 사절단에게 자신의 지위와 이름을 적어 건네준 때로 거슬러 올라간다. 우리나라 최초의 명함 사용자는 한국인 최초의 유학생인 유길준으로 현재 미국의 매사추세츠주의 세일럼 시피바디에섹스박물관에 보관되어 있다.

# Chapter 4 방문 및 안내 에티켓과 매너

## 1 방문 매너

상대방과 가까워질 수 있는 방법은 많지만, 방문만큼 친밀감을 느낄 수 있는 방법도 드물다. 방문은 상대방과의 경계를 누그러뜨리고, 서로의 교제를 깊게 하는 데 큰 역할을 한다. 상대방과 좋은 관계유지를 위해 방문은 용건에 맞추어 어느 시간에 해야 하는지, 얼마나 머물러야 바람직한지 생각해 보자.

### 1) 사전준비

- 방문 시에는 반드시 사전에 약속을 정하고 가야 한다. 연락 없이 상대를 방문하는 것은 매너에 어긋난다.
- 지위가 높은 사람과 약속할 경우에는 비서를 통해 하는 것이 일반적이다.
- 상대의 시간과 상황을 고려하여 업무에 지장이 없도록 한다.
- 방문목적, 방문하는 장소까지 걸리는 이동시간, 미팅 소요시간을 예상해 두고, 필요한 서류를 준비해 둔다.
- 방문할 고객이나 거래처 담당자의 이름과 연락처, 회사에 대한 정보 등을 파악한다.

### 2) 방문시간

- 오전 중에는 업무처리나 회의가 많아 손님을 맞이하기 어려울 수 있으므로 가급적 방문약속을 피하도록 하며, 일반적으로 오후 3~5시가 가장 적당하다. 그러나 오전에

방문하게 될 경우라면 10~11시 사이가 무난하다.

### 3) 방문 시 주의사항

- 방문 시에는 불쾌감을 주지 않는 옷차림을 하며, 방문시간보다 여유 있게 도착하여 미리 화장실에서 용모와 복장을 점검한다.
- 타 직장이나 공공기관 등을 방문할 때에는 주민등록증, 운전면허증, 신분증, 명함 등을 휴대한다.
- 사무실에 들어가기 전에 코트와 장갑은 미리 벗는다.
- 사무실에서는 방문자의 이름을 알리고 본인의 명함을 내놓는다.
- 응접실에 안내를 받으면 출입구에서 가까운 말석에 앉아서 기다린다.
- 가방은 바닥에 놓거나, 핸드백은 무릎에 놓고 기다린다.
- 차나 음료를 가져오면, 감사의 표시를 하고 상대가 권하면 마신다.
- 방문목적에 어긋나는 사적인 대화나 사생활과 관련된 질문은 하지 않는다.
- 사무실은 업무공간이므로 너무 오래 머무르지 않도록 한다.
- 면담 시에는 가급적 시계를 보지 않는다.

## 2 안내 매너

### 1) 방문객 안내예절

방문객을 안내하는 예절에는 어떤 것들이 있는지 구체적으로 알아보자.

- 첫째, 방문객의 바로 앞에 서서 이동하기보다는, 대각선 방향(방문객에게는 130도 각도)으로 2~3걸음 앞에서 방문객과의 보조를 맞춰가면서 이동한다. 만약 안내가 아닌 수행의 경우에는 상대방 앞이 아닌 뒤에서 이동한다.
- 둘째, 안내 시 눈, 입, 어깨, 손을 동시에 사용하여 안내하도록 하며, 손모양은 손

전체를 이용하여 예의를 더한다.

- 셋째, 손가락은 가지런히 펴고 엄지손가락을 벌리지 않은 상태에서 손바닥을 위로 하여 방향을 안내하도록 한다.
- 넷째, 오른쪽을 안내할 시 오른손을, 왼쪽을 안내할 시 왼손을 이용하며, 이때 팔의 각도를 달리하여 원근거리를 나타내며 안내하도록 한다.
- 손가락을 이용한다거나 필기도구 등으로 안내할 경우 상대가 불쾌감을 느낄 수 있으므로 주의한다. 또한 손목이 꺾이지 않도록 하며, 가리키는 방향의 시선을 무시한 채 안내하지 않도록 한다.
- 다섯째, 방문객이 길을 물을 때에는 방문객 질문에 복창하면서 시선은 3점법을 이용하여 안내한다. 여기서 3점법이란 '상대방의 눈–가리키는 방향–상대방의 눈'을 말한다.
- 마지막으로 방문객의 질문에 복창하면서 안내하도록 한다.

다양한 상황에 대한 안내예절은 다음과 같다.

### (1) 방향안내

- 손바닥을 위로 향하고 손가락을 붙이고 안내를 하며 오른쪽 방향을 가리키는 경우에는 오른손으로, 왼쪽 방향을 가리키는 경우에는 왼손을 사용한다.
- 반대편 손은 아랫배 부근에 놓는다.
- 위치를 가리키거나 방문객의 얘기를 들을 때에는 상체를 살짝 숙인다.
- 가리키는 손은 상체의 높이 범위 내에서 움직인다.

### (2) 동행안내

- 방문객의 1~2보 앞에 서서 안내할 방향 쪽을 따라 안내한다.
- 방문객이 잘 따라오는지 수시로 확인하며 안내한다.

### (3) 계단안내

- 계단을 오르거나 내려가기 전에 방문객이 당황하지 않도록 '층'을 미리 안내한다.
- 계단을 오르내릴 때에는 방문객이 손잡이를 잡고 걸을 수 있도록 한다.

- 계단을 내려갈 때에는 앞에서, 올라갈 때에는 뒤에서 안내하도록 하되 여성방문객이 치마를 입고 있어 불편할 경우에는 앞에서 안내하도록 한다.

(4) 엘리베이터 이용 시

- 엘리베이터를 탈 때에는 미리 행선 층을 알려주는 것이 매너이다.
- 목적지를 잘 알고 있는 상사, 여성과 동행 시 상사와 여성이 먼저 타고 내린다.
- 엘리베이터 탑승의 기본은 안전이다.
- 엘리베이터에 다른 사람이 타고 있을 때에는 상사보다 나중에 탑승한다.
- 엘리베이터에 아무도 없을 때에는 상사보다 먼저 탑승한다.
- 엘리베이터에서 전화를 통화하거나, 큰 소리로 떠들거나, 못다한 업무 이야기를 하지 않는다.
- 엘리베이터 안에 안내자가 있는 경우: 탈 때에는 손님보다 나중에 타고, 내릴 때에는 손님보다 먼저 내린다.
- 엘리베이터 안에 안내자가 없는 경우: 탈 때에는 손님보다 먼저 타서 버튼을 조직하고, 내릴 때에는 손님이 안전하게 내릴 때까지 버튼을 누른 후 나중에 내린다.

(5) 에스컬레이터 이용 시

- 에스컬레이터 이용 시 올라갈 때는 방문객 혹은 여성이 먼저 타도록 안내한다. 내려갈 때는 직원 혹은 아랫사람이 먼저 탄다.

(6) 문 안내

- 당겨서 여는 문일 경우: 문을 당겨 열고, 서서 손님이 먼저 통과하도록 한다.
- 밀어서 여는 문일 경우: 안내자가 먼저 통과한 후, 문을 잡고 손님이 통과도록 한다.
- 수동 회전문일 경우: 손님이 먼저 들어가게 하고, 안내자는 뒤에서 손님 걸음에 맞추어 문을 밀어 준다.

# Chapter 5 호칭 및 경어 에티켓과 매너

## 1 호칭 매너

### 1) 일반적 원칙

직장 내에서 호칭을 하는 데 있어서 상대방에게 불쾌감을 주는 표현이나 분위기에 맞지 않게 표현하는 것을 삼가야 한다. 그리고 정중한 표현이라 해도 직장 내 분위기를 망치는 호칭을 사용한다면 그것은 올바르지 않다. 호칭을 하는 데 있어서 일반적으로 따라야 할 원칙을 정리하면 다음과 같다.

- 상사와 후배의 호칭방법은 직명을 부르는 것이 일반적이나, 회사에 따라 다르므로 회사에서 정해진 호칭이 있을 때에는 그것에 따른다.

> 예) 사장을 포함한 모든 사람을 ○○○씨라고 부르는 경우도 있다.

- 회사 내 별다른 호칭이 없을 때에는 직장 분위기에 맞추어 직위로 부르는 것이 원칙이다.
- 같은 직급의 선배나 동료를 부를 때에는 성을 정확하게 하고 성명에 씨를 붙여서 ○○○씨, ○○○님, 자신보다 높은 직급이나 높은 상사에게는 직위에 '님'을 붙여서 부른다.

• 상사의 가족에게 상사를 이야기할 때에는 '님'을 붙인다.

예) "지금 ○○○과장님은 외출하셨습니다.", "○○○과장님은 댁에 계십니까?"

## 2) 애매한 호칭 정리

### (1) 직위 호칭

• 같은 부서의 상사일 경우, 성과 직위를 같이 호칭한다.

예) 김 실장님, 박 부장님

• 다른 부서의 상사일 경우, 부서명, 직위를 같이 호칭한다.

예) 인사과장님, 총무과장님

• 후배나 동급일 경우, 성(姓)과 직위 또는 바로 이름을 부른다.

예) 김 대리, 미연씨

### (2) 문서상에서의 직위 표현

• 직접 부를 때와는 달리 문서상에서는 상사를 호칭할 때 존칭을 생략해도 된다. 즉 '님'자를 생략해도 문제가 되지 않는다.

예) 부장님 지시사항 → 부장 지시사항

* 본인이 참석한 자리에서 그 지시를 전달할 때에는 '님'을 붙인다.

예) "부장님 지시사항을 말씀드리겠습니다."

#### (3) 높은 상사에게 아래 상사 표현

사원이 사장에게 과장에 대한 말을 전달할 경우 사원의 입장에서는 과장이 자신의 상사이지만 사장의 입장에서는 그렇지가 않기 때문에 사원은 사장에게 어떻게 과장의 말을 전달해야 할까?

압존법[2)]은 말하는 사람 입장에서는 높여야 할 대상이나, 듣는 사람보다는 존귀한 대상이 아니어서 높이지 못하는 것을 말하며 이는 가족 간이나 사제 간처럼 사적인 관계에서는 적용되나 직장에서는 적용되지 않는다. 따라서 직장에서 윗사람을 그보다 윗사람에게 지칭하는 경우, 예를 들어 사장님 앞에서 과장님을 지칭할 때 '과장님께서는'까지는 곤란하여도 '과장님이'처럼 '–님'을 쓰고, 주체를 높이는 '–시–'를 넣어 '사장님, 이 과장님이 어디 가셨습니다.'처럼 높여 말하는 것이 우리의 언어예절이다.

#### (4) 기타 오류

- 상사에 대한 존칭은 호칭에만 붙인다.

> 예) 사장님실 → 사장실, 부장님 가방 → 부장 가방

- "말씀이 계시다"의 오류

> 예) 사장님 말씀이 계시겠습니다. → 사장님께서 말씀하시겠습니다.

### 3) 일반적인 호칭법

#### (1) '선생'의 바른 사용

- 존경할 만한 사람이나 처음 만나는 사람, 나이 차가 많은 연장자에게는 '선생님'이란 호칭을 쓴다.
- 동년배나 연하, 연상의 하급자에게는 '선생'이 무난하다.

---

2) 국립국어원의 '압존법'은 우리 전통 언어예절 중 하나인데, 전통적으로 가족과 사제 간에만 쓰던 것을 일제강점기를 겪으면서 가족과 사제 간 외의 다른 부분에도 압존법이 쓰이는 부분에 대한 의견을 밝히고 있다. 현재, '압존법'은 학교, 군대, 직장 등 많은 곳에서 실질적으로 쓰이기는 하나, 이것이 우리의 전통예절은 아니라는 점에서 지양해야 한다는 것을 강조하고 있다.

#### (2) '씨'의 바른 사용

- 동년배 또는 나이차가 위아래로 10년을 넘지 않을 때 쓴다.
- 20~30대의 연령층이 40~50대 연령층에 '씨'자를 붙여 쓰는 것은 삼가야 한다.
- 나이가 10세 이상 많을 때에는 '○○○ 선생님'이라는 호칭을 쓴다.

#### (3) '형'의 바른 사용

- 위아래로 5세 범위 내에서만 사용한다.
- 다른 사람 앞에서 3인칭으로 쓸 때에는 성(姓)에 이름까지 붙여서 말한다.
- 연상의 하급자를 부를 때 사용할 수도 있다. 그러나 여직원에게 형이라고 부르는 것은 잘못된 호칭이다.
- 5세 이상 차이 나는 연하자가 연장자에게 쓸 때는 '○○○ 선배님'으로 부르는 것이 무난하다.

#### (4) '나', '저', '저희'의 바른 사용

- 연하라도 상관일 경우 공식석상에서는 '저'라고 칭한다.
- 조직체의 장인 경우 공식행사 회의 때는 '저'라는 호칭을 사용한다.
- 다른 회사에 대해서 자신이 속한 회사를 칭할 때는 '저희 회사가'가 맞다.

#### (5) '자네'의 바른 사용

- '자네'는 나이 든 어른이 가까운 젊은이를 대접해서 부르는 호칭이며, 초면인 사람과 친하지 않으면 쓸 수 없다.
- 나이 든 장인과 장모는 사위를 '자네'라고 불러도 무방하나, 될 수 있으면 '○서방'으로 부르는 것이 좋다.

### 4) 일상생활에서의 호칭법

- 친구의 아내: 아주머니, (○)○○씨, ○○어머니, 부인, ○여사
- 친구의 남편: (○)○○씨, ○○아버지, (○)○○과장님, (○)선생님
- 남편의 친구: (○)○○씨, ○○아버지, (○)○○과장님, (○, ○○○)선생님
- 아내의 친구: (○)○○씨, ○○어머니, 아주머니, ○선생(님), ○과장(님), ○여사(님)

- 아버지의 친구
  - 어린이 말: (지역이름)아저씨, ㅇㅇ아버지
  - 어른 말: (지역이름)아저씨, 어르신, 선생님, (ㅇ)과장님
- 어머니의 친구
  - 어린이 말: (지역이름)아주머니, ㅇㅇ어머니(엄마)
  - 어른 말: (지역이름)아주머니, ㅇㅇ어머니
- 친구 아버지
  - 어린이 말: (지역이름)아저씨, ㅇㅇ아버지
  - 어른 말: ㅇㅇ아버님, 어르신, ㅇㅇ할아버지
- 친구 어머니
  - 어린이 말: (지역이름)아주머니, ㅇㅇ어머니(엄마)
  - 어른 말: ㅇㅇ어머니, 아주머님, ㅇㅇ할머니
- 남선생님의 아내: 사모님
- 여선생님의 남편: 사부님, (ㅇ, ㅇㅇㅇ)선생님, (ㅇ)과장님

읽을거리

### 매번 헷갈리는 직장어휘

- 직급: 직위의 최소분류 단위(보통 호봉을 말할 때), 직위 순서
- 직위: 직무상의 지위(차장, 부장, 과장, 대리 등)
- 직책: 직무상의 책임(각 팀의 팀장 등)
- 직함: 직위와 직책을 통틀어 일컫는 말

직급은 공무원 조직에서 9급, 7급, 6급, 5급, 4급 등의 등급상 구분을 의미한다.
직위는 일반적으로 알고 있는 지위로 서열이 정해져 있다.
직책은 업무책임을 뜻하는 부가적인 어휘로 직위와 병행한다.

하지만 직책만으로는 서열을 알 수 없다.
예를 들어,
[A팀 팀장 정과장]
[B팀 팀장 김대리]
직책상 같은 팀장이기 때문에 직책은 같지만 직위는 서로 다르다고 할 수 있다.

마찬가지로,
[C팀 팀장 윤사원]
[D팀 팀장 임주임]
이럴 경우, 직위는 사원이지만 직책이 있을 수 있으므로 직위만으로 판단해선 안 된다.

즉 상대의 직위를 알고 싶을 때는 직위와 직책이 통용되는 '직함'으로 물어보도록 하자.
* 상대방에게 물어볼 때: "직함이 어떻게 되십니까?"
* 상대방에게 알려줄 때: "저는 ○○회사 과장 홍길동입니다." (○)
  "저는 ○○회사 홍길동 과장입니다." (×)

→ 상대에게 자신을 표현할 때 스스로를 존칭하는 것이 아니므로 본인 스스로 밝혀야 할 경우 직위(직함)를 이름 앞에 붙인다.

## 2 경어 매너

### 1) 주체경어법

동작이나 상태의 주체를 높이는 경어법으로 선어말어미 '-시-'로 표현하고 '이/가' 대신 '께서'를 사용하거나 존대어를 써서 표현한다. 주체높임법이라고도 하며 직접 높임과 간접 높임이 있다.

- 직접 높임: 어머니께서 편찮으시다.
- 간접 높임: 어머니께서는 발이 아프시다.

### 2) 객체경어법

동작의 대상이 되는 객체를 높이는 경어법이다. 중세국어 시기에는 객체경어법을 담당하는 문법형태소가 따로 있었지만 현대국어에서는 높임의 조사 '께'와 '드리다', '뵙다' 등의 높임의 동사에 의해 표현된다.

주다 → 드리다　　데리다 → 모시다　　묻다 → 여쭙다

### 3) 상대경어법

상대경어법은 대화에 참여하고 있는 대화 상대방인 청자를 높이거나 낮추어 대우하는 경어법이다.

① 상대를 높여 대우하는 경우

"말씀하십시오."

말씀은 상대를 높이는 말과 동시에 자신을 낮추는 말이다.

"제 의견을 말씀드리겠습니다."일 경우 자신을 낮추는 말인 것이다.

② 상대를 낮추어 대우하는 경우

"자네가 대신 다녀왔으면 하네."

읽을거리

### 고객님, 신상품이세요 → 신상품입니다. 현대백화점, 높임말 바로잡기 캠페인

"고객님, 이번에 나온 신상품이세요." "이 옷 색상이 너무 예쁘시죠?"

소비자가 백화점 매장에서 흔히 들을 수 있는 말이다. 판매사원의 공손한 태도에도 귀에 거슬리는 이유는 무엇일까. 잘못된 존댓말이기 때문이다.

현대백화점은 2월부터 판매사원들이 무의식적으로 남용하는 잘못된 존댓말을 바로잡는 사내 캠페인을 시작했다. '굿바이~ 시옷(ㅅ)'이라고 이름 붙인 이 캠페인은 '사람'이 아닌 '상품'에까지 존칭을 쓰는 잘못된 말투를 바로잡겠다는 취지다.

잘못된 높임말에 피로감을 호소하는 고객 불만이 반복적으로 접수되면서 정지선 회장 등 최고 경영진들까지 문제의 심각성을 지적했다. 정 회장은 최근 임원회의에서 "고객 입장에서 듣기 편한 올바른 경어(敬語)를 사용하라"고 강조했다. 고객은 '과잉 친절'에 불편함을 호소하고, 백화점 입장에서는 서비스의 진정성이 훼손되는 역효과를 유발한다고 판단한 것이다.

현대백화점은 일단 판매사원들이 사내에서 자연스럽게 잘못된 존칭어의 어색함을 깨닫도록 하는 캠페인에 착수했다. 직원식당 메뉴판에 일부러 '오늘 점심은 제육볶음이세요'라고 쓰거나 미팅시간에 "이번 주가 사은행사 기간이시잖아요"라고 말하는 식이다. 현대백화점은 가이드북 제작 등 다양한 교육·이벤트를 진행하면서 본사 및 일선 지점 고객서비스팀이 정례회의를 통해 개선상황을 점검하기로 했다.

현대백화점 관계자는 "고객에 대한 친절을 강조하다 보니 백화점뿐만 아니라 대부분의 서비스 업종에서 상품에 대한 잘못된 존대어가 만연하고 있다"며 "올바른 존댓말 사용이 다른 업계에 확산될 수 있도록 지속적인 캠페인을 펼치겠다"고 말했다.

자료: 조선일보, 2012.02.15

# Chapter 6 이미지메이킹(Image Making)

## 1 이미지메이킹의 의의

### 1) 이미지와 이미지메이킹

이미지란 일반적으로 인간의 마음속에 그려지는 사람이나 사물의 감각적 영상을 말하며, 주로 시각적인 것을 지칭한다. 이러한 이미지는 어떤 사물이나 사람에게서 받는 인상을 말하는 것으로, 가령 '생김새 · 성격 · 태도 · 말씨 · 음성 · 사고방식 · 교양 등 사람 특유의 모든 것에서 받게 되는 느낌', 그것이 바로 사람의 이미지이다. 달리 표현하자면, 우리 나름의 사고방식과 취향에 따라 자연스레 만들어진 타인에 대한 느낌이 바로 그 사람의 이미지이다. 이러한 이미지는 타인에 대한 생각의 덩어리, 특유의 감정, 고유한 느낌을 포함한다.

그렇다면 이미지메이킹(Image Making)은 개인이 자신의 목적이나 상황에 맞도록 자신을 표현하는 것으로 자신의 내적 잠재력과 외적 연출이 조화롭게 합해져서 보다 나은 자신의 이미지를 극대화하여 표출하는 것을 말한다.

특정인의 전유물처럼 여겨졌던 이미지메이킹은 이제 일반인들에게 이르기까지 대중적 용어로 자리 잡았지만 많은 사람들은 아직도 이미지메이킹을 그저 외모를 아름답게만 가꾸는 것으로 오인하고 있다. 이미지메이킹에 대한 개념을 보다 세부적으로 알아보면 〈표 6-1〉과 같다.

〈표 6-1〉 이미지메이킹의 개념

| 구분 | 내용 |
|---|---|
| 상황적합성 | 개인이 시간(Time), 장소(Place), 상황(Occasion)에 맞는 접점을 알고 슬기롭게 대처하여 다양한 상황에 맞는 적절한 이미지를 연출하는 것 |
| 긍정적 자아표현 | 내적인 자아표현에 중점을 두고, 스스로를 표현하는 것으로 자신감을 향상시키고, 긍정적인 이미지를 극대화해 나감으로써 자신에게 보다 자신감을 가지고 다른 사람에게는 호감과 신뢰를 연출하는 것 |
| 심미적 표현 | 외적인 아름다움에 중점을 두어 말투, 자세 및 메이크업, 헤어스타일, 의상과 더불어 나에게 맞는 컬러의 표현 등으로 인지하는 것 |
| 커뮤니케이션 | 다양한 사람들과 사회활동 안에서 보다 조화로운 의사소통을 위해 나를 만들어가는 과정 |

본 개념을 종합해 보자면, 이미지메이킹은 자신이 되고 싶은 이미지와 자신이 생각하는 자신의 이미지, 그리고 타인이 바라보는 자신의 이미지 등의 3가지가 일치해야 가장 이상적인 이미지메이킹이라 할 수 있다.

## 2) 이미지메이킹(Image Making)의 형성요소

이미지를 연출하는 데에는 무엇을 보여줄 것인가를 결정하는 것이 중요하다. 실제로 이미지는 개인의 행동이나 나아가 사회문화를 형성할 정도로 그 영향력이 크다. 특히 사회진출을 준비하는 대학생들이나 이직을 희망하는 직장인들의 경우 이미지메이킹을 통해 자신의 장점과 잠재력을 다양한 모습으로 보여줄 수 있어야 한다.

이미지메이킹의 결정적 단서 중 많은 비중을 차지하는 요소는 대표적으로 표정, 용모, 태도, 말씨 등이 있다.

- 표정
  - 밝고 명랑한 표정과 미소 띤 얼굴은 성공적인 인간관계 맺음으로 연결된다.
  - 표정은 진실한 내면에서부터 표현될 때 상대방의 마음을 움직일 수 있다.
- 용모
  - 단정하고 세련된 용모, 복장은 개인과 직업의 특성을 부각시킬 수 있는 방법이다.
  - 특히 여성은 메이크업 연출에 의해 그 이미지가 많이 달라질 수 있다.

• 태도

- 좋은 태도는 오랜 시간 노력을 기울여 자연스럽게 몸에서 배어나올 때 빛을 발한다.
- 타인을 향한 배려있는 태도는 상대방의 마음을 이끌어내기에 충분하다.

• 말씨

- 유쾌한 대화를 위한 밝고 친절한 말씨는 그 사람의 교양 및 성품을 알 수 있는 중요한 수단이라 할 수 있다.
- 말씨는 목소리의 크기와 맑고 탁함, 말의 빠르기와 호흡의 길이뿐만 아니라 대화 상대를 배려하는 마음까지 포함된다.

〈표 6-2〉 성공적인 이미지메이킹 설계하기

| | |
|---|---|
| 1. 자신을 알라 (Know Yourself) | 성공적인 이미지메이킹을 위해서는 먼저 자신을 알아야 한다. 또한 자신이 원하고 속한 조직이 추구하는 이미지를 정확히 파악해야 한다. |
| 2. 자신을 개발[3]하라 (Develop Yourself) | 자신의 이미지와 원하고 추구하고자 하는 목표이미지의 차이를 줄인다. 스스로 단점을 보완하고, 장점을 극대화하며 자신만의 매력을 부각시킨다. |
| 3. 자신을 포장하라 (Package Yourself) | 자신의 내적 이미지의 가치를 표현하기 위해 외적인 이미지에 신경을 써야 한다. |
| 4. 자신을 팔아라 (Market Yourself) | 자신감을 가지고 자신의 이미지와 가치를 당당하게 상대에게 인식시킨다. 자신을 표현하는 기회를 만드는 것도 중요한 능력이다. |
| 5. 자신에게 진실하라 (Be Yourself) | T.P.O에 맞춰 이미지를 연출해야 하지만 매순간 진실하지 못하다면 위선이 된다.<br>진실한 마음으로 상대를 대하고 이미지 연출의 최고 정점인 내·외적 이미지의 일치를 위해 끊임없이 노력해야 한다. |

## 3) 이미지 메이킹의 효과

- 외적 이미지를 강화하여 긍정적인 내적 이미지를 끌어올린다.
- 열등감을 극복하고 자신감을 높여 자아 존중감이 향상된다.

3) 국립국어원에서 '개발'은 '지식이나 재능 따위를 발달하게 함'을 의미하고 '계발'은 '슬기나 재능, 사상 따위를 일깨워 줌'을 의미한다.

- 인간 사회의 구조 속에서 대인 관계 능력이 향상된다.
- 참자아(자신만의 개성과 독특성)를 발견하여 정체성을 확보할 수 있다.
- 자신의 특성과 진가를 사회적 역할에 맞도록 브랜드화할 수 있다.
- 바람직한 개인의 삶의 질을 향상하는 데 기여한다.

## 2 퍼스널 컬러(Personal Color) 진단

이미지메이킹 설계를 위한 그 첫 단계가 바로 자기 자신을 아는 것이다. 이미지메이킹을 위해 자신의 체형, 얼굴형, 자세 등의 선행요건들이 있지만, 그중 퍼스널 컬러 진단은 자신에게 가장 잘 어울리는 컬러를 찾아 자기만의 고유한 이미지를 만들어줄 수 있다.

### 1) 퍼스널 컬러

각각의 개인은 신체의 고유한 색(피부색, 머리카락 색, 눈동자 색)을 가지고 있다. 이러한 신체 고유색상에 따라 자신에게 어울리고 조화로운 색을 퍼스널 컬러라고 한다.

컬러 진단은 독일의 색채학 교수인 요하네스 이텐(Johannes Itten)이 주장한 이론으로 개인에는 각각 어울리는 색상이 있는데, 이는 피부색, 눈동자 색, 머리카락 색을 분석하고 4계절(봄, 여름, 가을, 겨울)의 색상으로 분류된 테스트용 천을 얼굴 가까이에 드레이핑해 봄으로써 개인의 어울리는 색상을 알 수 있다는 이론이다.

퍼스널 컬러 진단을 통해 색채유형과 이미지를 뽑아내어 이에 따라 패션과 뷰티 등으로 활용할 수 있고, 또한 자신에게 가장 잘 어울리는 컬러를 찾음으로써 심리적 · 정서적 변화를 얻을 수 있다.

퍼스널 컬러 진단을 통해 자신에게 어울리는 색을 이용하면 피부에서 느껴지는 건강한 혈색을 느낄 수 있고, 빛나는 눈빛에서 느껴지는 생기와 활력, 무엇보다도 젊고 건강하게 보이는 호감 가는 이미지를 연출할 수 있다. 〈표 6-3〉은 퍼스널 컬러 진단 시 자신에게 어울리는 컬러와 그렇지 않은 컬러를 판별해 주는 기준을 제시하고 있다.

〈표 6-3〉 퍼스널 컬러 판별 기준

| 어울리는 컬러인 경우 | 어울리지 않는 컬러인 경우 |
|---|---|
| • 얼굴 혈색이 좋아 보인다.<br>• 화사해 보인다.<br>• 얼굴의 잡티가 연하게 보인다.<br>• 인상이 부드럽고 젊어 보인다.<br>• 얼굴에 그늘이 생기지 않는다.<br>• 피부 톤이 정리되어 보인다. | • 얼굴색이 칙칙해 보인다.<br>• 단점이 두드러져 보인다.<br>• 잡티가 짙어 보인다.<br>• 인상이 강하고 나이 들어 보인다.<br>• 피곤해 보인다.<br>• 피부 톤이 정리되어 보이지 않는다. |

## 2) 퍼스널 컬러 진단을 위한 3가지 요소

- 명도(Brightness)는 색의 밝고 어두운 정도를 말한다. 스케일의 왼쪽으로 갈수록 명도가 높고(밝고), 오른쪽으로 갈수록 명도가 낮다(어둡다)고 표현한다.
- 채도(Saturation)는 색의 진하고 옅음을 나타낸다. 원색에 가까울수록 채도가 높다고 말한다. 흰색과 검은색은 채도가 없기 때문에 무채색이다.
- 톤(tone)은 앞서 말한 명도와 채도를 합친 색의 성질을 말한다. 예를 들어, 컬러 전문 기업 '팬톤(PANTONE)'은 1999년에 2000년의 올해의 컬러 발표를 시작으로 매해 올해의 컬러를 발표해왔다. 이는 팬톤의 컬러 전문가들이 미래 시장에 대해 예측하여 선정된 색으로 단순히 트렌드 컬러를 조사하여 예측하는 것뿐만 아니라 색에 얽힌 사회적 의미까지 반영하여 선정되는 것으로 알려져 있다. 이렇게 선정된 팬톤의 올해의 컬러는 전반적인 한 해의 컬러 트렌드를 주도하고 있다.

  팬톤이 선정하는 '올해의 컬러'는 매년 12월 첫째 주에 다음 해를 대표할 색을 선정해 발표하는 데, 선정된 색은 그해 전 세계 디자인, 건축, 인쇄, 광고, 패션, 화장품 등 산업 전반에 활용되곤 한다. 2023년 올해의 컬러는 비바 마젠타(Viva Magenta, PANTONE 18-1750)를 선택했다. 팬톤은 "따뜻하면서도 차가운 균형을 이루는 비바 마젠타는 변칙적인 시기에 알맞은다"며 "용기 있고 겁 없으며 새로운 내러티브를 만드는 패기있는 색"이라고 설명했다. 로리 프레스먼(Laurie Pressman) 팬톤 연구소 부회장은 “코로나19 팬데믹이 휩쓴 불확실성을 거쳐 세계가 다시 회복하며 일어서려는 가운데 비바 마젠타는 안심, 신뢰, 연결을 나타낸다”고 말했다.

[그림 6-1] 명도, 채도, 톤의 구분

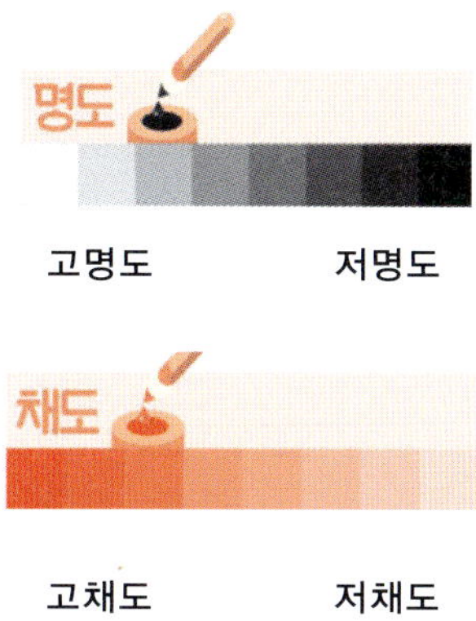

2023년 올해의 컬러 '비바마젠타'

이를 적용해, 퍼스널 컬러에서도 우리 피부색을 진단해 크게 웜톤(warm tone)과 쿨톤(cool tone), 2가지로 나눈다. 퍼스널 컬러의 웜톤과 쿨톤은 노란 베이스와 파란 베이스가 얼마나 섞여 있는지에 따라 나뉜다. 그리고 이 웜톤과 쿨톤은 명도와 채도에 따라 다시 봄, 여름, 가을, 겨울 사계절로 세분화시킨다. 웜톤은 봄, 가을 타입으로, 쿨톤은 여름, 겨울 타입으로 분류한다.

[그림 6-2] 웜톤과 쿨톤

### 3) 퍼스널 컬러 진단을 위한 방법

자기 자신의 웜톤과 쿨톤을 찾는 가장 쉬운 방법으로는 본인의 피부 톤이 노란빛이 강하다면 웜톤, 붉고 푸른 느낌이 강하다면 쿨톤이라고 생각하면 된다. 혈관으로도 알아볼 수 있다. 팔목에 비치는 혈관이 초록빛이 돌면 웜톤, 파란빛이 돌면 쿨톤이다.

조금 더 정확하게 아래의 자가 진단법으로 자신의 컬러를 찾아볼 수 있다.

**〈표 6-4〉 퍼스널 컬러 진단 자가 진단법**

Q1. 당신의 피부색은?
- a) 밝은 편이다 → Q3
- b) 어두운 편이다 → Q2

Q2. 당신의 눈동자색은?
- a) 짙은 갈색, 검정 → Q4
- b) 밝은 갈색 → Q3

Q3. 당신의 눈의 인상은?
- a) 강한 편이다 → Q4
- b) 부드러운 편이다 → Q5

Q4. 맨 얼굴로 검은색 옷을 입으면?
- a) 이목구비가 뚜렷하게 보인다 → Q7
- b) 얼굴색이 안 좋아 보인다 → Q6

Q5. 당신에게 잘 어울리는 액세서리는?
- a) 골드(금) 제품 → Q8
- b) 실버(은) 제품 → Q6

Q6. 황토색, 겨자색, 이끼색, 적갈색 등 차분하고 고상한 색이 잘 어울리는가?
- a) 잘 어울린다 → Q8
- b) 잘 어울리지 않는다 → Q9

Q7. 당신의 첫인상은?
a) 강한 인상 → Q10
b) 부드러운 인상 → Q8
c) 평범한 인상 → Q5

Q8. 햇볕에 노출되면 어떻게 되는가?
a) 잘 탄다 → Q9
b) 잘 타지 않는다 → Q11

Q9. 당신의 이미지는?
a) 친근감 있고 부드러운 이미지 → Q13
b) 강하고 차가운 이미지 → Q10

Q10. 잘 어울리는 색은?
a) 선명한 원색 → Q14
b) 부드러운 파스텔색 → Q5

Q11. 당신의 헤어컬러는?
a) 진한 갈색, 진한 검정 → Q14
b) 밝은 갈색, 부드러운 검정 → Q9

Q12. 당신의 얼굴은 어려 보이는 편인가?
a) 그렇다 → 봄
b) 그렇지 않다 → 가을

Q13. 당신에게 잘 어울리는 스웨터 색은?
a) 노란기가 있는 따뜻한 색 → Q12
b) 푸른기가 있는 차가운 색 → 여름

Q14. 당신이 어두운 색 정장을 입는다면 어울리는 색은?
a) 검정, 회색 계열 → 겨울
b) 다크 브라운 계열 → 가을

자료: SBS(2017.01.15), [라이프] 웜톤? 쿨톤? 너무 어려운 '퍼스널 컬러' 이렇게 해보자

### 4) 퍼스널 시즌의 주요 특징

- 퍼스널 컬러 진단을 통해 나오는 봄, 여름, 가을, 겨울을 '퍼스널 시즌'이라고 부른다.
  - 봄 타입은 화사하고 따뜻한 카멜, 복숭아, 황금 노랑 등의 색이 가장 잘 어울린다. 여기에 밝은 빨강으로 포인트를 줄 수 있다. 가장 피해야 할 것은 어둡고 칙칙한 색이다. 특히 흑백의 조합은 어울리지 않는다.
  - 여름 타입은 전체적으로 파스텔톤과 톤 다운된 장미색과 파란색이 어울린다. 라벤더, 회갈색, 흐린 하늘색 위주로 입되 검은색과 주황색은 피하는 것이 좋다고 한다. 밋밋한 하얀 와이셔츠보다 밝은 하늘색 혹은 연한 보라색 와이셔츠를 장만해 보는 것을 추천한다.
  - 가을 타입은 톤 다운된 황금계열 위주로 입는 것이 좋다. 주로 카멜, 베이지, 오렌지, 짙은 갈색 등이 어울리고, 파란 계열보다는 청록색으로 포인트를 주는 것이 잘 어울린다. 베이지색 바지를 입었다면 청록색 스웨터 혹은 캐주얼 셔츠를 입어보는 게 좋다.
  - 겨울 타입은 채도가 높고 쨍한 느낌의 색이 어울린다. 대표적으로 검은색, 흰색, 남색과 빨강 그리고 핫핑크가 겨울 타입 피부색에 잘 어울린다. 좀 더 연한 색으로는 파스텔 계열보다 더 흰색이 많이 들어간 밝은 컬러(Icy color)를 활용해 보자.
  - 주의해야 할 점은 화이트의 경우, 쿨톤은 순백색(퓨어화이트), 웜톤은 미색(오프화이트)을 선택해야 한다. 베이지도 쿨톤은 그레이톤의 베이지를, 웜톤은 옐로톤의 베이지를 선택해야 한다.

### 5) 퍼스널 시즌의 특징

- 퍼스널 시즌별로 활용가능한 특징을 〈표 6-5〉에서 살펴본다.

**〈표 6-5〉 퍼스널 시즌의 특징**

| Tone | Type | Image |
|---|---|---|
| Warm | 봄 |  봄 타입은 깜찍하고 아기자기한 느낌, 사랑스러운 느낌, 생기 있어 보이며 호감을 주는 스타일이다. |

| | | |
|---|---|---|
| | Skin | 밝은 노르스름한 바탕에 베이지 복숭앗빛 도는 피부에 보통은 피부가 얇아 주근깨가 보이기 쉽다. |
| | Hair | 금빛이 도는 밝은 갈색, 노란빛이 있는 갈색, 붉은빛이 도는 밝은 갈색이다. |
| | Eye | Green 눈동자, 노란빛이 있는 밝은 갈색이다. |
| | Fashion | 봄의 컬러는 채도가 높고 선명하며, 밝은 느낌을 가지고 있기 때문에 로맨틱하고 귀여우면서 발랄한 분위기를 내기 좋다. |
| | Make-up | 귀엽고 로맨틱한 이미지를 살려서 투명한 피부를 표현하고, 아이섀도는 라이트카멜, 오렌지, 피치 등의 색으로 하고, 입술은 오렌지, 클리어 새먼, 피치, 라이트 브라운 등으로 밝게 표현한다. |
| | 가을 | <br>가을 타입은 세련되고 차분한 이미지다. 피부색은 크림색이나 혈색이 별로 없다. 어울리는 색상은 골드베이스로 되어 있는 차분하고 깊이감이 있으며 차뷰한 색이며, 커피브라운, 다크브라운, 머스터드 등이다. |
| | Skin | 아이보리 톤의 갈색을 지닌 피부, 갈색 톤에 노란빛이 돌며, 약간 어둡고 탁한 느낌 |
| | Hair | 어둡고 짙은 갈색, 붉은빛이 돌며 금빛 다갈색 |
| | Eye | 노란빛이 도는 짙은 갈색 |
| | Fashion | 지적이며 도회적인 느낌의 스타일링이 어울린다. 전체적으로는 차분하면서 고상한 스타일이 잘 어울리며, 액세서리는 우드나 돌, 천을 소재로 만든 것들이 어울린다. |
| | Make-up | 피부는 베이지 계열로 내추럴하게 표현하고 섀도와 립은 차분하고 풍부한 색감으로 표현한다. 골드를 베이스로 한 스모키 메이크업이나 클래식한 메이크업이 잘 어울린다. |
| Cool | 여름 | <br>여름 타입은 피부는 우윳빛처럼 희고, 홍조가 있다. 어울리는 색상은 Blue가 베이스로 된 파스텔 색조의 라벤더, 로즈핑크, 그레이 네이비, 스카이 블루 등이 있다. |

| | | |
|---|---|---|
| | Skin | 핑크빛이 도는 바탕에 흰빛, 밝은 크림색이 도는 피부 |
| | Hair | 잿빛이 도는 블랙 또는 브라운, 햇빛에 비췄을 때 흐린 회색이 보이는 블랙 |
| | Eye | 회색빛이 도는 짙은 갈색, 회색빛이 도는 블루(blue) |
| | Fashion | 여름 컬러 배색의 기본인 그라데이션을 활용하면 톤이 부드럽고 지적인 분위기를 연출할 수 있다. 쉬폰이나 실크소재를 이용하면, 여름 컬러의 부드러운 이미지를 더욱 잘 살려준다. 스타일은 세미정장이나 장식 없이 심플한 직선형의 스타일이 어울리고, 액세서리는 실버계열 중간 정도의 크기가 적당하다. |
| | Make-up | 전체적으로 펄이 들어가고, 화사한 느낌으로 아이섀도와 립은 자연스럽게 표현한다. 파스텔톤의 화사함과 부드러운 느낌의 로즈베이지, 코코아, 로즈브라운, 스카이블루, 코발트그린, 베이지핑크 등과 같은 립은 섀도와 같은 계열의 색을 사용하면 어울린다. |
| | 겨울 | <br>겨울 타입은 강하고 샤프하면서 대담한 스타일이 어울리고, 주로 선명한 톤을 사용하여 뚜렷한 인상을 준다. 블랙과 화이트, 버건디, 감색, 로열 블루 등의 색이 잘 어울린다. |
| | Skin | 푸른빛이 도는 흰 피부나 갈색 피부, 흰빛이 돌며 아이보리 톤 |
| | Hair | 짙은 갈색, 짙은 블랙, 짙은 빛에서 푸른빛이 도는 색 |
| | Eye | 어두운 갈색, 블랙, 푸른빛이 도는 갈색 |
| | Fashion | 모던하고 남성적인 느낌을 주는 댄디스타일과 포멀하고 샤프한 도시적인 이미지와 장식이 절제된 디자인이나 유행 타지 않는 옷이 어울린다. 강하면서도 대비효과가 확실한 다이내믹한 스타일을 잘 소화한다. 컬러는 전형적인 블랙과 화이트를 꼽을 수 있고, 액세서리는 모던하고 심플한 스타일로 크기가 큰 것이 어울린다. |
| | Make-up | 원포인트 메이크업이 잘 어울리며, 아이섀도는 실버그레이, 차콜그레이, 로열 블루, 딥레드 등으로 하며, 립은 딥레드, 마젠타, 버건디, 퍼플 등으로 또렷한 인상을 표현한다. |

# 3 용모와 복장

직장생활에 있어 기본적으로 단정한 용모와 복장을 유지하는 것이 중요하다. 특히, 최근 직장인들에게는 호감 가는 이미지를 유지하는 것이 매우 중요해졌다.

## 1) 용모와 복장의 원칙

- 나의 기준이 아니라 비즈니스 상황에 맞아야 한다.
- 자신의 전문성이 잘 드러날 수 있어야 한다.
- 새로운 상황이나 고객과의 만남에서는 가급적 보수적인 옷차림이 좋다.
- 복장 선택의 기준은 내가 속한 조직의 문화를 따르고, 상사의 옷차림을 참고하는 것도 좋다.

## 2) 용모와 복장의 필수요소

- 청결: 머리부터 발끝까지 깨끗이 하고, 복장은 구김없이 착용한다.
- 품격: 용모와 복장은 이미지 형성에 중요한 역할을 하므로 자신의 마음가짐이나 태도를 품위있게 표현할 수 있어야 한다.
- 조화: 용모와 복장은 T.P.O.(시간, 장소, 상황)에 맞게 갖추어야 한다.

## 3) 용모와 복장의 체크리스트

### (1) 남성

- 얼굴
  - 턱수염과 콧수염은 기르지 않고 매일 깨끗이 면도를 한다.
  - 얼굴에 분비물이 많은 곳을 중심으로 깨끗이 세안하고, 블랙헤드가 생기지 않도록 한다.
  - 입술이 부르트지 않도록 립글로스를 꾸준히 사용하여 생기 있게 연출한다.
  - 지저분한 귀, 입 냄새 등은 좋은 인상을 훼손하므로 잘 관리한다.
  - 코털이 자라나 밖으로 보이지 않도록 관리한다.

- 헤어
  - 머리카락이 이마, 귀, 셔츠 깃을 덮지 않도록 깔끔하게 자른다.
  - 머리카락이 이마를 가리지 않아야 밝은 느낌을 준다.
  - 머리에 윤기가 있으면 건강하고 힘이 있어 보인다. 헤어 에센스, 헤어왁스, 젤 등을 활용하여 고정하되, 지나치게 많이 바르면 오히려 부담될 수 있다.
  - 지나치게 화려한 염색이나 탈색은 신뢰감을 떨어뜨릴 수 있다.
- 정장
  - 지나치게 유행을 따르기보다는 회사의 문화를 손상하지 않는 선에서 품위 있고 단정한 정장을 입는다.
  - 정장의 컬러는 검은색이나 짙은 남색, 회색이 기본이며, 화려한 원색이나 체크무늬가 큰 것, 재질이 유난스러운 것은 피한다.
  - 정장은 너무 크거나 적지 않도록 체형에 맞춰 입는다.
  - 정장 단추의 경우 투 버튼 재킷은 위 단추 하나만 채우고, 스리 버튼 재킷은 위 단추 두 개나 가운데 단추 하나만 채운다.
  - 바지는 1~2번 주름이 생길 정도로 구두의 등을 덮는 정도의 길이가 좋으며, 양말이 보이지 않아야 한다. 다림질이 잘 되어 줄이 잘 서 있는 것이 좋다.
- 드레스 셔츠
  - 드레스 셔츠는 흰색에 긴팔이 기본이다.
  - 일반적으로 재질이 얇아 속이 비치는 여름용 셔츠를 제외하고 셔츠 안에는 속옷을 입지 않는다.
  - 깃 부분과 손목 부분이 1~1.5cm 정도 나오도록 입는다.
- 넥타이
  - 넥타이의 길이는 벨트 버클 윗부분에 닿거나 약간 덮을 정도가 적당하다. 넥타이가 너무 짧으면 인색해 보이고, 너무 길면 느슨한 느낌을 준다.
  - 남성들은 넥타이로 개성을 표현할 수 있지만, 일반적으로 정장과 비슷한 계통의 컬러가 무난하다.
  - 상의의 깃 폭이 넓으면 넥타이 폭도 넓게, 상의의 깃 폭이 좁으면 넥타이의 폭도 좁게 맞춘다.
  - 조끼를 입을 때에는 넥타이가 조끼 밑으로 나와서는 안 된다.

- 벨트
  - 벨트는 정장용과 캐주얼용을 구분하여 착용한다.
  - 버클이 지나치게 두껍거나 화려하지 않은 것이 좋다.
  - 벨트의 색상은 검정이나 갈색이 무난하며, 장식이 많지 않고 단순한 것이 좋다.
  - 벨트와 서스펜더는 함께 착용하지 않는다.
- 양말
  - 양말은 양복색과 같은 색이나 짙은 색을 착용하여 구두 끝까지 전체 흐름을 길게 한다.
  - 목이 짧은 양말은 품위를 떨어뜨리며, 앉거나 다리를 꼬았을 때 바지 속으로 피부가 보이므로 착용에 주의한다.
- 구두
  - 구두는 정장용과 캐주얼용으로 구분하여 착용하고, 직장에서는 되도록 캐주얼화를 피한다.
  - 구두는 정장 컬러와 맞춰 검은색, 갈색이 무난하며, 장식이 요란하지 않고 심플한 것이 좋다.
  - 에나멜 구두보다는 자연스러운 광택이 나는 가죽 구두가 더 품위 있어 보인다.
  - 구두는 깨끗하게 잘 닦아서 신고 굽은 주기적으로 관리한다.
- 액세서리
  - 지나치게 화려한 시계나 안경은 피한다.
  - 지갑은 상의 안주머니에 넣을 수 있도록 너무 크지 않은 것을 사용하는 것이 좋다.

### (2) 여성

- 얼굴
  - 정장 착용 시 자연스러운 메이크업을 한다.
  - 피부 화장은 너무 어둡지 않고 밝으면서 건강해 보이도록 자연스럽게 한다.
  - 눈썹은 사람의 인상을 크게 좌우하므로 자연스럽게 그린다. 일반적으로 눈썹이 시작되는 부분은 눈망울과 일직선이 되도록 하고 눈썹산은 눈에서 2/3가 되는 부분에 위치하도록 그린다.
  - 립스틱 색상은 유행을 따르는 색이나 번들거리는 색은 피한다. 붉은색 계통이 가장 무난하며, 갈색이나 검정, 보라 계통의 색, 펄이 지나치게 많이 들어가 있는 립스틱은 피한다.

- 화장을 수정하는 경우 공공장소를 피해 화장실이나 개인 공간에서 한다.
- 화장품의 향취가 진한 것은 타인에게 불쾌감을 줄 수 있다.

• 헤어
- 여성 헤어의 핵심은 청결함과 단정함이다.
- 머리는 깔끔한 인상을 줄 수 있도록 가능하면 앞머리로 이마나 눈을 가리지 않는 것이 좋다.
- 귀를 덮지 않게 하고, 긴 머리를 머리끈이나 헤어핀으로 고정하여 묶은 후 잔머리는 헤어 제품으로 고정한다.
- 커트, 단발, 긴 머리 중 자신의 얼굴형에 맞는 스타일을 선택한다.
- 이마를 내놓으면 밝은 느낌을 준다.
- 헤어 액세서리가 눈에 띄면 신뢰감이 떨어져 보일 수 있다.
- 지나치게 화려한 염색, 과도한 웨이브는 피하도록 한다.

• 정장
- 여성 정장은 남성보다는 덜 까다롭지만 옷 색상, 스타일, 옷감 선택에 주의해야 한다.
- 일반적으로 여성 정장의 컬러는 검은색, 회색, 베이지색, 남색, 파스텔톤 등이 있다.
- 개인이 선호하는 컬러의 조화를 살려 개성을 표현하기도 하나, 직장에서는 지나치게 화려한 색상을 입지 않는다.
- 여성은 원피스, 투피스, 바지 정장을 주로 입는다. 공식적인 모임일 경우 바지 정장보다는 치마 정장을 입는 것이 적합하다.
- 지나치게 체형이 드러나는 꽉 끼는 옷이나 노출이 심한 옷은 삼간다.
- 치마의 길이는 서 있을 때의 기준이 아닌 활동할 때 또는 앉았을 때를 기준으로 무릎 정도가 적절하며, 바지는 9부 이상의 길이부터 정장에 속한다.
- 소매 없는 옷, 반바지, 속이 들여다보이는 블라우스 등의 착용은 자제한다.

• 스타킹
- 옷, 구두의 색상과 조화를 이루는 것이 좋으며, 무늬나 색상이 화려한 제품은 피하며 무난한 것으로 착용한다.
- 색상은 살색이 기본이나 계절에 따라 커피색 혹은 검은색을 착용할 수 있다.
- 올이 나가거나 늘어진 스타킹은 착용하지 않고 착용 중 손상에 대비해서 예비용을 준비하는 것이 좋다.

- 구두
  - 정장에 어울리는 심플한 구두를 선택하며, 검은색이 무난하다.
  - 굽이 지나치게 높거나 굽이 없는 구두는 피한다.
  - 앞이 트인 오픈형이나 샌들 타입, 슬리퍼 등 뒤축이 없는 신발은 신지 않는다.
- 액세서리/손톱
  - 지나치게 크고 화려한 액세서리는 하지 않는다.
  - 반지는 작은 보석이 박히고 심플한 디자인으로 한 손에 한 개만 착용한다.
  - 귀걸이는 부착형으로 한쪽에 한 개씩만 착용한다.
  - 브로치는 가슴선보다 위쪽에 어깨와 가깝게 달아 자연스럽고 단정해 보이도록 연출한다.
  - 핸드백은 정장, 구두와 어울리는 색과 스타일을 선택하고, 핸드백 속 소지품을 잘 정리해서 가지고 다닌다.
  - 손톱은 깨끗하게 정리된 상태를 유지하며 지나친 네일아트는 피한다.

## 4) 올바른 향수 사용법

- 향수는 지나치지 않도록 은은한 향을 소량 뿌리는 것이 좋다.
- 향수는 균일하게 섞여 있으므로 흔들어 쓰지 않아도 된다.
- 향수는 손목에 뿌린 후 비벼서 사용하지 않고, 자연스럽게 마르게 두어도 된다.
- 머리, 겨드랑이, 팔 · 다리 안쪽은 체향 때문에 향이 변질되거나 마찰 때문에 피부 트러블이 생길 수 있으므로 피한다.
- 향수는 아래에서 위로, 안쪽에서 바깥쪽으로 퍼지는 특성이 있어, 바지나 치마 밑단, 재킷 안쪽에 뿌린다.
- 향수도 유통기한이 있으므로 확인하고 사용해야 한다.
- 가죽, 모피, 실크, 흰옷에 직접 분사하면 얼룩이 질 수 있다.
- 진주나 산호 같은 보석에 향수가 닿으면 변색될 수 있으므로 향수를 먼저 뿌리고 착용하는 것이 좋다.
- 여름에는 보통 시원한 느낌의 아쿠아 계열을, 겨울에는 달콤한 플로럴 부케 향을 사용하는 것이 좋다.

PART 4

# 글로벌 소셜 매너 1

# Chapter 1 해외여행 에티켓과 매너

## 1 해외여행 준비

영어로 '여행'이란 뜻인 'Tour'는 라틴어 '토르누스(Tornus)'에서 온 것으로 '여러 장소를 돌아다니다'라는 의미를 가지고 있다. 해외여행을 간다는 것은 단순히 돌아다니고 즐기는 것만이 아니라 그 나라의 역사, 문화, 예술, 정치, 경제, 사회상을 살펴보고 느껴보는 것이 여행의 참된 의미라 할 수 있다.

그렇기 때문에 좀 더 의미 있는 여행이 되기 위해서는 사전에 알아보고 꼼꼼히 준비해야 할 사항들이 많다.

### 1) 필수 준비물

해외여행을 떠나기 위해 준비해야 할 필수 준비물 3가지가 있다. 이 3가지 중에 하나라도 빠뜨린 것이 있다면, 해외는커녕 공항 밖에도 나가지 못할 수 있으니 이를 잘 준비해야 할 것이다.

- 여권
  - 한국인임을 나타내는 신분증임과 동시에 국가가 여행을 허가해 준 허가증이다.
  - 만료일이 지날 경우 출국이 불가하니, 유효기한을 꼭 확인해야 한다.
  - 분실에 대비 사본이나 사진을 찍어둔다.

- 여권발급 시 필요한 준비물은 여권사진 2장, 주민등록증 또는 운전면허증 등의 신분증이다. 이 중 여권사진은 외교부 '여권사진 규격'[1]에 따라야 하기 때문에 각별히 주의해야 한다. 여권사진 규격을 맞추지 않았을 경우에는 여권접수가 지연되거나 여권발급이 거부될 수 있다.
- 사진 크기

  가로 3.5cm, 세로 4.5cm인 천연색 상반신 정면사진이어야 한다.

  머리길이(정수리부터 턱까지)가 3.2~3.6cm여야 한다.

  여권발급 신청일 전 6개월 이내 촬영된 사진이어야 한다.

[그림 1-1] 표준 여권사진

자료: 외교부 여권안내홈페이지(http://www.passport.go.kr/issue/photo.php)

1) 여권사진의 규격은 국제민간항공기구(ICAO)에서 정한 기준을 따르고 있다. 여권은 해외여행 시 인정되는 유일한 신분증으로 여권사진은 본인임을 확인하는 데 매우 중요한 요소다. 여권사진은 6개월 이내 촬영된 사진으로 각 나라의 출입국 심사(자동출입국 시스템 포함) 시 본인임을 확인할 수 있도록 실제 소지인을 그대로 나타내야 하며, 변형하면 안 된다.

읽을거리

### 여권 없이 홍채로 비행기 탑승 가능해진다

이르면 2020년부터 여권 없이 홍채 인식만으로 국제선 비행기 탑승이 가능해질 것으로 보인다.

인천국제공항공사는 공사 청사에 홍채 인식 보안시스템을 구축하고 이달부터 시범 운영에 들어갔다고 30일 밝혔다.

공사는 청사 내 스피드 게이트(Speed Gate)에 홍채 인식 시스템을 구축하고 홍채 정보 제공에 사전 동의한 직원들을 대상으로 시스템을 운영하고 있다. 최근 정부 기관의 보안성 검토도 마쳤다고 공사는 전했다.

공사는 '인천공항 스마트 100대 과제'의 하나로 홍채 인식 시스템을 비롯해 지문 · 안면 인식 시스템 등 생체인식 시스템을 개발하고 있다.

올해 5월에는 인천공항 제1 터미널상주직원 출입구에서 3차원(3D) 모션 스캔 기술을 적용한 보안시스템을 도입해 시범 운영하고 있다. 이 시스템을 이용하면 지문 접촉 없이 손동작만으로도 지문 인식이 가능하다.

인천공항은 이 같은 생체정보 인식 시스템 시범 운영 결과를 분석해 인천공항에 최적화된 모델을 확정할 예정이다.

공사 관계자는 "내년에 생체인식시스템 도입을 위한 설계용역 사업을 진행할 계획"이라며 "2020년부터는 상주 직원 출입구 전체에 시스템을 확대 적용하고, 장차 여객서비스 분야에 도입하는 방안을 출입국 당국 등 관계 기관과 논의하고 있다"고 밝혔다.

인천공항을 비롯한 세계 주요 공항은 스마트 기술 도입으로 공항 서비스를 개선하기 위한 경쟁을 이어가고 있다. 싱가포르 창이공항과 홍콩 첵랍콕공항은 출국장 진입, 출국심사 등 신원 확인 절차에 안면인식 기술을 적용해 운영 중이다.

중앙일보 2018.9.30

읽을거리

## 33년 만에 탈바꿈한 차세대 전자여권, 한층 더 업그레이드됐다

유례없던 코로나 19 상황으로 인해 지연되었던 차세대 전자여권이 2021년 현재 단계적 일상회복(위드 코로나)으로의 정책전환, 백신 접종률 증가에 따른 우리 국민들의 해외여행에 대한 기대감 고조, 갈수록 고도화되는 위·변조 기술에 선제적 대응 등을 고려하여 2021년 12월 21일부터 차세대 전자여권 발급을 진행하게 되었다.

▶ 표지 디자인

| 종전 일반여권(녹색) | 차세대 전자여권 | |
|---|---|---|
|  |  | 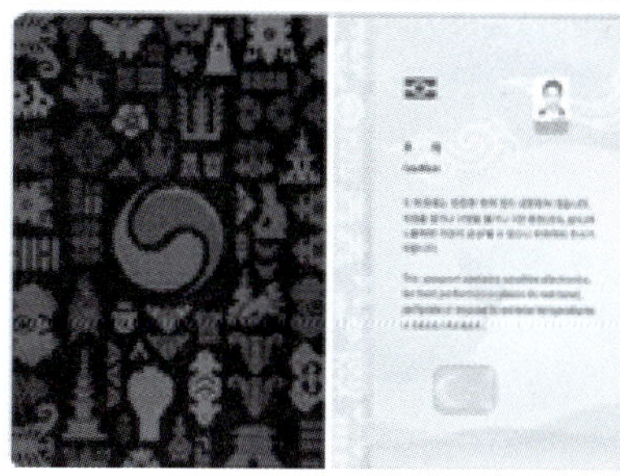 |
| 표지 | 표지 | 앞표지 이면 |

☑ 표지 색상 변경: 녹색 → 남색
☑ 표지 및 사증란 디자인에 한국의 상징적 이미지와 우리문화 유산 활용
☑ 전문가 심사 및 국민여론조사를 통하여 국민이 선택한 디자인
☑ 다양한 물리적·디지털 보안 요소 적용

차세대 전자여권의 가장 눈에 띄는 변화는 바로 표지이다. 1988년부터 33년간 사용해왔던 녹색 여권은 남색으로 바뀌었고 오른쪽 위에는 국장과 국명이, 왼쪽 아래에는 태극 문양이 새겨져 있는 디자인으로 새롭게 변경되었다. 기존의 여권보다는 비교적 단순화된 디자인이다. 차세대 전자여권의 디자인은 공모전과 전문가의 심사 및 국민여론조사를 통해 최종적으로 확정되었다.

여권의 개인정보 면에도 새로운 변화가 생겼다. 구형 여권의 개인정보 면은 종이 재질이었던 반면, 신형여권의 개인정보 면에는 플라스틱처럼 딱딱한 '폴리카보네이트' 재질을 사용했다. 이로 인해 여권의 내구성은 한 층 더 강화되었다.

**읽을거리**

마지막으로 여권의 사증 면도 기존의 여권과 차별화되었다. 구형 여권은 사증 면이 모두 하나의 디자인으로 단일화되어 있던 반면, 신형여권의 사증 면에는 선사시대부터 조선시대까지의 시대별 유물들을 각 면마다 모두 다르게 배치하였다. 금동대향로, 빗살무늬 토기, 석가탑, 다보탑, 거북선 등 우리의 자랑스러운 역사적 유물들을 한눈에 볼 수 있기에 사증 면을 하나하나 살펴보는 재미도 쏠쏠하다. 사증의 면수도 기존의 24면에서 26면으로, 48면에서 58면으로 증가하였다.

**▶ 개인정보면**

| 종전 일반여권(녹색) | 차세대 전자여권 |
| --- | --- |
| 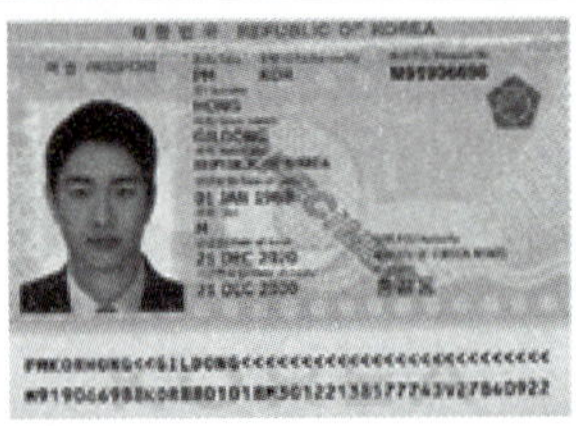 | 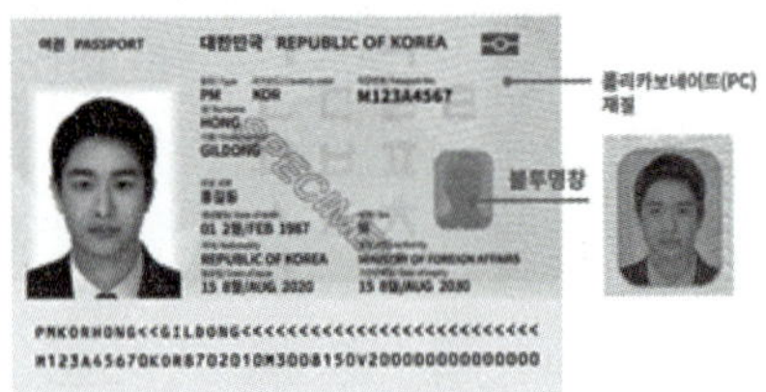 |

☑ 개인정보면이 종이재질에서 내국성 및 보안성이 강화된 폴리카보네이트*재질로 변경

☑ 여권번호 체계 변경: 기존 숫자 조합(8자리)에서 숫자(7자리)와 영문자(1자) 조합
예) 12345678 → —123A4567

☑ 개인정보면의 일자 표기 방식 변경(한국어/영문 월(月) 병기)
예) 20 DEC 2021 → 20 12월/DEC 2021

☑ 개인정보 보호 강화: 주민번호(뒷자리) 표기 제외

* Polycarbonate: 내구성, 내충격성 및 내열성 등을 갖춘 플라스틱의 일종으로, 가볍고 충격에 강하며 레이저로 각인하기 때문에 보안성이 강한 것이 특징

차세대 전자여권의 가장 큰 장점은 보안성이 강화되었다는 것이다. 그렇다면 구체적으로 어떤 부분에서 보안성이 강화되었다는 것일까? 우선 여권번호 체계의 변화이다. 기존 여권의 여권번호는 숫자 8자리로 구성되었던 반면, 신형여권은 숫자 7자리와 알파벳 1자리로 구성함으로써 여권의 보안성 강화를 꾀했다.

읽을거리

여권의 개인정보 면에 주민번호 뒷자리를 제거한 점도 보안성 강화에 일조했다. 이는 개인정보에 더욱 민감해진 국민정서를 반영한 것으로 전해진다. 물론 이로 인해 여권을 신분증으로 사용하는 것에는 불편함이 생겼다. 여권에 더 이상 주민번호 뒷자리가 없기 때문에 만약 여권을 신분증으로 사용하고 싶다면 여권정보증명서를 함께 제시해야 한다.

개인정보 면의 재질을 '폴리카보네이트'로 변경한 점도 여권의 보안성을 한층 더 강화한 것이다. 새롭게 탄생한 여권의 개인정보 면은 플라스틱판에 사진 및 개인정보를 레이저로 새긴 것이기 때문에 여권 위조가 더욱 어려울 것으로 예측된다.

**달라지는 여권 행정 서비스**

차세대 전자여권 발급과 함께 여권 행정 서비스도 개선됩니다.

(1) 사증란 추가 폐지

차세대 여권 면수가 증가됨에 따라 여권의 사증란이 부족할 때 추가하는 책자형 사증란 부착 제도가 폐지됩니다.

(2) 개별 우편 배송 서비스

국내 민원 창구를 방문하여 여권을 신청한 경우, 여권 수령 방법으로 개별 우편 배송을 선택할 수 있으며, 이 경우 조폐공사에서 제작·발급된 여권은 우체국 택배로 발송됩니다.(비용 별도 부담)

(3) 출생지 기재

민원인이 별도 신청 시 여권 추가기재란에 출생지(도시명) 표기(영문)가 가능합니다. (비용 별도 부담)

※ 국내 66개소 여권사무 대행기관과 국외 여권업무 수행 재외공관에서만 이용 가능하니 사전 확인 필요

출처: 외교부 여권과(https://www.passport.go.kr/new/board/passport_info.php)

읽을거리

**한국 여권파워, 비자 없이 192개국 여행 가능… 세계 1위는?**

세계 여권 순위에서 한국이 세계 2위를 기록했다.

10일(현지 시각) 미국 CNN에 따르면 영국 런던의 국제교류 자문 업체 '헨리앤드파트너스'는 이날 공개한 2023년 1분기 세계 이동성 보고서에서 이같이 밝혔다.

이 업체는 국제항공운송협회(IATA) 자료를 토대로 세계 199개국의 여권을 평가한 결과를 분기별로 공개하고 있다. 특정 여권을 소지하고 있을 때 비자가 필요하지 않거나 상대적으로 간편한 입국 절차를 통해 방문할 수 있는 국가가 몇 개국인지를 순위 매기는 것이다.

1위를 차지한 일본은 세계 193개국을 비자 없이, 또는 사실상 무비자로 입국할 수 있는 것으로 조사됐다.

이어 한국(192개국)과 싱가포르(192개국)가 공동 2위를 차지했다.

지난해 같은 기간 조사에서는 일본과 싱가포르가 각각 192개국으로 공동 1위였고, 한국은 독일과 함께 190개국으로 공동 2위를 차지했다. 한국 여권의 파워는 2013년 13위 수준이었으나 2018년부터는 2~3위를 오가며 최상위권을 유지하고 있다.

이어 핀란드 · 이탈리아 · 룩셈부르크가 189개국으로 공동 4위, 오스트리아 · 덴마크 · 스웨덴이 188개국으로 공동 5위를 차지했다.

미국 여권은 186개국을 편하게 방문할 수 있는 것으로 조사돼 세계 7위로 평가됐다. 러시아는 118개국으로 48위, 중국이 80개국으로 66위에 그쳤다.

북한은 무비자나 사실상 무비자로 방문 가능한 국가가 40개국에 불과했다. 이는 102위에 해당한다. 북한보다 여권 파워가 약한 국가는 네팔(38개국), 팔레스타인(38개국), 소말리아(35개국), 예멘(34개국), 파키스탄(32개국), 시리아(30개국), 이라크(29개국), 아프가니스탄(27개국)으로 8개국에 불과했다.

출처: 시사매거진(2023.01.11.)

- 사증(비자)
  - 국민이 외국에 입국하려면 유효한 여권을 가지고 국내에 있는 해당 국가의 대사관이나 영사관에서 미리 여행목적에 따른 비자(단, 비자를 필요로 하는 경우에 한함)를 받아야 한다.
  - 우리나라와 비자면제협정을 체결한 국가로 출국하는 국민은 협정에서 인정한 일정한 기간의 범위 안에서 해당 국가를 여행하고자 하는 경우 비자를 받지 않아도 된다.

  ※ 우리나라 사람이 비자 없이 입국할 수 있는 나라는 〈외교부 해외안전여행 홈페이지-영사서비스/비자-비자〉에서 확인할 수 있다.

  - 2018년 7월 현재 사증면제협정에 의거하여, 혹은 일방주의 및 상호주의에 의해 우리나라 국민이 무사증(비자)입국이 가능한 국가는 〈표 1-1〉과 같다. 단, 여권의 종류(일반여권, 관용여권, 외교관여권)에 따라 무사증 입국 가능 여부가 다를 수 있으니 반드시 외교부 해외안전여행 홈페이지를 참고하는 것이 좋다.

| 비자 | • 한국이 미국 비자면제프로그램에 가입되어 한국인들은 비자 없이도 미국 입국이 가능하다. 2009년 1월 12일 전자여행허가제(ESTA)가 비자면제프로그램의 요구사항이 되었다. 전자여행허가제(ESTA)는 한국을 포함한 모든 비자면제국들의 여행자들에게 필요하다. 비자면제프로그램으로 미국을 방문하는 사람들은 기계 판독 여권을 가지고 있어야 한다. 보안상 이유로, 전자여행허가제는 출국 72시간 전에 신청해야 한다. 비자면제국가의 기계판독 여권 혹은 전자여권 입국허가를 얻는 데 필요하다. 모든 전자여행 허가제 신청절차는 온라인으로 가능하며 프로세스는 미국 국토안보부에서 관리한다.<br>• 캐나다 공항을 경유하거나 캐나다 공항을 경유하는 비자면제 외국인은 전자여행허가(ETA)가 필요하다. 그러나 육지 또는 바다로 캐나다에 입국하는 사람에게는 ETA를 요구하지 않는다. 또한 많은 비자면제 외국국적시민은 미국 시민과 유효한 캐나다 비자를 소지한 여행자와 같은 ETA를 요구하지 않는다. 이 중 시민권자나 영주권자를 포함한 캐나다 시민은 ETA 신청을 할 수 없다. ETA는 최대 5년 동안 또는 여권이 만료될 때까지 유효하다. 새로운 여권을 발급받은 경우 새로운 ETA를 신청해야 한다. ETA를 통해 한번에 최대 6개월 동안 캐나다를 자주 방문할 수 있다. |
|---|---|

〈표 1-1〉 우리나라 국민이 무사증입국이 가능한 국가

| 아주지역<br>(20개 국가 및 지역) | 대만, 말레이시아, 미얀마, 방글라데시, 베트남, 싱가포르, 인도, 인도네시아, 일본, 필리핀, 태국, 홍콩 등 |
|---|---|
| 미주지역<br>(34개국) | 과테말라, 멕시코, 베네수엘라, 벨리즈, 브라질, 아르헨티나, 에콰도르, 온두라스, 우루과이, 칠레, 파나마, 페루 등<br>※ 미국 전자여행허가(ESTA) 사전신청 필요. 캐나다 전자여행허가(eTA) 사전신청 필요 |
| 유럽지역<br>(쉥겐 가입국 26개) | 그리스, 네덜란드, 노르웨이, 덴마크, 독일, 라트비아, 룩셈부르크, 리투아니아, 몰타, 벨기에, 스웨덴, 스위스, 스페인, 아이슬란드, 오스트리아, 이탈리아, 체코, 포르투갈, 프랑스, 핀란드, 헝가리 등 |
| 유럽지역<br>(비쉥겐 가입국 및 지역 29개) | 교황청, 러시아, 루마니아, 마케도니아, 모나코, 몰도바, 벨라루스, 불가리아, 사이프러스, 세르비아, 아일랜드, 영국, 우즈베키스탄, 우크라이나, 조지아, 카자흐스탄, 튀르키예 등 |
| 대양주<br>(14개 국가 및 지역) | 괌, 뉴질랜드, 마이크로네시아, 사모아, 투발루, 팔라우, 피지, 호주 등 |
| 아프리카·중동지역<br>(24개국) | 남아프리카공화국, 모로코, 세네갈, 스와질란드, 아랍에미리트, 이스라엘, 카타르, 튀니지 등 |

자료: 외교부 해외안전여행(www.0404.go.kr/consulate/visa.jsp)

- 항공권
  - 예약 티켓은 항공사나 여행사 데스크에서 찾을 수 있다.
  - 인터넷에서 출력한 항공권(e-ticket)은 탑승권(boarding pass)으로 교환해야 한다.
  - 여권의 영문이름과 스펠링을 반드시 확인해야 한다. 영어 스펠링이 여권과 다를 경우 출국이 거부된다.
  - 필요시 특별 기내식(어린이, 알러지(allergy) 체질, 종교상의 금기식품 등)을 미리 신청한다.
  - 분실에 대비하여 사본이나 사진을 찍어둔다.
  - 예약 시 날짜, 시간, 좌석여부를 확인한다.
  - 예약 시 보도, 창문, 비상출입구 앞 등 선호좌석을 미리 선택할 수 있다.

| 비상구 좌석 배정에 관한 규정 | 일반석(이코노미 클래스) 승객들이 가장 선호하는 좌석은 바로 승무원들이 이·착륙 시에 착석하게 되는 비상구 좌석 바로 앞이다.<br>항공권 예약과 동시에 인터넷이나 항공사 콜센터를 이용하면 된다. 비상구 좌석을 출발 24시간 전부터 내주는 항공사도 많다. 이 경우 공항에 일찌감치 도착해 요청해야 한다.<br>이 좌석에 앉는 승객은 비상시 승무원을 도와 승객의 탈출을 돕는 역할을 수행해야 하므로 비상구 좌석 배정 시에는 아래와 같은 착석기준이 정해져 있다.<br><br>• 15세 미만이거나 동반자의 도움 없이 비상구를 여는 동작을 할 수 없는 승객은 착석이 불가하다.<br>• 일반적 보청기를 제외한 다른 청력 보조장비 없이는 승무원의 탈출지시를 듣고 이해할 수 없다면 착석이 불가하다.<br>• 글 혹은 그림 형태로 제공된 비상 탈출에 대한 지시를 읽고 이해하지 못하거나 승무원의 구두지시를 이해하지 못하는 승객의 경우에는 착석이 불가하다.<br>• 비상구열 좌석규정을 준수할 의사가 없을 경우에는 착석이 불가하다.<br><br>비상구 좌석에 착석을 원치 않을 경우에는 항공기 출발 전 미리 승무원에게 문의하여 자리를 바꾸어야 한다. |
|---|---|

읽을거리

### 뒷면에 英文… 새 운전면허증, 해외 30개국서 통한다

2019년 9월부터 발급되는 운전면허증 뒷면에는 소지자 이름과 생년월일 등 개인 정보와 면허 정보가 영문(英文)으로 표기된다. 이에 따라 영국 · 캐나다 · 싱가포르 등 최소 30개국에서 즉각 한국 면허증을 그대로 사용할 수 있게 되고, 독일 · 이탈리아 등 30여 개국에서 추가 협의를 통해 한국 면허증 사용이 가능해질 전망이다. 도로교통공단 고위 관계자는 14일 "뒷면에 영문으로 면허 정보를 적어 넣은 새로운 운전면허증 디자인을 최근 확정했다"며 "오는 9월부터 전국 운전면허 시험장에서 발급할 계획"이라고 말했다. 특히 새 면허증 뒷면에는 소지자가 운전할 수 있는 차량 종류(오토바이 · 승용차 · 트럭 · 버스)를 별도의 설명 없이도 알아볼 수 있도록 국제 기준에 맞는 기호로 표시한다.

위 · 변조 방지를 위한 각종 보안 요소도 면허증 뒷면에 들어간다. 지금까지는 별다른 보안 요소가 없었지만, 새로운 운전면허증에는 새끼줄이나 끈을 꼰 것 같은 띠 모양 장식이 서로 연결돼 이어지는 보안 문양이 도입된다. 뒷면 군데군데 미세 · 특수문자도 박아 넣기로 했다. 이 모든 보안 요소와 면허 정보가 지워지지 않도록 앞면에 붙은 '홀로그램'(비닐 형태의 보안 필름)이 뒷면에도 붙는다.

지금까지 한국인이 해외에서 운전하려면, 최소한 한 번은 관청(官廳)에 가야 했다. 미국 · 일본 등 빈 협약에 가입된 97개국은 국제운전면허증을 인정한다. 운전면허 소지자가 국제면허증을 받으려면 출국 전 국내 경찰서를 방문해야 한다. 유효기간도 1년에 그친다.

영국 등 67개국은 한국과 국가 간 개별 협약을 체결, '번역 공증'된 한국 면허증을 인정해준다. 면허증에 적힌 유효기간 그대로 사용할 수 있다. 하지만 면허증 번역 공증을 받으려면 해당국 주재 한국 대사관에 가야 했다.

경찰청은 올해 초 이 67개국을 상대로 '한국 영문 운전면허증 인정 여부'를 문의하는 공문을 발송했다. 지난 4월 1일 기준 그중 30개국이 "사용 가능하다"는 답변을 보내왔다.

읽을거리

• 한국 영문 운전면허증 어느 나라에서 통할까

이번 영문 면허증은 앞으로 협의를 통해 더 많은 국가에서 활용될 것으로 경찰은 전망하고 있다. 경찰 관계자는 "새 면허증은 기존에 번역 공증되던 내용을 뒷면에 영어로 적어놓은 것으로, 여행객의 번거로움을 없애자는 취지"라며 "아직 답신하지 않은 나라를 상대로 '상호 간 편의 제공' 등을 제안해 통용 국가를 더욱 늘릴 계획"이라고 말했다. 다른 나라의 경우 캐나다(프랑스어 사용 자치주)와 태국, 벨라루스, 카타르 등이 면허 정보를 자국 언어와 함께 영어로 표기한다.

**한국 영문 운전면허증, 어느 나라에서 통할까** 자료=도로교통공단

| | 즉시 통용되는 국가(30개국) | 통용 예상되는 국가(37개국) |
|---|---|---|
| 아시아 | 호주, 싱가포르, 뉴질랜드, 몰디브, 브루나이, 바누아투, 파푸아뉴기니 | 카자흐스탄, 필리핀, 우즈베키스탄, 피지, 통티모르, 마이크로네시아, 부탄, 투발루, 솔로몬제도, 쿡아일랜드, 타지키스탄, 키리바시, 투르크메니스탄 |
| 아메리카 | 캐나다(온타리오 등 12개 주), 괌, 페루, 코스타리카, 우루과이, 니카라과, 수리남, 바베이도스, 도미니카공화국, 세인트루시아, 북마리아나제도연방, 트리니다드토바고 | 미국(플로리다 등 4개 주), 브라질, 콜롬비아, 엘살바도르, 에콰도르, 바하마, 과테말라, 아이티, 앤티가바부다, 가이아나 |
| 유럽 | 영국, 아일랜드, 튀르키예, 핀란드, 덴마크, 키프로스 | 독일, 핀란드, 헝가리, 스위스, 이탈리아, 러시아, 라트비아, 리히텐슈타인, 조지아 |
| 아프리카 | 카메룬, 르완다, 라이베리아, 부룬디 | 나미비아, 레소토, 리비아 |
| 중동 | 오만 | 아랍에미리트, 바레인 |

읽을거리

9월부터 영문 면허 정보가 들어가는 운전면허증 뒷면은, 지금은 뚜렷한 용도가 없다. 앞면에는 성명 · 주민등록번호 · 주소 · 사진 등 개인 정보와 그가 보유한 운전면허증 종류 등에 대한 정보가 담겨 있지만, 뒷면은 주소 변경 시 이를 적어넣는 공란(空欄)이다. 과거에는 면허증 뒷면에 변경된 주소를 적지 않으면 범칙금 대상이었지만, 1999년 이 규정이 폐지되면서 무의미해졌다. 특히 새로 도입되는 영문 운전면허증은 해외에서 신분증을 대체하는 용도로도 쓰일 전망이다. 대부분 국가에서는 일상적인 생년월일 확인 등에 운전면허증을 이용한다. 하지만 한국 면허증은 국문으로만 표기돼 있어, 한국인들은 여행 국가에서 술집에 가거나 담배를 사려면 분실 위험을 무릅쓰고 여권을 휴대하고 다녀야 했다. 앞으로 영미권 국가를 여행하는 한국인은 현지에서 여권을 호텔 금고에 두고 면허증만으로 '성인 인증'이 가능해지는 것이다.

영문 면허증 발급을 원하는 면허 소지자는 운전면허 시험장에서 '한글+영문 면허증' 발급을 신청하면 된다. 발급 비용은 면허 종류에 따라 다른데, 국내 전용 대비 2,500원이 더 든다. 1종 보통의 경우 국내 전용은 7,500원, 영문 포함 면허증은 1만 원이다.

조선일보 2019.7.15.

# 2 공항 매너

## 1) 출국절차

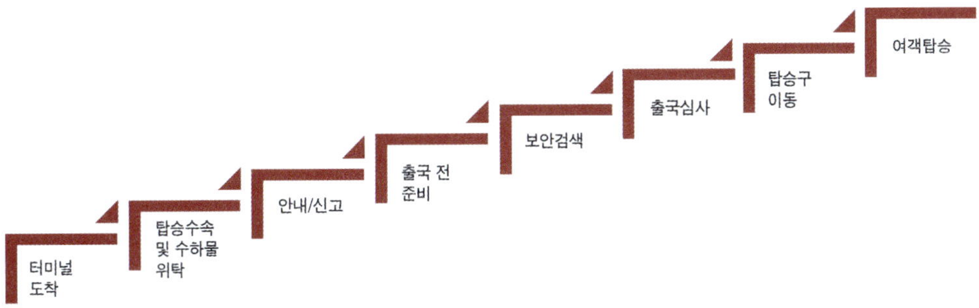


자료: 인천공항공사(https://www.airport.kr/)

### (1) 터미널 도착

- 항공편 검색을 통해 방문해야 할 터미널을 확인한다.

### (2) 탑승수속 및 수하물 위탁

- 탑승권 발급 및 수하물 위탁을 한다.
- 체크인 카운터, 셀프체크인/백드랍, 웹/모바일 체크인이 가능하다.

### (3) 안내/신고

- 병무허가, 검역증명서 발급 및 세관신고를 한다.
  - 미화 1만 달러를 초과하는 일반해외 여행경비 휴대 반출 시 세관 외환신고대에 신고한다.
  - 여행 시 사용하고 다시 가져올 귀중품 또는 고가품은 출국하기 전 세관에 신고한 후 '휴대물품 반출신고(확인)서'를 받아야 입국 시 면세를 받을 수 있다.
  - 문화재 반출 시 문화재 감정관의 '비문화재확인서'를 발급받아야만 반출이 가능하다.

- 여행자 검역이 필수인 아프리카(앙골라, 부룬디, 카메룬, 케냐, 소말리아, 나이지리아 등), 남아메리카(아르헨티나, 볼리비아, 브라질 등) 지역은 황열감염위험지역으로, 입국하고자 하는 사람은 입국 10일 전에 황열예방접종을 받고 국제공인예방접종증명서를 휴대해야 한다.
- 애완동물을 데리고 출국할 때에는 도착지 국가에 따라 반입금지를 정하고 있거나 검역증명서(건강진단서, 광견병예방접종증명서 등)를 요구하는 경우가 있으므로 사전에 여행목적국의 동물검역기관이나 한국주재 대사관에 확인해야 한다.
- 병역 의무자가 국외를 여행하고자 할 때에는 병무청에 국외여행허가를 받고 출국 당일 법무부 출입국에서 출국심사 시 국외여행허가 증명서를 제출해야 한다.

### (4) 출국 전 준비

- 출국장 진입 전 환전, 출금, 로밍, 보험 등 필요한 용무를 처리한다.
- 용무가 끝나면 가까운 출국장 안으로 들어가면 된다.

### (5) 보안검색

- 항공기에 탑승하기 전 모든 승객들은 반드시 보안검색을 받아야 한다.
- 기내 반입 허용 및 금지물품에 대한 기준을 알아야 한다.
- 기내 반입물품 허용기준
  - 액체가 담긴 100㎖ 이하의 용기가 1L 이하의 투명 비닐봉투에 담기고 입구를 닫아 밀봉된 경우 반입 가능하다.
  - 면세점 구매물품에 한정하여 '액체물 면세품 전용봉투'에 넣은 경우에만 용량에 관계없이 반입 가능하다.(최종 목적지행 항공기 탑승 전까지 미개봉상태 유지)

| | |
|---|---|
|  |  |
| STEP 01<br>여권, 탑승권을 출국장 입장 시 보안요원에게 보여주세요. | STEP 02<br>보안검색 받기 전에 신고대상 물품이 있으면 세관에 미리 신고하세요. |
|  |  |
| STEP 03<br>휴대물품을 엑스레이 검색대 벨트 위에 올려놓으세요.(가방, 핸드백, 코트 등) | STEP 04<br>소지품(가방, 옷, 지갑, 열쇠, 동전 등)은 바구니에 넣으세요. 단, 스마트폰, 태블릿PC, 노트북은 따로 빼서 다른 바구니에 넣으세요. |
|  | |
| STEP 05<br>제1여객터미널은 문형탐지기, 제2여객터미널은 원형탐지기를 통과하고 검색요원이 검색합니다. | |

자료: 인천공항공사(https://www.airport.kr/)

[그림 1-2] 기내 반입물품 허용기준

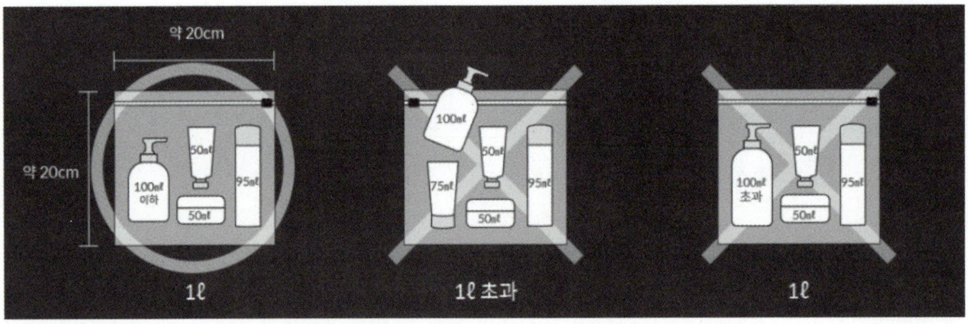


자료: 인천공항공사(https://www.airport.kr/)

• 기내 반입 금지물품

| | |
|---|---|
| 액체·분무·겔 형태의 위생용품, 욕실용품 또는 의약품류 등 | - 객실가능 ◎<br>(단, 국제선에 한하여 개별 용기당 100ml 이하로 1인당 1L 비닐 지퍼백(20.5cm*20.5cm/15cm*25cm) 1개에 한해 반입 가능)<br>- 위탁수하물가능 ◎<br>(단, 국제선에 한하여 개별 용기당 500ml(0.5kg) 이하로 1인당 2L(2kg) 이하까지만 가능) |
| 고추장/김치 등 액체류 음식을 포함한 음식물류 | - 객실불가능 ×<br>(고추장, 김치 등 액체가 있는 음식물은 기내로 반입 금지. 단, 마른반찬은 기내반입 가능)<br>- 위탁수하물가능 ◎<br>(용량 제한 없이 가능) |
| 창·도검류 등 | - 객실불가능 ×<br>- 위탁수하물가능 ◎<br>(단, 플라스틱 칼, 둥근 날을 가진 버터칼, 안전날이 포함된 면도기, 안전면도날, 전기면도기 및 기내식 전용 나이프(항공사 소유)는 객실 반입가능) |
| 전자충격기, 총기, 무술호신용품 등 | - 객실불가능 ×<br>- 위탁수하물가능 ◎<br>(단, 위탁수하물로 반입할 경우, 해당 항공운송사업자에게 총기소지허가서 또는 수출입허가서 등 관련서류를 확인시키고, 총알과 분리한 후, 단단히 보관함에 넣은 경우에만 가능)<br>(총기류 부품 중 조준경은 객실 및 위탁수하물 반입가능) |
| 공구류(망치, 렌치 등) | - 객실불가능 ×<br>- 위탁수하물불가능 × |

| | |
|---|---|
| 리튬이온배터리 등 | - 객실불가능 ◎<br>여분배터리 100Wh 이하: 제한 없이 가능<br>- 여분배터리 100Wh 초과~160Wh 이하: 1인당 2개 이내 가능<br>- 여분배터리 160Wh 초과: 반입 불가<br>※ 위 기준은 항공사마다 상이하므로 각 항공사에 문의 필요<br>- 위탁수하물 × |
| 인화성 가스액체, 방사능물질 등 | - 객실불가능 ×<br>- 위탁수하물 ◎ |

자료: 인천공항공사(https://www.airport.kr/)

### (6) 출국심사

- 보안검색 및 출국심사를 마치고 면세지역으로 진입하면 일반지역으로 되돌아갈 수 없다.

- **유인출국심사**

| | |
|---|---|
|  |  |
| STEP 01<br>출국심사대 앞 대기선에서 기다리세요. | STEP 02<br>대기 중 모자(선글라스)는 벗으시고, 휴대폰 통화는 자제해 주세요. |
|  |  |
| STEP 03<br>심사관에게 여권을 제시해 주세요.<br>※ 필요한 경우 심사관이 탑승권 확인을 요청할 수 있습니다. | STEP 04<br>심사가 끝나면 여권을 받으신 후 출국심사대를 통과하세요. |

자료: 인천공항공사(https://www.airport.kr/)

• **자동출입국심사 이용가능대상**

| | | |
|---|---|---|
| 이용방법 및 대상 | 만19세 이상 국민 | 사전등록절차 없이 바로 이용<br>※ 단, 개명 등 인적 사항 변경 및 주민등록증 발급 후 30년이 경과된 국민 사전등록 후 이용 |
| | 만7세~만18세 이하 국민 | 사전등록 후 이용<br>※ 단, 7세 이상~14세 미만은 부모 동반 및 가족관계확인서류 제출 |
| | 17세 이상 등록외국인 | 사전등록 후 이용 |
| 유효기간 | 국민 | 유효기간 없음 |
| | 등록외국인 | 5년 또는 여권만료기간 중 짧은 기간 |

자료: 인천공항공사(https://www.airport.kr/)

STEP 01
녹색 화살표로 바뀌면 입장

STEP 02
여권 사진면을 펼쳐서 2~3초간 판독기에 인식

STEP 03
문이 열리면 입장

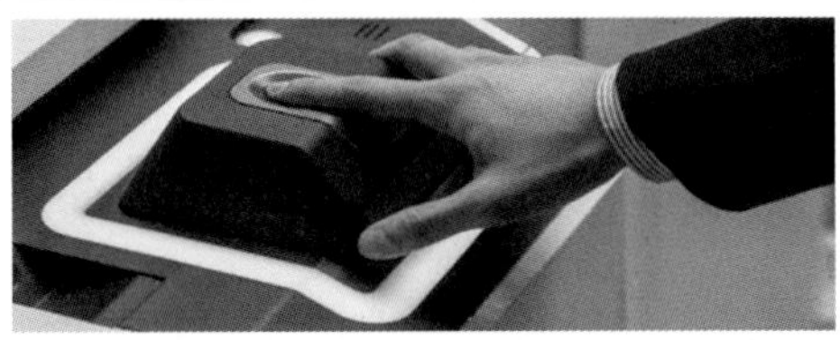

STEP 04
스캐너에 지문 인식

STEP 05
정면의 카메라를 응시

자료: 인천공항공사(https://www.airport.kr/)

## 2) 입국절차

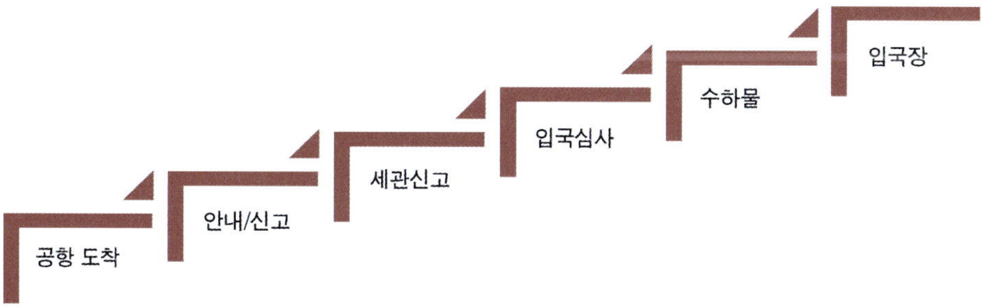


자료: 인천공항공사(https://www.airport.kr/)

### (1) 공항 도착

- 터미널 도착 승객은 여객터미널 2층 탑승구를 통해 입국한다.
- 탑승동 도착 승객은 탑승동 2층 탑승구를 통해 입국 후 셔틀트레인에 승차하여 여객터미널로 이동한다.

### (2) 안내/신고

- 세관에 여행자 휴대품 신고서를 제출한다.
- 여행자 검역안내
  - 해외에서 들어오는 외국 · 국내 여행자는 검역심사를 받아야 한다.
  - 동물 · 축산물을 가지고 입국할 경우에는 농림축산검역본부에 출발국가에서 발행한 검역증명서를 제출하고 검역을 받아야 한다.
  - 기내에서 승무원이 나눠주는 신고서를 비행기 안에서 미리 작성하면 입국수속을 편리하고 신속하게 받을 수 있다.

### (3) 세관신고

- 해외에서 우리나라로 입국하는 모든 여행자는 신고물품이 없는 경우에도 반드시 작성하여 제출해야 한다.
- 가족과 함께 입국하는 경우에는 가족을 포함하여 1장만 작성하면 된다.
- 기내에서 받은 여행자 휴대품 신고서에 세관신고 대상 물품을 기재하고 여행자의 인적 사항을 기재한 후 서명하면 된다.
- 입국장에서도 세관 휴대품 신고서를 작성할 수 있으나, 신속한 휴대품 통관을

위해 기내에서 미리 작성하면 편리하다.

- 별송품이 있는 경우 세관신고서 2매를 작성하여 1매는 제출하고 1매는 입국지 세관장의 확인을 받아 별송품 통관 시 통관지 세관장에게 제출하면 된다.
- 세금의 사후납부를 원할 경우에는 세관공무원에게 구두로 신청하면 된다.
- 여행자 휴대품 면세범위는 미화 600달러이다.
- 반출입 금지물품(통관 불가)
  - 국헌 · 공안 · 풍속을 저해하는 서적 · 사진 · 비디오테이프 · 필름 · LD · CD · CD-ROM 등의 물품
  - 정부의 기밀을 누설하거나 첩보에 공하는 물품
  - 위조 · 변조 · 모조의 화폐 · 지폐 · 은행권 · 채권, 기타 유가증권
- 별도 면세상품
  - 주류: 1병(1L 이하로 US$400 이하인 것)
  - 담배: 1보루(200개비)
  - 향수: 60ml
- 농림축산물(한약재) 면세범위: 1인당 총량 40kg 이내, 해외취득가격이 10만 원 이내이고, 검역에 합격해야 한다.(단, 한약은 1인당 10품목 이내)
  - 참기름, 참깨, 꿀, 고사리, 더덕: 각 5kg
  - 쇠고기: 10kg
  - 인삼(수삼, 백삼, 홍삼), 상황버섯: 각 300g
  - 잣: 1kg, 녹용: 150g
  - 기타 한약재: 품목당 3kg
  - 기타 품목당: 5kg

### (4) 입국심사

- 입국심사는 국경에서 허가받는 행위로 내외국인 분리심사를 원칙으로 하고 있다.
  - 내국인 및 등록 외국인은 입국신고서를 작성하지 않아도 되며, 등록하지 않은 외국인만 입국신고서를 작성하면 된다.
  - 단체사증을 소지한 중국 단체여행객은 입국신고서를 작성하지 않아도 된다.(청소년 수학여행객은 제외)

• 유인입국심사

STEP 01
기내에서 입국신고서를 작성하지 않은 외국인은 심사 전 입국신고서를 작성해 주세요.
(우리 국민, 등록외국인은 입국신고서 작성 생략)

STEP 02
국민과 외국인 심사 대기공간이 분리되어 있으니, 줄을 설 때 주의해 주세요.
※ 우리 국민은 파란선, 외국인은 빨간선으로 입장

STEP 03
심사대 앞 차단문이 열리면 입장해 주세요.

STEP 04
국민은 여권을, 외국인은 입국신고서와 여권을 심사관에게 제시하고, 심사가 끝나면 심사대를 통과해 주세요.
※ 17세 이상의 외국인은 지문 및 얼굴 정보를 제공해야 한다.

자료: 인천공항공사(https://www.airport.kr/)

• 자동출입국심사 이용가능대상

| | | |
|---|---|---|
| 이용방법 및 대상 | 만19세 이상 국민 | 사전등록 절차 없이 바로 이용<br>※ 단, 개명 등 인적 사항 변경 및 주민등록증 발급 후 30년이 경과된 국민 사전등록 후 이용 |
| | 만7세~만18세 이하 국민 | 사전등록 후 이용<br>※ 단, 7세 이상~14세 미만은 부모 동반 및 가족관계 확인서류 제출 |
| | 17세 이상 등록외국인 | 사전등록 후 이용 |
| 유효기간 | 국민 | 유효기간 없음 |
| | 등록외국인 | 5년 또는 여권만료 기간 중 짧은 기간 |

|  |  |
| --- | --- |
| STEP 01<br>녹색 화살표로 바뀌면 입장 | STEP 02<br>여권 사진면을 펼쳐서 2~3초간 판독기에 인식 |
|  | 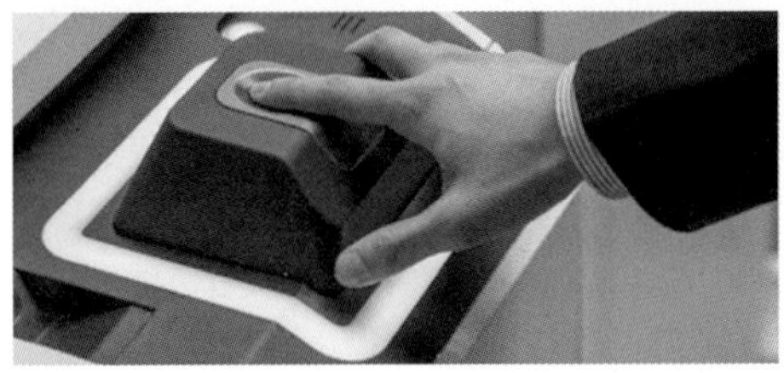 |
| STEP 03<br>문이 열리면 입장 | STEP 04<br>스캐너에 지문 인식 |
|  | |
| STEP 05<br>정면의 카메라를 응시 | |

자료: 인천공항공사(https://www.airport.kr/)

### (5) 수하물

- 입국심사를 마치고 수하물수취대 번호를 확인한 후 이동하여 부친 짐을 찾는다.
- 낯선 승객이 부탁하는 짐을 대신 들고 입국장으로 나가면 안 된다. 무심코 한 배려가 오히려 위험물질, 반입불가물질 소지 혐의로 본인이 처벌이나 조사를 받을 수 있다.

### (6) 입국장

출구를 통해 입국장으로 나가면 된다.

# 3 기내 매너

## 1) 기내에서 대접받는 7가지 사항

### (1) 안전벨트 표시사인을 준수하자

기내에서 안전벨트는 비행기가 뜨고 내릴 때, 또 불안정한 기류를 만났을 때 안전을 지키는 최소한의 장치다. 지상이라고 해도 비행기의 안전벨트 표시등이 꺼지기 전에 안전벨트를 풀거나 움직이면 안 된다. 성질 급한 사람들은 비행기가 땅에 닿고 움직임이 느려질 때면 자리에서 일어나 가방을 꺼내기도 하는데 무거운 가방이 다른 사람의 머리 위에 떨어질 수도 있는 위험한 일이다. 안전벨트 사인이 꺼질 때까지 절대 선반을 열지 말고 여유롭게 기다리자. 어차피 비행기 문이 열려야 나갈 수 있다.

### (2) 얇은 양말이나 슬리퍼를 준비하자

비행기에 타면 신발과 양말부터 벗는 승객들이 있다. 기압이 낮은 기내에서 발이 부어올라 불편하기 때문이다. 이렇게 신발과 양말을 벗고 있으면 자기는 모르겠지만 고약한 냄새가 나는 데다 비위생적이기도 하다. 심지어 맨발로 다니는 경우도 있는데 이는 금물이다. 항공사에서는 장거리 비행 시 '기내용 덧버선'을 제공하기도 하지만, 단거리 비행에는 미리 깨끗한 새 양말이나 슬리퍼를 준비하는 것이 좋다. 더불어 복도를 다닐 때는 꼭 신발을 신도록 한다.

### (3) 도움이 필요할 땐 서비스 버튼(button)을 누르자

기내 통로를 다니다 보면 옷자락을 잡아끌거나 팔다리를 꾹 찌르는 승객이 있다. 공공장소에서 모르는 사람과의 신체 접촉은 최소화하는 게 좋다. 부득이한 상황이 아니라면 승무원을 부르거나 좌석 팔걸이에 있는 서비스 버튼을 이용하자. 가끔은 갤리로 내려와 승무원들과 담소를 나누며 필요한 것을 직접 가져가는 것도 좋다.

### (4) 큰 소리로 떠들거나 자리를 옮겨 다니지 말자

승무원에게 호환 마마보다 더 무서운 것은 단체여행객. 단체 속에 개인을 감추고 음주가무를 즐기며 고성으로 떠드는 승객은 정말이지 통제하기가 힘들다. 비행기에서는 자리를 옮겨 다니며 소리 지르고 화투를 치는 관광버스 모드는 잠시 꺼두길 바란다. 자칫 도를 넘었다가는 기장님이 특별관리에 들어갈 수도 있다.

#### (5) 앞뒤 다른 승객들을 배려하자

기내는 매우 좁은 공간이다. 일반석(이코노미 클래스)은 더욱 그렇다. 원하든 원치 않든 나의 작은 행동이 앞뒤 사람들에게 영향을 끼친다. 등받이를 젖힐 때는 천천히, 식사 중에는 제자리로 돌려놓자. 양말 벗은 맨발을 앞좌석 팔걸이에 걸쳐놓거나, 앞좌석 등받이를 손으로 치고 붙잡는 행동을 조심하자.

#### (6) 매직 워드(magic words)를 쓰자

비행기 안은 다양한 국적과 문화의 사람들이 밀집된 공간이다. 마주치는 사람들에게 상황에 맞게 "Excuse me", "Thank you", "Sorry", "Please"라는 말을 해보자. 분위기가 한결 부드러워질 것이다. 목소리가 크면 이긴다는 인식은 해외에서는 안 통한다. 오히려 나긋나긋한 목소리로 때와 상황에 적절한 표현이 나를 더욱 세련돼 보이게 한다.

#### (7) 항공사 승무원들에게 좋은 매너로 대하자

이륙이 지연되는 상황에서 승무원이 할 수 있는 건 거의 없다. 승무원은 엔지니어도 아니고 항해하는 기장도 아니다. 비행기가 목적지에 빨리 도착했으면 하고 가장 고대하는 사람 역시도 승무원이다. 준비된 식사 메뉴가 떨어졌다고 고도 36,000피트 위에 떠 있는 하늘에서 식재료를 조달할 방법도 없다. 제발 승무원이 하늘 위의 하느님이라도 된 양 무리한 요구를 하지 말자.

### 2) 기내 화장실 이용 매너

- 비행기 통로 앞과 뒤에 있다. 대부분 남녀 공용 화장실이다.
- 일반적으로 35명당 1개 정도로 화장실이 제공되므로 붐비는 시간에는 많은 사람들이 한꺼번에 사용하므로, 생리현상이 급해지기 전 적당한 시간에 미리 화장실에 다녀오는 것이 좋다. 보통 기내식이 끝나고 30분 후까지가 제일 복잡한 시간대이다. 그래서 기내식이 시작되기 직전 내지는 1시간쯤 후에 가는 것이 좋다.

- 사용 중일 때는 Occupied라는 표시와 함께 빨간색 불이 들어와 있다. 비어 있을 때는 Vacant라는 표시와 함께 초록색 불이 들어와 있다.
- 기내 화장실은 대부분 안쪽으로 접히는 접이식 문으로 되어 있다. 녹색등을 확인한 뒤 Push라고 쓰여 있는 부분을 밀고 안으로 들어가면 된다.
- 화장실에 들어가면 문을 반드시 안에서 걸거나 손잡이 위의 작은 막대기를 옆으로 밀어서 잠그도록 한다. 문을 잠그면 사용 중(Occupied)이라는 표시가 나타난다.
- 화장실에서는 반드시 금연하도록 되어 있다. 담배를 피우면 화장실 화재경보가 울리고, 화장실 상단 인디케이터에 불이 들어온다. 항공안전 및 보안에 관한 법률로 금지하고 있고, 500만 원 이하의 벌금에 처한다. 재떨이가 있더라도 담배를 피워서는 안 된다.
- 항공사에 따라 1회용 치약과 칫솔 세트, 생리대, 로션과 스킨 등이 준비되어 있다.
- 개인위생을 위해 변기 위에 덮는 1회용 변기시트(Toilet Sheet)가 비치되어 있다.
- 여러 사람이 사용하므로 깨끗하게 사용하도록 한다. 사용 후에는 반드시 세척(Toilet Flush)이라 표시된 버튼을 누른다. FLUSH 버튼을 누르면 굉장히 큰 소리가 나면서 내려가므로 놀라지 말자.
- 세면대는 기다리는 사람을 위해 될 수 있는 한 짧게 사용한다. 수도꼭지 윗부분을 누르면 물이 나온다. 사용 후에는 수도꼭지 위의 타월로 물기를 닦아 깨끗하게 정리한다.
- 사용한 타월은 쓰레기함(Towel Disposal)에 넣는다.
- 비행기 내에는 탈의실이 없다. 옷을 갈아입을 때는 화장실을 이용한다.
- 안전벨트 착용 마크에 불이 들어와 있는 동안 화장실은 사용하지 않는다. 이 마크에 불이 들어오면 될 수 있으면 빨리 나와 자기 자리로 돌아가서 안전벨트를 맨다.

읽을거리

## 당신이 최악의 비행기 탑승객이라는 증거 10

비행기에 탔는데 주변에 진상 탑승객이 탔다면 여행의 피로는 더욱 누적될 것이다.

혹은 당신이 남들의 눈총을 받는 최악의 탑승객이었을 수도 있다. 그래서 남들이 당신에게 '다음에 비행기를 타게 되면 꼭 너 같은 탑승객이 옆에 앉아서 고통을 당해 봐라.'라고 속으로 말할지도 모른다.

다음과 같이 행동한다면 말이다!

1. 의자 등받이를 뒷좌석 탑승객 무릎까지 젖힌다

   비행기에서 등받이를 젖히고 편히 눕는 걸 마다할 사람이 있을까? 그러나 그것도 어느 정도껏 해야 한다. 뒷자리를 한번 돌아보라. 덩치 큰 사람이 앉아 있다고 등받이를 뒤로 넘기는 건 포기하는 편이 맞다. 특히 식사 때는 절대로 의자를 젖히면 안 된다. 치과에 간 것도 아닌데 비행 초반부터 끝까지 의자를 완전히 눕혀놓는 사람은 뭔가? 등받이를 눕히기 전에 뒤를 한번 돌아보라.

2. 나쁜 냄새가 난다

   혹시 비행기를 타서 발 냄새가 난다면? 주변의 신발을 벗고 있는 사람이 제공자일 확률이 높다. 자기 자신은 냄새가 나지 않는다고 생각하지만, 냄새가 독한 사람일수록 자신의 문제를 인식하지 못한다는 연구 결과도 있다. 또한, 발 냄새 외에도 방귀, 역겨운 음식, 입 냄새 등, 다른 사람의 후각을 괴롭히는 문제는 수도 없이 많다. 만약 자신이 가지고 탄 물건에서 냄새가 난다면 주변 승객은 더 심한 냄새로 힘들어한다는 사실을 기억하자!

읽을거리

3. 통제가 안 되는 아이를 그대로 둔다

우는 아기에 대해서는 다들 이해하고 배려한다. 하지만 마구 뛰어다니는 7살짜리 아이를 그냥 두는 건 다른 문제다. 아이가 글을 읽을 수 있다면(요즘은 5살짜리도 한글을 읽는다.) 기본 규칙과 공공예절은 가르쳐야 한다. 적어도 다른 사람들이 '부모로서 실패'라고 손가락질하기 전에 말이다.

4. 남의 좌석을 함부로 붙잡는다

즉 일어나고 앉을 때 앞사람의 등받이를 붙잡는 것은 결례다. 머리를 기대고 잠자는데 누군가 갑자기 당신의 좌석을 붙잡고 일어난다면 얼마나 당황스럽겠는가? 그러니 비행기 안에서 중심을 잃기 전까지는 남의 좌석에 절대 손대지 말자.

5. 시끄럽게 떠든다

기내에서 코미디 영화를 보고 있더라도 마구 웃는 건 자제해야 한다. 왜냐하면, 모든 탑승객이 같은 영화를 보고 있지는 않기 때문이다. 탑승객은 대부분 기내에서 잠을 잔다. 뭔가를 소리 내며 먹는 것, 큰 소리로 음악을 듣는 것, 소리를 켠 상태로 게임을 하는 것, 옆사람과 큰 소리로 대화 나누는 것은 정말 자제하기 바란다.

6. 옆좌석의 사람에게 지나치게 말을 건다

사실 비행기 안에서 옆좌석 탑승객을 친구로 만들고 싶은 사람이 얼마나 될까? 불필요한 이야기를 계속해서 건넨다면 다른 좌석으로 도망갈 수도 없는 상황이 누구라도 괴로울 것이다.

읽을거리

7. 집에서 혼자 할 일을 좌석에서 한다

상상해 보라. 어떤 이는 비행기 좌석에 앉아 발가락의 각질을 떼어내고 어떤 이는 부서진 머리카락에 집착해 뜯고 있다. 당신이 팔꿈치 상처의 딱지를 떼고 있을 때 옆사람이 모른다고 생각한다면 그건 큰 착각이다.

8. 자신만 특별하다고 착각한다

비행기 일반석에 혼자 앉아 있는 게 아니라면 다음의 간단한 규칙은 꼭 지키자.

승무원을 종 부리듯 단추를 눌러 수시로 호출하지 말자. 아무리 사이다가 더 마시고 싶다고 해서 서비스 시간 외에 수시로 부르는 건 아니다. 화장실에 30분씩 앉아 스마트폰을 들여다보지 말자. 기내의 빈 좌석이 없는 줄 뻔히 알면서 중간자리가 싫다고 떼쓰지 말자.

즉 다른 사람과 협력하고 배려하는 마음을 가지라는 의미다. 만약 아주 특별한 대접을 원하다면 비즈니스 클래스로 가는 게 맞다.

9. 술에 취해 추태를 부린다

다른 곳은 몰라도 비행기 안에서는 자기 절제를 잃으면 안 된다. 마치 쇠로 된 통에 갇혀 있는 것과 마찬가지다. 단골 바에서는 술에 취해 소리 지른다면 아마 나가라고 하고 끝날 수도 있다. 하지만 만 미터 높이에서 같은 짓을 하면 치안 문란행위로 경찰에 연행당한다.

읽을거리

10. 남의 자리를 침범하고 있다

화장실 앞에서 기다리는 건 좋은데 엉덩이를 앉아 있는 다른 탑승객 얼굴이나 머리로 향하고 있다. 팔꿈치로 옆좌석 사람을 누르고 있다. 당신의 핸드백이 옆좌석까지 걸쳐 있다. 만약 이렇게 하고 있다면, 당신은 '침입자'에 해당한다. 그러니 큰 핸드백은 위에 올리고 엉덩이와 팔꿈치는 남에게 피해를 주지 않도록 조심하자.

자료: 허핑턴포스트, 2014.09.29

# Chapter 2 호텔 이용 에티켓과 매너

## 1 호텔 이용 에티켓과 매너

집을 떠나서 여행이나 출장을 가게 될 때 호텔을 이용하는 경우가 있다. 호텔의 어원을 살펴보면, 라틴어의 호스피탈레(Hospitale)로 '순례 또는 참배자를 위한 숙소'를 뜻한다. 중세시대 숙소로도 쓰였던 수도원은 당시 단순히 잠을 자러 오는 숙소의 개념이 아닌 병을 치료하는 곳으로서의 역할을 했다. 이후 '여행자의 숙소 또는 휴식장소, 병자를 치료하고 고아나 노인들을 쉬게 하는 곳'이라는 뜻의 호스피탈(Hospital)과 호스텔(Hostel)을 거쳐 18세기 중엽 이후에 지금의 호텔(Hotel)로 바뀌었다.

> 참고로, 호텔과 같은 서비스를 제공하는 산업을 'Hospitality Industry'라고 하는데 Hospitality란 '환대, 접대'의 뜻으로 집을 떠나온 투숙객에게 집과 같은 최상의 서비스를 제공한다는 의미인 'Home away from home', 내 집이 아닌 곳에서 집과 같은 서비스를 제공한다는 의미를 가지고 있다.

### 1) 호텔 이용방법

#### (1) 체크인(Check In)/체크아웃(Check Out)

- 체크인과 체크아웃은 프런트 데스크에서 한다.
- 호텔에 도착하면 제일 먼저 프런트에서 숙박카드를 작성한다.

- 숙박카드 작성이 끝나면 호텔 객실이 배정되며 객실 키를 받는다.
- 벨 맨(Bell Man)이 짐을 옮겨주며 객실을 안내한다.
- 체크아웃은 보통 오전 12시 전후에 한다.
- 호텔측과 상의 없이 체크아웃 날짜에 객실에 그대로 짐을 보관하면 추가요금이 부과될 수 있다.
- 체크아웃할 경우 프런트 데스크에서 객실요금 외에 추가로 사용한 내역이 있으면 한꺼번에 일괄 계산한다.

## 2) 호텔시설 이용 매너

호텔은 객실 이외의 다양한 부대시설을 가지고 있다. 투숙하는 동안 시설이용에 대해 잘 활용하면 좀 더 편하게 호텔에 머무를 수 있다.

### (1) 객실열쇠(Room Key)

- 객실열쇠는 잠금기능뿐만 아니라 전원의 On/Off기능을 가지고 있다. 객실에 들어가서 열쇠를 꽂으면 모든 전원이 켜진다.

### (2) 컨시어지(Concierge)

- 컨시어지는 호텔 현관 가까운 곳에 있으며 문지기란 뜻으로 호텔 내에서는 안내인을 뜻한다. 외국여행 시 현지 사정을 몰라 누군가의 도움을 받아야 할 경우 컨시어지에게 도움을 요청하면 각종 정보뿐만 아니라 고충처리까지 모든 서비스를 쉽게 제공받을 수 있다.
- 컨시어지란 용어 대신 당직 지배인실 또는 고객서비스부(Guest Relation Office)라고 쓰는 호텔도 있다.

### (3) 귀중품 보관(Safety Service)

- 대부분의 호텔은 객실 내의 도난사고나 분실에 대해서는 책임을 지지 않는다. 따라서 현금이나 귀중품 등은 호텔에 맡기는 것이 안전하다.
- 호텔에 따라서는 객실 내 금고를 설치하여 직접 귀중품을 보관하는 경우도 있다.

### (4) 전화 서비스(Operator Service)

- 호텔에는 24시간 운영되는 교환실이 있다. 고객 요청 시 전화를 연결해 주는 서비스를 담당한다.
- 호텔교환실은 고객의 웨이크업콜서비스(Wake up call service)를 제공하기도 하는데, 고객이 원하는 시간에 깨워달라고 요청하면 정확한 시간에 객실로 전화벨이 울리게 된다. 전화벨은 고객이 일어날 때까지 울리며, 받을 때는 감사인사를 하는 것이 매너이다.

### (5) TV, 와이파이(WiFi) 서비스

- 객실 TV는 일반채널과 호텔 자체에서 개설해 놓은 자체채널이 있다. 자체채널은 유료방송이다. 객실 내에 비치된 프로그램 안내서 등을 참고할 수 있다.
- 일부 호텔에서는 무료 와이파이(WiFi) 서비스를 제공하기도 하지만, 유료인 경우도 있다.

[그림 2-1] 행거메뉴(hanger menu) 예시

### (6) 룸서비스(Room Service)

- 룸서비스의 좋은 점은 음식을 주문하면 호텔직원이 객실까지 음식을 가져와서 제공한다는 점이다.
- 객실에 룸서비스 메뉴가 비치되어 있으므로 메뉴를 보고 직접 전화로 주문하면 된다. 아침 일찍 식사를 하고 싶을 때는 전날 밤에 미리 주문해 두고 행거메뉴(hanger menu)를 객실 문밖의 문고리에 걸어두면 지정한 시간에 주문한 식사를 가져오므로 매우 편리하다.
- 요금은 청구서에 룸 사인을 하고 체크아웃할 때 정산한다.

### (7) 미니바서비스(Mini-bar Service)

- 객실 냉장고 위에는 미니바가 갖춰져 있으며, 냉장고 안에는 음료가 들어 있다.
- 편안하게 이용할 수 있지만 요금이 비싸다. 마신 음료는 비치되어 있는 계산서에 표시하고 체크아웃할 때 계산하면 된다.

### (8) 세탁물서비스(Laundry Service)

- 호텔 하우스키핑(housekeeping) 부서에서는 세탁물서비스를 한다.
- 세탁물서비스를 받고 싶으면, 객실에 있는 세탁 주문서에 필요사항을 기입하고 지정된 비닐봉지에 세탁물을 넣어서 직원에게 세탁을 요청하면 된다.

### (9) 객실 메이크업(Make-up)과 DND(Do Not Disturb) 카드

- 호텔 객실에서 메이크업(make-up)이란 룸메이드(room maid)의 청소서비스를 말한다. 하루에 한번씩 이루어진다.
- 만일 업무 중이거나 관광, 쇼핑으로 피곤하여 아침에 늦잠을 자겠다고 생각하면 방 안에 준비되어 있는 DND(Do Not Disturb) 카드를 문 바깥 손잡이에 걸어놓으면 된다. 그 카드가 걸려 있으면 누구라도 객실 초인종을 누르지 않을 것이다.

### (10) 체육시설

- 체육시설로는 헬스클럽, 사우나, 수영장, 미용실 등이 기본을 이루고 있으며 곳에 따라 테니스장, 조깅코스, 골프연습장을 갖춘 경우도 있다.
- 시설이용은 호텔에 따라 무료인 경우도 있고 소정의 이용료를 받는 경우도 있다.

(11) 기타

- 콜택시 요청 서비스, 렌터카서비스, 공항픽업서비스 등을 이용할 수 있다.

## 3) 기타 호텔 이용

(1) 복장

- 비즈니스 호텔일 경우에는 정장에 준하는 복장을 해야 한다. 그러나 휴양지의 리조트 호텔에서는 약간 가벼운 복장을 해도 무방하다.
- 호텔 복도에서 잠옷이나 티셔츠 차림, 슬리퍼를 끌고 다니는 것은 삼가는 것이 좋다. 특히나 '스파가운', '목욕가운' 등을 입고 호텔 로비를 통과해 스파나 수영장을 갈 때 입고 돌아다니 말아야 한다. 호텔 복도와 로비는 개인에게 배정된 객실 밖으로 나온 이상 모두가 함께 사용하는 공용공간이기 때문에 각별히 주의해야 한다.

(2) 조용한 대화

- 호텔복도나 로비에서 큰 소리로 떠들며 다니지 않는다. 특히, 단체여행 시 한 방에 모여 술을 마시며 큰 소리로 떠들거나 소란을 피우면서 옆방에 피해를 주어서는 안 된다.

(3) 비품

- 호텔에는 다양한 비품 및 편의용품이 마련되어 있다. 대표적인 것으로는 목욕타월, 세안타월, 칫솔과 치약, 면도기, 빗과 같은 일회용 편의용품이 준비되어 있는 경우가 많은데 이것들은 가져가도 무방하다.
- 일반적인 호텔의 객실비품으로는 액정TV, 무선 또는 유선 LAN, 헤어드라이어, 순간온수기나 전기주전자, 컵이나 찻잔, 화장지, 티슈 등이 있다. 또한, 책상 서랍에 성경책이나 종교 관련 책이 마련되어 있는 호텔도 있다. 이러한 것들은 기본적으로 가져가면 안 된다.
- 편의용품을 객실에 비치하지 않고 프런트에서 나누어주는 호텔도 있다. 또한, 가습기와 공기청정기, 바지 다리미, LAN케이블 등은 프런트에서 무료로 빌려주는 경우도 있으므로 프런트에 문의해 보자.

#### (4) 욕실

- 욕실에서는 물이 넘치지 않도록 주의한다. 샤워커튼을 이용하여 욕조 안에서 샤워를 해야 한다. 일반적으로 호텔 욕실의 경우, 욕조 밖에 배수관이 설치되어 있지 않으므로 조심하도록 한다.
- 대개는 각 나라마다 언어가 다른 점을 고려해서 호텔의 욕실 수도꼭지는 빨간색과 파란색으로 표시하는데, 프랑스, 스페인, 이탈리아 등에서는 뜨거운 물 'C(Chaud)', 차가운 물 'F(Froid)'로 표시하기 때문에 혼동하지 않도록 주의한다.

## 2 팁(tip) 에티켓과 매너

우리나라 호텔은 보통 봉사료가 이용요금에 포함되어 있다. 따라서 호텔 내 레스토랑이나 기타 시설 이용 후에 봉사료를 따로 지불할 필요가 없다. 하지만 유럽과 미주 지역에서는 항공, 호텔, 식당 등 서비스에 대한 감사의 표시를 넘어서 통상적인 관례가 된 '팁' 문화가 정착되어 있다.

팁이라는 것은 '받은 서비스에 대한 감사의 마음을 표현하는 것'이라는 의미로 18세기 영국의 한 술집에서 유래되었다. 좋은 서비스와 신속하며 빠른 서비스를 원한다면 돈을 더 지불하라는 "To Insure Promptness"라는 말이 술집 벽에 적혀 있었고 이것의 첫머리를 따서 팁(Tip)이라는 말이 만들어졌다는 일화가 있다.

본 책에서는 미주지역 방문 시 공항과 호텔을 중심으로 팁을 주어야 하는 사람들과 적절한 팁 액수에 대하여 살펴본다.

### 1) 공항

- 공항과 호텔 사이를 주로 오가는 셔틀버스의 운전사에게도 팁을 주는 것이 매너. 액수로는 1~2달러 정도가 적당하며 만약 짐을 옮기는 것까지 도와줬다면 가방당 1~2달러를 추가로 건네면 된다.

- 공항 포터에게는 가방당 1~2달러의 팁을 주면 되고 가방이 꽤 무거웠다면 개당 2달러는 생각해야 한다. 짐을 들어주는 것 외에도 또 다른 도움을 받았다면 추가로 3~5달러를 주는 것이 에티켓이다.
- 공항 내 수하물 클레임하는 곳에는 레드캡이라 불리는 포터가 있는데 역시 도움을 받았다면 첫 가방은 5달러, 그 이후의 가방은 개당 3달러를 팁으로 준다.
- 노인이나 장애인 가족의 탑승을 도와주는 휠체어 도우미들에게는 반드시 팁을 주도록 한다. 휠체어 이동거리나 시간에 따라 다를 수 있지만 보통 5~20달러 사이가 적절하다.

## 2) 호텔

- 도어맨의 경우 꼭 팁을 줘야 할 필요는 없지만 차에서 무거운 짐을 갖고 내리는데 도와줬거나 비가 올 때 우산을 받쳐주는 등의 서비스를 제공했다면 감사의 표시로 2~5달러 정도를 건네는 것이 좋다.
- 고객의 짐을 객실까지 옮겨주는 벨맨의 경우 가방당 1~2달러. 바퀴가 달리지 않은 무거운 더플 백을 객실까지 낑낑대며 들어줬다면 이보다는 후하게 5달러는 주어야 할 것 같다.
- 발레파킹맨에게는 보통 차를 가져다 줄 때 2~5달러를 준다.
- 컨시어지(concierge) 서비스에 대해서는 기본적으로 팁을 줄 필요는 없다. 하지만 마찬가지로 원하던 레스토랑이나 공연의 예약을 도와주는 등 특별 서비스를 제공했다면 감사의 표시로 5~10달러 정도를 팁으로 주면 고마워할 것이다.
- 룸서비스의 경우 음식가격에 서비스 수수료가 포함되어 있지 않다면 15% 정도, 포함됐다면 전적으로 서비스받은 만큼 원하는 액수를 주면 된다.
- 하우스키퍼(housekeeper)의 경우 매일 3~5달러가 적당한데 럭셔리급 호텔이나 스위트룸이라면 이보다 조금 더 주는 편이 보기가 좋다.
- 팁은 현금 그대로 테이블이나 침대 옆 램프 테이블에 놓는 것도 무방하지만 이왕이면 봉투에 넣어 팁이라 적는 편이 낫다. 객실 아무 곳에나 현찰을 놓아두면 '팁'인지 아닌지 하우스키퍼들이 헷갈릴 수도 있기 때문이다.

- 셀프로 음식을 가져다 먹는 뷔페 레스토랑에서도 팁은 필수이다. 서버들이 물을 가져다주고 빈 접시를 치워주는 서비스를 하기 때문이다. 이들에게는 2~5달러 정도가 무난하다.
- 또 뷔페에서는 뎃판야키[2] 등 셰프가 직접 조리해 먹는 음식도 있는데 이때 음식을 주문했다면 1달러 정도는 팁 통에 넣는 것이 보기 좋다.
- 호텔 바의 경우 칵테일을 만들어준 바텐더에게는 15~20%의 팁이 적당하며 드링크를 오더할 때는 병당 1~2달러가 팁이다.
- 라스베이거스 등에 가면 호텔 내 화장실에서도 일하는 사람을 만나기도 하는데 혹시 손을 닦은 후 세면대 주변에서 휴지 혹은 민트, 구강청정제 등을 건네는 서비스를 받는다면 그냥 지나치지 말고 1~2달러 정도를 팁 통에 넣어주면 좋을 듯싶다.
- 호텔 내 수영장에서도 타월이나 드링크 등 직원들의 서비스가 필요한데 이때는 아이템당 1달러 정도가 팁이다.
- 만약 의자를 가져다주거나 우산을 설치해 주고 혹은 자리를 예약해 놓는 등의 서비스까지 받았다면 5달러 정도는 예상하자.
- 호텔에는 대부분 스파나 마사지 서비스가 있는데 팁과 연관된 방침에 대하여 체크하는 것이 좋다. 일부 스파의 경우 아예 요금에 팁을 포함시켜 따로 팁을 줄 필요가 없기 때문이다. 물론 팁이 포함되지 않았다면 요금의 15~20%를 주면 된다.

2) 철판을 불에 달궈 그 위에 각종 식재료를 구운 요리 혹은 그 요리법을 말한다. 철판요리라고도 부른다.

읽을거리

## 미국인도 헷갈리는 '알쏭달쏭' 팁 문화

미국을 여행할 때 한국인이 가장 많이 부닥치는 사소한 문제는 팁(tip)이다. 공항에서 나와 택시나 버스를 탈 때부터 호텔 방에 이르기까지 서너 번 팁을 줘야 하는 상황과 마주한다. 구글링을 해보면 '얼마나 팁을 줘야 할까(How much do I tip?)'라는 질문이 많다. 미국인들도 혼란스럽다는 얘기다.

### • 팁 주지 않은 손님, 고소당하기도

유럽에선 팁을 주는 관습이 1800년대 후반에 거의 사라졌다. 하지만 이 관습을 이어 받은 미국에선 번성하고 있다. 미국에서는 한 해 팁으로 왔다 갔다 하는 돈이 무려 400억 달러에 달한다는 통계가 있을 정도다.

팁을 주는 것은 원래 손님의 자유다. 주지 않아도 법적으로 문제가 없다. 하지만 미국에서는 팁으로 생계를 꾸리는 노동자가 많아 일반적으로는 '손님의 의무'로 여겨진다.

미국인은 팁을 주지 않으려면 서비스에 불만이 있는 등 이유가 있어야 한다고 생각한다. 2009년 펜실베이니아 주의 한 식당은 '웨이터의 서비스가 마음에 들지 않았다'는 이유로 팁을 주지 않은 손님을 절도 혐의로 고소하기도 했다. 서비스를 받아 놓고도 돈을 내지 않은 것은 절도와 같다는 논리였다. 이 소송은 식당 측이 소를 취하하며 결론이 나지 않았다.

미국에서 팁은 최저임금제를 통해 제도화돼 있다. 미국의 최저임금제는 팁을 감안해 최저임금을 규정한다. 대부분의 주와 시가 팁을 받는 노동자에 대해 일반 노동자보다 낮은 최저임금을 적용한다.

뉴욕시에서는 일반 노동자의 최저임금이 시간당 13달러지만 레스토랑 서버 등 팁을 받는 노동자는 팁 크레디트(공제액 4.35달러)를 감안해 시간당 8.45달러다. 손님이 주는 팁으로 임금이 보전된다고 보기 때문이다.

읽을거리

최근 미국에서는 이런 2단계 최저임금제를 바꿔야 한다는 주장이 힘을 받고 있다. 임금을 보전할 수준의 팁을 받지 못하거나 최저임금 자체가 너무 낮다는 것이다.

또 작년부터 발생한 미투(#Metoo) 운동도 영향을 줬다. 여성 서버들이 팁 때문에 손님들의 성희롱을 참고 견뎌야 하는 일이 비일비재하다는 것이다. 실제 코넬대의 연구에 따르면 여성 서버가 머리카락에 꽃을 꽂으면 팁 금액이 평균 17% 높아지는 것으로 분석됐다.

캘리포니아 · 미네소타 · 몬태나 · 네바다 · 오리건 · 워싱턴 · 알래스카 등 7개 주에선 최저임금을 통일했고 올 들어 워싱턴D.C.에서도 팁 크레디트를 없애기로 결정했다. 뉴욕 주에선 레스토랑 업주 등의 반발로 실현되지 못하고 있다.

미국요식업협회는 팁 노동자들의 최저임금이 올라가면 음식 값 인상이 불가피하다며 반대하고 있다. 일부에선 팁 노동자의 최저임금이 올라가면 팁을 주지 않아도 되는 것 아니냐는 지적도 나온다.

- 짠돌이 싫다면? 25%의 팁은 줘야

그러면 어떤 때 얼마나 팁을 줘야 할까. 식당에선 점심때 10~15%, 저녁때 20% 정도 주는 게 통상적이다. 고급 식당에선 최소 20%를 기대한다. 테이크아웃이 아닌 테이블에 앉아 서비스를 받는다면 모든 경우에 팁을 줘야 한다. 음식 배달이더라도 같은 비율이 적용된다.

팁은 점점 더 오르는 추세다. 임금 정보 분석 업체인 페이스케일(Payscale)에 따르면 2013년 소비자들이 지급하는 팁은 영수증 청구 금액의 19.5%로 나타났다. 그동안 통용되던 최소 15% 팁이 점점 사라지고 이제는 20%가 상식으로 통한다.

시사 주간지 타임은 이미 2011년 "20% 팁을 준다면 당신은 이제 짠돌이"라며 "25%는 돼야 후한 팁으로 통한다"고 보도한 바 있다.

## 읽을거리

술집에서는 바텐더에게 음료 한 잔에 팁 1달러를 주는 이들이 많다. 고급 식당에선 칵테일 한 잔에 15달러가 넘을 때 팁을 2달러 주는 게 적정하다.

테이크아웃 커피숍이나 델리 가게에서도 카운터 앞에 작은 유리병을 볼 수 있다. 커피 한두 잔 테이크아웃 할 때는 팁을 남기지 않아도 되지만 많은 양의 음식을 싸 갈 때는 1~2달러를 병에 남기는 게 좋다. 현금으로 계산한 뒤 잔돈을 넣기도 한다.

한국 식당은 단체 손님을 반긴다. 하지만 미국 식당은 손님이 6명 이상이면 추가 요금을 받는다. 서비스가 어렵다는 이유에서다. 통상 영수증이나 메뉴판 아래에 '필수 팁(mandatory tipping)' 또는 '의무적 팁(mandatory gratuity)'이라고 명시해 놓고 20% 이상의 팁을 영수증에 아예 포함해 청구하는 식당이 많다.

발레파킹을 했을 때는 차를 찾을 때 2~5달러의 팁을 주는 게 통상적이다. 택시를 탔을 때는 요금의 15~20%를 주면 된다. 뉴욕시에서 택시인 옐로캡을 탔을 때 신용카드로 결제하면 팁을 20%, 25%, 30% 중에서 선택하도록 요구한다. '짠돌이'로 낙인찍히기 싫은 손님들의 체면을 악용한 꼼수다. 이를 선택하는 대신 직접 금액을 입력해 결제할 수 있다,

차량 공유 서비스인 우버는 최근 팁을 줄 수 있게 바뀌었다. 택시와 마찬가지로 요금의 15~20%를 주면 된다. 여전히 팁을 주지 않을 수 있지만 운전자들이 주는 고객 평점이 깎여 추후 우버를 불렀을 때 잘 안 잡힐 수 있다.

주유소에서도 팁을 주기도 한다. 미국은 대부분이 주유를 직접 해야 하지만 뉴저지와 오리건 등 일부 주에선 직원들만 주유할 수 있도록 주법으로 정해 놓았다. 팁을 주지 않아도 되지만 1~2달러를 주기도 한다.

호텔에 들어서면 도어맨 · 벨보이 · 메이드(하우스키퍼) · 컨시어지가 모두 팁을 기대한다. 택시를 잡아주는 도어맨에게는 1~2달러, 짐을 들어주는 벨보이에게는 가방 1개에 1~2달러씩 주면 된다. 또 메이드에게는 하루당 2~5달러씩을 침대 위 등에 남겨 놓는 게 좋다.

읽을거리

컨시어지를 통해 식당·투어 등을 예약하면 3~5달러를 주지만 인기 높은 레스토랑이나 공연 예약을 해줬을 때나 특별한 서비스(랩톱 수리, 알레르기 전문의 찾기 등)를 받으면 10달러 이상 주는 게 적절하다.

이렇게 준 팁은 식당 호텔 등의 팁 노동자들이 미리 합의된 비율에 따라 공유한다. 뉴욕시의 식당 서버들은 종종 팁으로 한 시간에 20~50달러를 번다고 한다. 고급 식당에서는 이보다 2~3배가 많다. 뉴욕시 통계에 따르면 최근 3년간 식당 서버의 평균임금은 연 3만 6,000달러 수준이었다.

한국경제(2018.8.22.)

읽을거리

## 해외 호텔 이용 매너 5가지

- 짐 들어준다는데 거절하면 실례

  짐을 객실까지 운반하는 포터가 가방을 들어주겠다고 하면 거절하지 말자. 이는 그들의 역할을 무시하는 행동일 수 있으니 가방을 건네주고 뒤따라가면 된다. 또 호텔에 들어서면 가장 먼저 만나게 되는 도어맨들에게도 가벼운 미소로 화답하자.

- 객실 밖은 공공장소, 공공장소에 맞는 옷차림을

  편안히 쉬러 가는 호텔이지만 객실을 벗어나면 모두 공공장소라고 생각해야 한다. 객실을 나올 때 잠옷이나 잠옷과 다른 없는 옷차림으로 나가는 것은 피해야 한다. 호텔 레스토랑 이용 시에도 민소매 차림이나 슬리퍼, 모자는 삼가는 것이 좋다. 슬리퍼를 질질 끄는 행동은 특히 조심하자.

- 빈자리가 보여도 안내받기까지는 기다려야

  빈자리가 많은 레스토랑이라 하더라도, 자리 안내를 받을 때까지 입구에서 기다려야 한다. 고급 레스토랑일 경우 입고 있던 코트나 재킷은 담당 서버에게 건네고 가방과 핸드백은 테이블 위에 올려놓지 않는다. 빵을 손으로 먹는 문화이므로 식사 중 머리, 코, 전화기 등을 만지는 행동은 삼가는 것이 좋다. 웨이터가 필요할 경우 큰 소리로 부르지 말고 눈이 마주칠 때까지 기다리거나 손짓을 하는 것이 좋다.

- 나라와 상황에 따라 다른 팁 문화

  팁은 무조건 1~2달러라고 생각하는 경우가 많다. 그러나 미국과 유럽은 상황에 따라 에티켓으로 받아들여지는 팁의 규모가 다르다. 미국 등 북미권은 음식 값의 15~25%, 도어맨이나 짐을 들어주는 스태프에게는 1회당 2~5달러의 팁이 기본이다. 유럽의 경우, 음식 값의 5~10% 또는 1~5유로선이면 무난하다. 또 팁은 현지 화폐로 준비했다가 주는 것이 좋다.

읽을거리

다른 나라 화폐로 팁을 받는 경우, 환전 시 수수료가 발생한다는 것을 명심하자.

- 배수구 없는 욕실 사용은 특히 주의해야

객실 청소를 하는 사람이 따로 있다지만, 너무 지저분하게 쓰지 말고 어느 정도 정리정돈은 하는 게 매너다. 또 외국 욕실은 우리나라처럼 바닥에 배수구가 없는 경우가 종종 있다. 욕조에 샤워커튼이 있다면, 샤워커튼을 반드시 욕조 안으로 치고, 바닥이 물바다가 되지 않도록 해야 한다. 외출할 동안 객실이 정리돼 있기를 바란다면 "MAKE UP PLEASE"라는 팻말을 객실 손잡이에 걸어두면 된다. 이 경우, 1달러 정도의 팁을 객실 안에 두고 나가는 것이 예의다.

자료: 조선비즈, 2015.09.24

# Chapter 3 공공시설 이용 에티켓과 매너

## 1 관람 매너

### 1) 공연 관람 매너

#### (1) 공연 관람 전

- 관람할 작품정보 사전 체크
  - 공연 관람 전 공연내용에 대해 간단하게 알아두면 공연감상에 도움이 된다. 혹은 공연장에 시간 여유를 가지고 와서 프로그램북이나 팸플릿을 살펴보는 것도 좋다.
- 관람연령 확인
  - 공연내용에 따라 관람연령 제한이 있다. 특히 어린이 동행 시 관람연령을 미리 확인하는 것이 좋다.
- 공연시간 확인
  - 공연장마다 공연시간이 다르다. 정확한 시간을 확인하여 공연시간에 늦지 않도록 한다.
- 옷차림 예절 체크
  - 간편하고 편안하게 공연에 몰입할 수 있는 복장을 갖추길 권한다. 바스락거리는 소리가 많이 나는 패딩이나 반짝이는 액세서리가 달린 디자인, 모자 착용, 아동용 불빛 운동화 등은 주변에 방해가 될 수 있으니 삼가는 것이 좋다.

### (2) 공연관람 중

- 객석 입장시간을 지켜야 한다.
  - 공연 시작 30분 전 도착, 10분 전에 입장해야 한다. 늦게 도착한다면, 정숙한 공연 관람을 위해 입장이 제한될 수 있다.
  - 비어 있는 좌석이라도 예매한 관객이 늦게 도착하는 것일 수 있다. 자리를 옮겨 앉는 행동도 다른 관객들의 관람에 방해가 될 수 있다는 것을 명심하자.
- 부피가 크거나 소리가 많이 나는 물품은 물품보관소에 맡기는 것이 좋다.
  - 부피가 크거나 부스럭거리는 소리가 많이 나는 물품, 바스락거리는 재질의 쇼핑백 등은 물품보관소에 맡기는 것이 좋다.
- 공연 중 휴대전화 사용은 타인에게 방해가 될 수 있다.
  - 공연 중에는 아주 작은 불빛도 출연자와 다른 관객들에게는 태양처럼 느껴질 수 있다. 공연 전 휴대전화의 전원을 반드시 확인해야 한다.
- 공연장 내에서 음식물 섭취는 곤란하다.
  - 객석으로 음식물을 가지고 입장할 수 없으니 공연 전에 미리 마시거나, 공연장 눌품보관소에 맡겨두는 것이 좋다.
- 공연관람 중에 과한 움직임이나 소리 나는 행동을 자제해야 한다.
  - 공연장 입장 후 겉옷은 미리 벗어두는 것이 좋다. 기침과 재채기는 손으로 가리고 최대한 작게 하고, 프로그램북 확인은 공연 전이나 휴식시간을 활용해야 한다.
- 공연관람 중 옆사람과의 대화를 삼가야 한다.
  - 아무리 작은 대화 소리라도 출연자와 다른 관객들에게 피해가 될 수 있다. 특히 어린이와 함께 관람하는 경우 공연 중 작품 설명, 움직임 등에 더욱 주의해야 한다.
  - 휴식시간이라도 조용한 목소리로 대화해야 한다.
- 사전 협의되지 않은 사진 촬영 및 녹음, 녹화는 불가하다.
  - 공연장면뿐만 아니라 무대장치까지 모두 저작권 보호 대상이다. 자가 촬영도 할 수 없다.

### (3) 박수

공연은 연주가와 청중이 상호작용을 하는 장이다. 때로는 적극적으로 자신의 의도를 개진할 수 있는 것이다. 단, 에티켓이 허용하는 테두리 안에서 행동해야 함을 잊지 말자.

- 음악회
  - 지휘자나 연주자가 관객에게 인사할 때 박수를 쳐야 한다. 악장과 악장 사이에는 박수를 치면 연주의 흐름을 깰 수 있다.
  - 연주가 끝난 마지막 순간, 아무 소리도 나지 않는 정적의 순간까지 작품의 한 부분으로 감상하고 지휘자가 뒤돌아 인사를 할 때 혹은 연주자가 일어나 인사를 할 때 큰 박수로 호응해 준다.
- 오페라와 발레
  - 오페라 가수와 무용수가 아리아나 고난도 기교를 구사할 때 중간박수를 쳐준다. 특히 발레는 줄거리나 춤의 골격과는 상관없이 춤만을 볼거리로 즐기는 디베르티스망(divertissement)[3)]이라는 장이 삽입되고 솔리스트(주역 무용수)들이 파드되(pas de deux)[4)], 그랑파드되(grand pas de deux)[5)] 등의 명칭을 붙여서 고난도 기교를 보여주는데, 이 한 장면이 별개의 춤을 의미한다. 이것이 끝날 때마다 박수를 치면 된다.
  - 대개는 주인공이나 군무의 디베르티스망 장면마다 무용수들이 우아한 동작을 보여주는데 이때 박수로 응답하는 것이 좋다.
  - 공연 마지막에 커튼콜을 하는 경우도 아낌없는 박수로 호응해 주는 것이 좋다.

  ※ 박수와 함께 탁월하게 무대를 장식한 주인공에게는 '잘한다, 좋아' 등의 뜻을 지닌 갈채를 보낼 수 있다. 일반적으로 이탈리아어인 브라보(Bravo)를 연상하지만, 무대의 주체가 누구냐에 따라 갈채언어도 달라진다.

| 오페라 | 발레 | 갈채 언어 |
|---|---|---|
| 남성일 경우 | 발레리노 | 브라보(Bravo) |
| 여성일 경우 | 발레리나 | 브라바(Brava) |
| 남녀 혼성이나 단체일 경우에는 | 혼성 | 브라비(Bravi) |

---

3) 디베르티스망(divertissement)은 프랑스어로 기분전환, 휴식, 오락이라는 뜻이 있으며, 오페라의 막간극을 의미한다. 단순한 유희와 오락을 위한 무용 혹은 일련의 무용을 말하는 것으로, 이야기의 줄거리와 관계없이 하나의 구경거리로 삽입하는 춤으로 일반적으로 종막에서 춘다.

4) 발레에서 주로 여성과 남성 무용수가 함께 추는 쌍무

5) 고전발레의 최고 절정 장면에서 프리마발레리나와 남성 제1무용수가 추는 빠드되를 말한다.

• 한국 창작춤과 현대무용
  - 한국 창작춤과 현대무용은 하나의 깊은 내면세계를 보여주는 과정이므로 무용수 뿐만 아니라 관객에게도 고도의 집중이 필요한 시간이다. 중간에 박수를 치는 그 순간, 춤이 망가져버릴 수 있으니 주의해야 한다.

• 연극
  - 연극은 대부분 배우들의 실제 목소리를 생생하게 전달하기 위해 마이크를 사용하지 않는다. 그러므로 공연장에서는 작은 소음도 배우의 연기와 관객들의 감상에 방해가 될 수 있기 때문에 각별한 주의가 필요하다.

## 2) 전시관람 매너

### (1) 전시관람 전

• 전시관람 사전 체크
  - 대부분의 대형전시는 도슨트(Docent)[6] 프로그램을 무료로 운영하고 있다.
  - 사전에 도슨트 시간을 체크하여, 전문가의 설명과 함께 작품을 감상해 보자. 설명이 끝난 후에는 자유관람을 하면, 감동이 2배가 될 것이다.
  - 정규 도슨트 시간을 맞추기 어렵다면 오디오가이드 대여(유료)를 추천할 수 있다.
  - 전시마다 촬영이 가능한지의 여부가 다르므로 사전에 꼭 확인하는 것이 좋다.

• 반입이 금지되는 물건 체크
  - 음식물, 꽃다발, 장우산 등은 가지고 들어갈 수 없으며, 반려동물 동반입장도 제한된다.
  - 큰 가방이나 배낭 등은 물품보관함(무료)에 맡기고 입장해야 한다.

### (2) 전시관람 중

• 관람 중에는 눈으로만 감상해야 한다.
  - 작품보호를 위하여 전시작품은 만지지 말고 눈과 귀로만 감상해야 한다.
  - 다른 관람객들에게 불쾌감을 주지 않도록 핸드폰은 진동모드로 설정하고, 통화는 전시장 밖에서 한다.

---

6) 박물관이나 미술관 등에서 관람객들에게 전시물을 설명하는 안내인

- 전시장 안에서 뛰거나 구두굽 소리가 나지 않게 유의하고, 특히 어린이들이 큰 소리로 떠들거나 뛰지 않도록 보호자의 각별한 주의가 필요하다.

## 3) 스포츠 관람 매너

### (1) 스포츠 관람 전

- 소음이 심한 응원도구는 지참 금지
  - 부부젤라(vuvuzela)[7]를 포함해 확성기, 꽹과리 등 지나친 소음을 일으키는 응원도구는 선수들의 집중력을 방해할 수 있고, 함께 관람하는 다른 관객들에게도 불편을 주게 된다. 관람규칙상으로도 금지되어 있기 때문에 챙겨 간다고 해도 반입이 금지될 확률이 높다.
- 지나치게 큰 응원도구 금지
  - 여기에는 장우산, 커다란 대형국기 등이 포함된다. 장우산의 경우 길이도 길이지만 무기로 사용될 위험이 있어 반입이 금지되고, 대형국기나 배너 역시 다른 관람객에게 피해를 줄 수 있어 반입이 안 된다. 국기의 경우 가로세로 2m×1m 크기 이내의 것만 허용된다.
- 냄새 나는 음식 반입 금지
  - 평창 동계올림픽의 경우에는 경기장 내 음식 반입을 매우 까다롭게 검수하였다. 보통 식사는 경기장 밖에서 챙기고 가벼운 음료만 가지고 입장하는 것이 좋다.

### (2) 스포츠 관람 중

- 응원 금지
  - 컬링경기의 경우 컬링은 스톤을 던지는 '샷' 순간에는 선수의 집중을 위해 정숙을 유지해 주어야 한다. 샷 순간에는 정숙을, 좋은 결과가 나왔을 때에는 환호하는 관람매너를 잘 숙지하여야 한다.
  - 테니스는 신사의 스포츠라는 수식어답게 관람규칙이 엄격하다. 선수들이 서브 및 랠리를 이어갈 때 소리를 내지 않는다. 응원 시에도 북소리나 고함을 치는 것은 허용되지 않는다. 시끄럽게 소리내는 관중은 퇴장당할 수도 있다. 득점 인정이나 멋진 플레이가 나왔을 때 박수 정도로 응원한다. 단, 국가대항전인

---

7) 남아프리카공화국에서 축구경기의 응원도구로 사용되는 나팔모양의 악기

데이비스컵은 다른 스포츠처럼 뜨겁게 응원할 수 있다.

- 골프에서 골프 관람객을 '갤러리'라고 부르는데, 이는 골프대회를 구경하는 것이 미술관에서 작품을 감상할 때 로프 바깥에서 관람하는 것과 비슷하다는 것에서 유래된 말이다. 어원에서 알 수 있듯이, 골프는 예술작품을 감상하듯 조용히 진지하게 경기를 관람해야 한다. 작은 소리에도 민감하게 반응하는 골프 선수들이 집중력을 최대한 끌어올려 경기에 임하기 위해서는 갤러리들의 매너 있는 관람태도가 반드시 선행되어야 한다.
  ※ 골프 경기장 내에서 구두와 슬리퍼는 피해야 한다. 구두 소리가 선수들의 경기 집중에 방해가 될 수 있고, 경기장 잔디를 손상시킬 수 있기 때문이다. 슬리퍼 또한 잔디 위에서 미끄러질 수 있는 위험이 있어 안전한 경기관람을 위해 신지 않는 것이 좋다.
  ※ 골프 경기 중 휴대전화 벨소리나 카메라 셔터 소리도 금물이다.
  ※ 선수의 스윙이 끝나고 공이 떨어진 곳을 확인한 후, 선수에게 '나이스 샷', '굿 샷'을 외치며 열렬히 응원할 수 있다.
- 피겨스케팅 종목은 넓은 빙판에서 홀로 경기를 풀어가야 하는 스포츠인 만큼 관중이 침묵을 지켜 선수들이 집중할 수 있도록 도와줘야 한다. 처음 선수가 등장해 음악이 시작되기 전까지는 침묵을 지키고, 경기 중에는 기술의 성공이나 실패 시 응원의 가벼운 박수만 보내고 함성은 지르지 않는다.
  ※ 경기를 펼치는 중간에는 자리이동도 삼가야 한다. 아무리 급한 용건이라도 선수의 연기가 끝난 후에 움직여야 한다는 것을 명심하자.
  ※ 갑작스러운 고음이나 카메라 플래시는 선수의 안전을 위협할 수 있고, 경기의 집중력을 떨어뜨리기 때문에 조심해야 한다. 이는 스키점프 경기에서도 마찬가지이다.
  ※ 선수가 경기를 마치고, 관중에게 인사할 때에는 마음껏 소리를 지르거나, 박수를 친다.
  ※ 경기장에 꽃을 던질 때에도 빙질에 영향을 미치지 않도록 반드시 비닐로 포장을 해야 한다. 꽃에서 나온 이물질들이 스케이트 날에 부딪혀 선수들의 스케이팅에 지장을 주기 때문이다.

## 2 공공시설 이용 매너

### 1) 에스컬레이터 이용 매너

지난 2002년 한 · 일 월드컵 때, 전 세계 시민들의 이목이 한국에 쏠렸을 때인데, 한 시민단체가 '한 줄 서기' 운동을 시작했다. 빨리 가려는 사람들을 위해 에스컬레이터 왼쪽을 비워놓는 것이 에스컬레이터 에티켓이라는 내용이었다. 그런데 5년 뒤인 2007년 한국승강기안전관리원에서 '한 줄 서기'를 반대하고 나섰다. '한 줄 서기' 때문에 에스컬레이터 기기에 무리가 가고 안전사고도 더 자주 난다는 것이었다. 지하철 운영사들도 이때부터 '두 줄 서기' 캠페인을 시작했다.

그러나 전 세계에 지하철이 설치된 60여 개 나라 중 대부분 '줄 서기' 캠페인 자체가 없어서 사실상 모두 '한 줄 서기'를 하고 있으며, '한 줄 서기'가 에스컬레이터의 고장을 일으킨다는 주장에 대해서도 에스컬레이터 한 계단에 300kg 이상의 하중을 버틸 수 있게 설계되어 있고, 실제로는 더 무거운 무게를 견딜 수 있도록 만들어지기 때문에 '한 줄 서기'가 기기 고장에 큰 영향을 미친다는 주장에 신뢰성이 없다고 주장하는 이도 있다. 더욱이 '두 줄 서기' 이용에 대해서 시민들은 그 '당위'의 공감도 얻지 못하였는데, '두 줄 서기' 캠페인이 시민의 안전보다는 에스컬레이터 운영주체의 편익을 위한 것은 아닌지에 대한 의구심까지 미쳐 캠페인 전체에 냉소적 태도가 형성되었다. 사실상 '두 줄 서기'는 실패한 캠페인이라는 소견도 있다.

이에 2015년 10월 국민안전처[8]가 에스컬레이터의 '두 줄 서기'캠페인을 폐기하였다. 그 대신, '안전하고 편리한 에스컬레이터 이용방법은 안전이용 수칙을 지키는 것'으로 방침을 바꿨다. 에스컬레이터 3대 안전수칙은 '걷거나 뛰지 않기', '손잡이 잡고 이용하기', '노란 안전선 안에 탑승하기'이다.

■ 에스컬레이터를 보다 안전하게 이용하려면,

- 걷거나 뛰지 말아야 하며 디딤판의 노란색 안전선 안에 서서 손잡이를 잡고 탑승

8) 현재, 행정안전부를 말함

해야 한다.

- 어린이와 노약자는 보호자가 동반하여 손을 잡아주는 등 보호가 필요하며 유아나 애완동물은 품에 안고 타는 것이 안전하다.
- 이용자가 많은 지하철 역사의 에스컬레이터나 무빙워크에서 휴대전화에 집중하다 보면, 자칫 넘어지는 등 사고로 이어지기 쉬우므로 이동 중에는 사용을 삼가야 한다.

## 2) 대중교통 이용 매너

### (1) 지하철 매너

우리나라 지하철은 사실 전 세계에서 세 손가락 안에 드는 최고의 도시철도로 평가받고 있다. 특히 서울지하철이 높은 평가를 받는 이유는 와이파이, 스크린도어, 잘 지켜지는 열차시간 등이 있지만 가장 큰 이유는 '어디든 편하게 갈 수 있는 완벽한 노선도'를 꼽기도 한다. 이 덕분인지 서울지하철의 하루 평균 이용객은 평균 800만 명이 넘는 것으로 나타났다. 따라서 여러 사람이 이용하는 교통수단인 만큼 지하철 매너를 숙지하여 잘 지켜야 할 것이다.

- 문이 닫히려고 할 때 무리하게 타거나, 내리지 않는다.
- 노인, 임산부, 장애인 등 노약자에게 자리를 양보한다.
- 충돌의 위험이 있으니 "먼저 내리고, 나중에 타기" 탑승규칙을 지킨다.
- 휴대전화는 진동으로, 통화할 때는 작은 소리로 한다.
- 음악 및 영상은 볼륨을 줄이고 이어폰으로 감상한다.
- 전철역에서 담배를 피우면 안 된다.
- 다리를 너무 벌려 앉으면 옆사람들이 불편해 할 수 있다.
- 자전거이용객들은 출근(오전 7~10시)과 퇴근(오후 5~8시) 시간대에 이용하면 안 된다.
- 부피가 크고 무거운 백팩, 등산스틱이나 로프, 고리 등이 달린 등산용 백팩은 반드시 백팩을 어깨에서 내려 바닥에 놓거나, 다리 사이에 두도록 한다. 혼잡한 지하철에서 다른 승객에게 불편을 끼칠 수 있고, 백팩에 꽂힌 등산스틱이 다른 승객을 찌르는 경우도 발생할 수 있으며, 백팩의 고리나 로프가 다른 승객의 옷에 걸

려 옷이 손상되는 일이 있기 때문이다. 만약 백팩을 내려놓기가 용이하지 않다면, 백팩을 앞으로 돌려 메어 아기를 안듯 두 팔로 감싸는 것도 좋다. 좌석 상단에 선반이 있는 차량이라면, 백팩을 선반 위에 올려놓는 것도 좋다.

- 부정승차하지 않는다.(적발 시 30배의 요금이 부과된다.)

| 지하철 이용 상식 | • 지하철에서는 휴대할 수 없다.<br>- 애완동물(시각장애인 인도견, 동물이 외부에 노출되지 않는다면 가능)<br>• 지하철에 물건을 놓고 내렸다면?<br>- 하차위치, 하차시각을 확인한 후 역무원에게 문의한다.<br>• 하루에 하나의 교통카드로 환승할인을 받을 수 있다.<br>• 승차 후 5시간 넘으면 기본운임이 추가로 부과된다. |
|---|---|

(2) 버스 매너

- 서 있는 승객은 반드시 손잡이를 잡는다.
- 임산부, 어린아이 동반자, 노약자에게 자리를 양보한다.
- 휴대전화는 진동으로, 통화할 경우 작은 소리로 한다.
- 음악 및 영상은 볼륨을 줄이고 이어폰으로 감상한다.
- 버스를 기다릴 경우 도로에 내려서 기다리지 않는다.
- 발을 밟거나 신체적 접촉이 있을 시 바로 사과한다.
- 기사의 허가 없이는 앞문승차, 뒷문하차를 원칙으로 한다.
- 교통카드나 요금은 미리 준비한다. 버스에 오른 후 지갑을 찾는다면 뒤에 줄 선 승객들의 대기시간이 길어져 피해를 주게 된다.
- 애완동물 동반 시 별도의 이동가방을 이용한다.
- 비 오는 날 탑승 후 버스 안에서 우산을 접으면 버스 바닥에 물이 고여 미끄럼 사고를 일으킬 수 있다. 옷이 조금 젖더라도 버스 타기 전에 우산을 접어 물기를 털고 타는 것이 좋다.
- 서울시의 경우 '서울시 시내버스 재정지원 및 안전 운행기준에 관한 조례'가 개정되어 음식물 반입이 제한되고 있다. 일회용 포장 컵에 담긴 커피나 버스 안에서 먹을 수 있는 컵떡볶이 등의 음식은 반입이 금지된다. '작은 흔들림이나 충격

에도 내용물이 흐르거나 샐 수 있는 음식'은 가지고 타선 안 된다. 추가로 버스 안에서 음식을 먹는 승객은 운전자가 하차시킬 수 있도록 했다.

(3) 기차 매너

기차 안은 공공장소이므로 사람들이 많이 다니는 출입구나 통로에 기대어 서 있거나, 큰 가방을 놓아 다른 사람에게 폐가 되는 행위를 해서는 안 된다. 기차 내에서 큰 소리로 웃고 떠들거나 마구 먹고 휴지나 과일 껍질을 바닥에 버리는 것도 삼가야 한다.

기차에서는 두 사람이 나란히 앉는 좌석에서는 창가쪽이 상석이고, 통로쪽이 말석이다. 네 사람이 마주 앉는 좌석에서는 기차 진행방향의 창가 좌석이 가장 상석이고, 그 맞은편이 두 번째 상석, 가장 상석의 옆이 세 번째, 그 앞좌석이 말석이 된다.

### 3) 자전거 매너

자전거는 레저용이든, 출·퇴근용이든 손쉽게 이용할 수 있는 편리한 수단이지만 자동차에게도 사람에게도 안전사고에 노출되어 있는 위험할 수밖에 없는 수단이기도 하다. 안전하고 즐거운 자전거 문화를 위해 기본적인 매너를 잘 지켜야 한다.

- 보행자를 우선으로 보호한다.
- 교통신호를 지킨다.
- 도로 역주행을 삼간다.
- 헬멧, 장갑 등의 안전장비를 착용한다.
- 백미러를 자주 보고 수신호를 잘 활용한다.
- 지나친 단체주행은 다른 사람에게 위협과 불편을 초래하므로 삼간다.
- 지하철이나 버스 등을 이용할 때는 다른 사람에게 피해가 가지 않도록 조심한다.
- 좁은 골목에서는 주변상황을 특별히 경계한다.
- 뒤따라오는 자전거나 보행자를 위해 급정차를 하지 않는다.
- 횡단보도를 건널 때는 반드시 자전거에서 내린 후 걸어서 건넌다.

### 4) 개인용 이동장치(PM) 매너

행정안전부는 '개인형 이동장치(PM) 안전하게 타기' 3단계(이용 전, 이용 중, 이용 후) 행동수칙을 내놓았다.

첫째, 이용 전 나를 보호하는 안전용품 착용이다. 안전모, 보호대, 야간등, 야광띠 등이다.

둘째, 이용 중 사고를 예방하는 주행 습관이다. 자전거도로나 도로의 우측통행, 교차로 일시정차, 2인 탑승 및 음주운전 금지다.

셋째, 이용 후 타인을 배려하는 주차 매너다. 인도, 자전거도로, 횡단보도, 버스정류장 등 통행에 방해가 되는 곳은 주차 금지다.

특히, 전동킥보드 3단계 행동수칙을 지키지 않으면 모두 범칙금 대상이다. 전동킥보드가 개정된 도로교통법 적용을 받기 때문이다. 예를 들면, 안전모 등 보호장구 미착용 시 2만 원, 음주운전 시 10만 원, 보도 주행 시 범칙금 3만 원, 2인 이상 탑승 시 범칙금 4만 원, 13세 미만 어린이 탑승 시 보호자에게 범칙금 10만 원이 부과된다.

### 5) 운전 매너

운전이란 자신과 타인의 생명이 달려 있기 때문에 운전하는 모습을 보면 그 사람의 인격, 태도, 가치관, 사고방식, 생활습관 등이 적나라하게 드러난다. 이와 같이 운전은 그 사람의 인격으로 나타나지만, 역으로 품격 높은 운전을 하려고 노력하면 바로 자신의 인격을 연마하는 좋은 수단이 될 것이다.

도로상에서 예의를 지켜 운전하다 보면 서로가 기분이 좋아지고 거리질서도 한층 밝아질 것이다. 또한 예의 있는 운전으로 인한 기분 좋은 하루는 원활한 업무수행에 도움을 주고, 운전 중 피로를 씻게 하는 청량제가 될 것이다.

또한 자녀를 태우고 운전하는 경우 예의를 지켜 운전하는 것은 장차 미래의 운전자가 될 자녀를 위해 좋은 운전예절 교육방법이 될 수 있다. 이렇게 예의를 갖춰 운전하다 보면, 이는 다른 사람에게 알게 모르게 모방심리를 자극하여 좋은 운전 태도를 파급시키고, 또한 이러한 운전 태도는 결국 자신과 가족에게 좋은 영향을 주게 될 것이다.

도로상에서 차량정비의 미비로 고장이 나면 다른 운전자에게 폐를 끼치고, 도로가 정체된다. 그러므로 출발전에 기본적인 차량상태는 점검하고 나선다.

### (1) 출발 전 예절

출발 전 차량점검을 습관화해야 한다. 특히 장거리 운행전이 차량점검은 운전자의 안전을 위해서도 필수적이다.

- 경음기를 울려 사람을 부르는 행위는 삼가야 한다.
- 차 안에 쓰레기 봉투를 준비한다.
- 목적지까지 행로를 설정하여 시간을 적절히 안배한 후 출발한다. 빠듯하게 시간을 조정하면 교통체증 시 난폭운전이나 과속운전을 할 가능성이 커진다.

### (2) 운행 중 예절

- 초보나 노약자 등이 승차한 차량은 특별히 배려해야 한다.
- 야간운행 시 신호 대기 중인 맨 앞 차량은 전조등을 끄지 않는다.
- 정체구간이나 신호등 없는 교차로에서는 차례차례 양보하여 통과한다.
- 진로변경 시 반드시 방향지시등을 켠다.
- 보행자는 우선 보호한다.
- 정지선은 반드시 지키고 대기 중인 차량을 빨리 출발하라고 재촉하는 일은 삼가야 한다.

- 대형차량 앞에서 소형차량의 급제동 및 끼어들기는 금물이다.
- 긴급차량, 환자 후송차량에는 길을 양보한다.
- 교차로 통과 시 신호를 무시한 꼬리물기식 진행은 삼가야 한다.
- 저속차량은 오르막 차로 또는 2차로 이상의 언덕길에서 우측차로로 통행한다.
- 얌체운전 등 자기중심적인 행동을 삼가야 한다.
- 회전(U턴) 지역에서는 앞차의 뒤를 따라 차례차례 회전한다.
- 좌회선 차로에서 직진 차로로 슬쩍 끼어들어 주행하는 행위는 삼가야 한다.
- 일반차량은 갓길이나 버스전용차로의 운행을 금해야 한다.
- 출입구(램프웨어)에서 순서를 무시하고 끼어드는 행위는 삼가야 한다.
- 사고발생 시 예절은 더욱 중요하다.
- 상대차량의 갑작스러운 끼어들기, 사소한 결례행위에 대하여 보복운전, 야유와 욕설을 하는 행위는 삼가야 한다.

### (3) 주정차 예절

- 남의 차 앞에 주차하거나, 손상을 입혔을 경우 자신의 연락처를 남긴다.
- 공용 주차공간은 모두가 이용할 수 있게 한다.
- 주차 지정선을 지키고 입출 방향 유도선을 따라 이동한다.

읽을거리

### "차주 성격 나쁨"… 불쾌감 유발 '초보운전' 스티커 못 쓴다

일부 공격적인 문구로 불쾌감을 유발하기도 했던 '초보운전' 스티커 표지가 규격화 된다.

홍기원 더불어민주당 의원실은 2022년 12월 16일 초보운전 스티커 규격화로 교통안전에 기여하기 위한 도로교통법 개정안을 대표 발의했다고 밝혔다.

개정안은 △초보운전자를 면허를 받은 날로부터 2년 이내의 사람으로 규정하고 있는 현행법의 범위를 1년 이내로 축소 △초보운전자가 규격화된 표지를 부착하도록 의무화 △해당 표지를 부착한 차량을 대상으로 한 양보 · 방어운전 준수 규정을 담았다.

현재 영미권 국가와 유럽 등 주요 선진국에서는 정식 운전면허를 받기 전 일정 기간 초보운전자임을 나타내는 표식을 의무 부착해야 한다. 그 규격과 위치도 자세히 규정하고 있다. 일본 역시 면허 취득 1년 미만인 운전자는 차량 앞뒤에 새싹모양 표지를 부착한 뒤 운행하도록 한다.

반면 우리나라는 이와 관련한 별도의 규정이 없어 초보운전 스티커 부착 여부뿐 아니라 디자인, 크기, 위치까지 운전자 개인의 판단에 맡기면서 직관적 인지가 어렵다.

일부 차량에는 "조폭 타고 있다", "빵빵대면 지구 끝까지 쫓아간다", "오지마, 이러다 우리다 죽어", "차주 성격 나쁨" 등 자극적인 표현과 반말, 혐오 단어 등이 새겨진 스티커를 붙여 보는 이의 눈살을 찌푸리게 하는 사례도 많았다.

이뿐만 아니라 운전이 미숙함에도 초보운전 스티커를 부착하지 않아 타 운전자의 방어운전을 기대하기 어려워 사고 위험을 높이는 등 개선이 필요한 상황이다.

홍 의원은 "초보운전 표지가 규격화되면 타 운전자들이 직관적으로 인식하기 쉬워질 뿐 아니라 불필요한 분쟁을 예방할 수 있을 것으로 보인다"며 "방어운전, 주의운전 생활화로 안전한 교통문화가 조성되기를 기대한다"고 말했다.

자료: 머니투데이(2022.12.16.)

# PART 5

# 글로벌 소셜 매너 2

# Chapter 1 테이블 에티켓과 매너

## 1 서양식 테이블 에티켓과 매너

서양에서 식사예절이 중요하다는 건 누구나 알고 있다. 서양의 식사는 하나의 문화와 사교의 형태로 정착했기 때문이다. 서양의 식사예절을 모르면 세계를 모른다. 글로벌 비즈니스 무대에서 한국인들이 가장 어려워하고 실수를 많이 하는 것이 바로 테이블 매너다. 왜냐하면 한국요리는 한꺼번에 모든 음식이 차려져 나오는 '공간전개형'인 반면 서양요리는 순서에 따라 요리가 나오는 '시간전개형'이기 때문이다. 그래서 한국요리는 여러 사람이 식사할 때, 모든 요리가 다 나오기 전에 먼저 먹는 것을 예의에 어긋나는 것으로 여기지만, 서양요리는 요리가 나오는 대로 바로 먹기 시작하는 것이 중요하다. 이는 서양요리는 뜨거운 요리든, 차가운 요리든 가장 먹기 좋은 온도일 때 고객에게 서브되고 좌석배치에 따라 상석부터 제공되기 때문이다. 따라서 온도가 변하기 전에 먹는 것이 제맛을 즐길 수 있는 요령이다.

### 1) 서양 식사도구(tableware)의 역사

서양의 테이블 매너가 완성된 것은 19세기 영국의 빅토리아 여왕(Queen Victoria) 때이다. 일반적으로 17세기까지 대부분의 유럽인들은 손으로 식사를 하였는데, 이는 식사매너를 결정짓는 식사도구(tableware)가 온전히 일반화되지 않았기 때문이다.

식사도구의 역사를 살펴보면, 중세까지 귀족들은 개인이 각자의 나이프(knife)와 스푼(spoon)을 소지하였는데, 부엌도구로 사용하는 큰 칼과 식사도구와 단검 용도로 쓰는 나이프를 구별하였고, 단검은 정교하게 세공한 가죽칼집에 넣어 벨트에 차고 다녔다. 이에 비해 농노나 노예 등 낮은 계급의 사람들은 식탁이 아닌 땅바닥에서, 나무로 만든 볼(bowl)과 스푼을 사용했으며, 긴 양말 속에 끈으로 묶어 고정시킨 다목적용 나이프를 이용해 식사하였다. 15~16세기 나이프 날의 모양은 보다 가늘고, 우아해지고, 지지대(bolster)의 장식성을 강조하기 시작했다. 또한 장식성이 뛰어난 칼집도 시대적 흐름에 맞춰 다양한 디자인을 선보였다.

개인용 식사도구로의 포크(fork)는 초기 비잔티움(Byzantium)과 지극히 제한된 계급의 프랑스 식탁에서만 사용되었다. 샤를 5세가 남긴 재산목록에는 금과 은으로 제작된 포크도 포함되었는데, '이것은 오디(mullberries)처럼 손가락에 묻기 쉬운 음식을 먹을 때만 사용한다.'라는 설명이 첨부되었고, 1380년 찰스 5세의 재산목록에도 포크 소유에 관한 기록이 있을 만큼 포크는 매우 귀한 도구였다. 그러다 1533년 이탈리아의 카트린 드 메디치(Catherine de Médicis)가 앙리 2세(Henry II)와 결혼할 당시의 지참금 품목에 포크가 포함되었는데, 이것을 계기로 프랑스 서쪽에 포크가 전해졌다. 그러나 포크는 여전히 허례허식으로 여겨졌고, 음식의 대부분을 떨어뜨리게 만든다는 이유로 웃음거리가 되었다.

17세기에 많은 네덜란드와 독일의 식기도구 기술공들이 영국으로 이민을 와서 영국 런던의 식기도구 회사조합은 외국인을 포함한 모든 칼 만드는 사람들에게 의무적으로 '나이프 날에 마크를 새길 것'을 제도화하였다. 이로 인하여 각 공장들이 상품에 대한 통제를 가능하게 하고, 표준을 정립할 수 있었다.

17세기 들어와 나이프의 날은 이전의 가늘고 우아했던 것에 비하여, 짧고 끝은 둥글어지며, 폭도 넓어졌다. 날의 폭이 넓어진 것은 나이프의 표면적을 넓혀 음식을 그 위에 안전하게 얹어 입으로 옮기려는 의도적인 기능성에 입각한 것으로 해석할 수 있다. 이 위험한 습관은 18세기까지 이어져 대부분의 영국인들은 나이프를 평평한 스푼처럼 사용했고 특히 콩 같은 것은 칼등에 얹어 입에 넣는 일이 빈번하였다.

영국에서 포크가 식탁 위에 처음 등장한 공식기록은 1632년 러틀랜드 공작(Duke of Rutland)을 위해 만든 것이다. 두 갈래와 곧은 대를 가진 초기의 조리도구용 포크와 비슷한 형태이다. 영국에 포크가 유입된 경로에 대해서는 의견이 분분한데, 찰스 2세(Charles II)가 청교도혁명 중에 프랑스로 국외추방되었다가 1660년 왕정복고 시 프랑스의 포크를 영국에 소개하였다는 설이 유력하다. 이 당시 프랑스에서는 이미 포크가 유행했기 때문이다.

포크의 수용은 고기와 채소를 뒤섞어 끓인 대륙풍 조리법의 유행을 부른다. 더 이상 고깃덩어리를 부엌에서 미리 작게 잘라 손질할 필요가 없었고, 스푼으로 먹기 위해 으깨거나, 빻거나 작은 볼 형태로 둥글게 만들 필요가 없어졌기 때문이다. 이러한 조리법의 변화는 깊이가 얕은 접시류의 발달을 촉진하였다. 포크와 접시의 출현은 먹고 마시는 매너를 변형시킨 주요 인자였는데, 이러한 현상은 '태도의 세련화'에 한몫하였다. 또한 각 코스마다 깨끗한 냅킨을 제공하였던 관습도 포크의 등장과 함께 퇴색했다. 영국에서는 젊은이들의 올바른 식사행위 교습을 목적으로 한 에티켓 책이 발간되었고, 이러한 수련의 과정은 부유한 귀족계급의 통과의례로 자리 잡았다. 즉 식탁에서 식사도구를 능숙하게 다룰 수 있는 능력이 하나의 규범으로 인정받기 시작하였다.

개인용 식사도구가 갖춰진 18세기부터 식사를 원활히 하기 위한 다양한 종류의 서빙 기구들이 개발되었는데, 아스파라거스(Asparagus) 집게, 설탕 집게, 수프 스푼, 생선 서버, 소스용 국자, 치즈 스쿱(cheese scoop) 등의 특별한 도구들이 등장한다. 18세기 유럽은 더 이상 식탁 위에서 손을 쓸 필요가 없었다. 뿐만 아니라 잼(jam), 차(tea), 송로버섯(truffle) 캐비아(caviar), 달걀용 스푼은 물론 수프의 종류에 따라 스푼도 다양하게 바꿔서 사용하였고, 포크도 각종 해산물별로 각각 구비하게 되었다.

19세기에 포크는 대중화되었다. 18세기까지만 해도 일부 계층의 전유물이었던 것이 19세기 중반으로 접어들면서 상당수 유럽의 가정에서도 많은 수의 포크를 소유할 수 있었다. 이 시기에는 식탁 위에서 쓰는 식기도구의 종합적인 형태와 역할을 규격화하였다. 또한 생선용 나이프와 포크, 아이스크림 스푼과 케이크 포크 등 특화된 기구들의 증가에 따라 배열법도 변화했다. 즉 19세기부터 모든 식사의 코스에서 포크는 왼손에, 나이프는 오른손에 들고 먹는다는 일반적인 테이블 매너가 정립되었다.

20세기에 들어서면서부터 테이블 매너는 딱딱한 규범에서 탈피해 비정형화되어 가고 있다. 사회구조가 변하면서 전통적인 규범과 규제보다는 삶의 다양한 방편으로서의 매너가 자리매김하고 있다. 절차의 척도는 정확히 측정될 수 없고, 정지해 있는 것이 아니라 변화라는 내재적 특징을 안고 있는 것이다.

테이블 매너의 이론적 틀을 체계적으로 정립한 에밀리 포스트(Emily Post)도 "원래 용도와는 다르게 그 식사도구를 사용하였다고 해서 그것이 식사예법에 어긋나는 행동은 아니다. … 정찬용 포크로 굴요리를 먹거나, 티(tea)스푼으로 수프를 떠먹을 수는 없는 노릇이다. 음식에 어떤 도구를 써야 할지 본능적으로 알아차릴 수 있다. 하지만 생선요리를 먹기 위해 선택한 중간크기의 식사도구가 원래는 샐러드용으로 만들어진 것이더라도 문제될 것은 없다."라고 단언했다. 이는 테이블 매너의 기본정신이 형식에 있는 것이 아니라 서로가 즐거운 분위기에서 요리를 맛있게 먹는 데 있다는 것을 강조한 것이다.

현재는 식사예법이 더욱 자유롭고, 완화되고 있으나, 식사도구의 올바른 사용법을 알고 있는 것과 모르는 것에는 뚜렷한 차이가 나타날 수 있다. 이는 식사체계가 사회관계의 패턴을 표준화한다는 메리 더글러스(Mary Douglas)의 말처럼 식사는 사회관계의 상징인 것이다. 따라서 식사 시에 자기 이외의 다른 사람들에게 불쾌한 감정이나 느낌을 주지 않기 위하여 식사 시 지켜야 할 예의와 범절을 잘 알고, 타인들에게 실례가 되지 않도록 하는 식사예법의 절차와 매너가 오늘날까지 이어지고 있는 것이다.

## 2) 서양의 식사모임 절차

### (1) 예약

- 예약하는 방법
  - 이용날짜와 시간, 인원 수(어른, 아동, 유아로 구분) 등에 대하여 자세한 정보를 주면, 아이가 있는 경우 레스토랑에서 미리 유아용 의자를 준비할 수 있다.
  - 모임의 목적을 이야기한다. 가족의 생일, 사교적인 모임 등과 같이 구체적인 모임의 내용을 알려주면, 레스토랑에서는 어울리는 자리를 준비하여 목적에 맞는 서비스를 제공할 수 있다.
  - 모임 주최자는 레스토랑의 동선, 코스의 내용, 가격, 혹은 참석자 중 특정 음식에 알레르기가 있는지 등을 확인해야 한다.
  - 모임을 주최하는 호스트(host)의 이름과 연락처를 알려준다.
- 예약 후
  - 중요한 모임이나 윗사람과 함께하는 모임을 주최할 때, 익숙지 않은 레스토랑은 미리 가서 위치, 분위기 및 좌석현황을 파악하는 것이 좋다.
  - 약속시간은 반드시 지켜야 하며, 가급적 미리 도착하도록 한다.
  - 예약이란 상호 간의 신뢰를 바탕으로 한 약속이므로 만약 늦어지거나 예약한 인원 수에 변동이 있을 경우에는 레스토랑에 미리 알려주는 것이 좋다.

읽을거리

### 식당 '노쇼' 위약금 문다

앞으로 식당예약을 해놓고 식사 직전에 취소하거나 나타나지 않는 이른바 '예약 부도(No-Show · 노쇼)' 행위를 하면 위약금을 내야 한다. 항공기 운항이 지연될 경우 항공사가 '어쩔 수 없는 사유'라는 점을 입증하지 못하면 고객에게 보상해야 한다.

공정거래위원회는 이 같은 내용을 골자로 한 '소비자분쟁 해결기준' 개정안을 이날부터 시행한다고 밝혔다. 이는 소비자와 사업자 간 분쟁이 발생할 때 구체적인 합의 및 권고 기준을 담은 가이드라인(고시)이다. 다만 법적 구속력은 없기 때문에, 한쪽이 승복하지 않을 경우엔 민사소송을 통해 문제를 해결해야 한다.

개정안에 따르면 소상공인에게 재료비 등 손해를 끼치는 노쇼 행위를 방지하기 위해 위약금이 대폭 강화됐다. 일반식당의 경우 예약시간 1시간 이내에 취소하거나 아예 나타나지 않으면 예약보증금 전액이 위약금으로 부과된다. 반대로 식당 주인 사정으로 예약이 취소되면 예약보증금의 2배를 위약금으로 돌려받을 수 있다. 이에 따라 앞으로 예약보증금을 받는 식당이 크게 늘어날 전망이다. 돌잔치나 회갑연(환갑잔치) 등 연회는 예약일 1개월 이내에 취소하면 기존에 낸 계약금을 돌려받지 못하며, 특히 7일 이내 취소할 경우 이용금액의 10%도 추가로 내야 한다.

항공사 운항 지연에 대한 배상책임도 강화된다. 지금은 항공사가 '기상상태, 공항사정, 안전운항을 위한 정비 등 불가항력 사유'로 비행기를 늦게 띄울 경우 항공사의 배상책임(운임 10~30%)이 면제된다. 그러나 항공기 정비에 따른 지연까지 100% 면책사유로 인정하는 것은 불합리하다는 지적이 많았다. 이에 앞으로는 불가항력적 사유라 하더라도 그에 대한 항공사의 입증이 있어야 배상책임을 면제하도록 했다.

읽을거리

공정위 관계자는 "'정상적인 정비를 충실히 했지만 정말 예상치 못한 기체 결함이 발생했다'는 사실을 항공사가 입증해야 책임을 면할 수 있을 것"이라고 말했다.

또 모바일 상품권(기준금액 1만 원 초과 기준)은 80% 이상을 사용해야 잔액을 현금으로 환급받을 수 있었지만, 앞으로는 일반상품권처럼 60%만 사용해도 환급이 가능하다.

자료: 한국일보, 2018.02.28

### (2) 복장

정찬의 복장은 완벽한 수트는 아니더라도 최소한의 예절은 갖춰 입는다. 고급 레스토랑이라면 운동복이나 노타이 차림은 입장을 거부당할 수도 있다.

- 코트 및 가방(핸드백) 보관하기
  - 만약 클로크룸(Cloakroom)[1]이 있다면, 자리에 착석하기 전에 코트 및 크기가 큰 가방을 맡기고 가벼운 옷차림으로 입장하는 것이 좋다. 식사가 끝나면, 다시 클로크룸에서 코트와 가방을 되돌려 받는다. 만약 집으로 초대를 받은 경우라면, 호스트(host)는 코트 및 가방 보관장소를 안내하고 게스트(guest)는 가방을 테이블로 가져오지 않도록 한다.
  - 여성의 경우 작은 핸드백은 의자의 등받이와 자신의 등 사이에 놓고 앉는 것이 원칙이다. 여성 가방의 부피가 크다면 바닥 위에 그대로 놓아도 무방하다. 장갑을 착용했다면, 의자에 앉은 후 장갑을 벗어 핸드백 안에 넣어둔다.

### (3) 착석

- 착석 자세
  - 의자의 왼쪽으로 들어가서 앉는다. 나올 때도 같은 방향으로 나온다. 엉덩이는 의자 깊숙이 두고 허리는 반듯하게 세운다. 여성은 두 무릎과 다리도 같이 붙인다.
  - 식사가 시작되면, 의자를 테이블 쪽으로 당긴 후 테이블과 자기 가슴과의 간격은 주먹 하나가 들어갈 정도의 공간을 두고 앉으면 편안하다.
- 상석 위치
  - 고급레스토랑에서는 직원이 테이블을 안내한 뒤, 의자를 하나 빼주는데 바로 그 자리가 상석이다. 상석을 지정받았을 때 지나칠 정도의 사양은 오히려 실례가 될 수 있다. 다만, 안내받은 테이블 위치가 마음에 들지 않을 경우에는 "저쪽 자리는 안 될까요?"라는 식의 희망을 표시하는 것은 무방하다.

〈표 1-1〉에서는 상석과 말석을 구분하고 있다.

---

1) 겉옷이나 짐, 기타 휴대품을 맡겨두는 공간을 일컫는다. 고급 레스토랑에서는 이전부터 부피가 큰 외투는 식사매너에 어긋난다고 여겨 대부분 이곳에 맡기고 입장하였다.

〈표 1-1〉 상석과 말석의 구분

| 상석 | 말석 |
|---|---|
| • 직원이 먼저 안내해 주는 자리<br>• 입구에서 먼 곳<br>• 벽을 등진 곳<br>• 전망이 좋은 곳 | • 통로나 출입문에서 가까운 곳<br>• 벽 또는 출입문이 보이는 곳 |

- 자리 배치
  - 부부는 원칙적으로 떨어져 앉고 호스트와 공동 호스트는 테이블을 사이에 두고 마주 앉는다. 그리고 나머지 사람들은 남성과 여성이 교대로 섞어서 앉는다.

[그림 1-1]은 호스트의 인원과 테이블 종류에 따라 올바른 자리배치를 표시하고 있다.

[그림 1-1] 테이블에서의 자리배치

- 원형 테이블

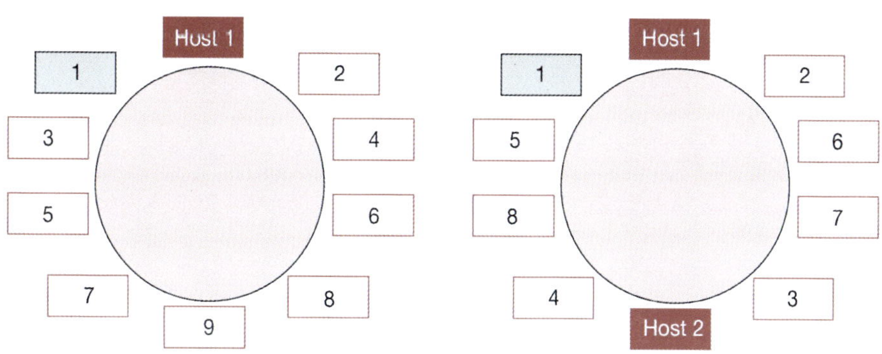


- 사각 테이블

주: 숫자는 서열 순을 의미한다. 1은 주빈(main guest)을 의미하며, 숫자가 커질수록 서열이 낮다는 것을 의미한다.

#### (4) 주문

원하는 메뉴가 있는지 메뉴판을 제대로 읽고 결정한다. 메뉴가 선정되었으면 메뉴판을 덮고 테이블 위에 놓은 다음 주문을 한다. "여기요~"나 손가락을 사용해 소리를 내는 행위, 휘파람 부는 행위를 하지 않는다. 레스토랑에서 메뉴를 선택할 때는 직원의 추천을 참조한다.

초대를 받은 경우, 호스트를 위해 저렴한 음식을 주문하는 것은 점잖은 태도가 아니다. 그렇다고 비싼 음식을 주문하는 것도 옳지 않다. 가격이 중간 정도인 것이 좋다.

#### (5) 식사

식사 시의 예절은 모든 매너의 기본이라 할 수 있다. 식사 때의 태도는 그 사람의 교양 정도를 파악할 수 있으므로 특히 신경을 써야 한다. 이는 식탁에서 발생할 수 있는 남을 배려하지 않는 불쾌함이나 실수로 생길 수 있는 안전사고 등을 미연에 방지하기 위함이다.

따라서 식사코스의 구조, 식사도구의 사용방법 등은 이후 보다 자세하게 다루고자 한다.

#### (6) 계산

식탁매너는 음식 값까지 다 치러야 식사가 끝난 것으로 간주된다. 따라서 계산은 커피나 식후주를 거의 마신 후 적당한 때에 직원에게 요청하여 앉은 자리에서 한다.

팁(tip)을 내야 할 경우에는 식사요금의 15~25% 정도를 계산을 마치고 영수증을 받을 때 자연스럽게 준다. 신용카드로 팁을 줄 때는 계산서의 팁난에 금액을 쓰고 음식요금과 함께 계산한다.

### 3) 서양의 식사코스 구조

서양요리는 식사코스에 따라 일품요리인 알라카르트(A la Carte)와 정식요리인 풀코스 메뉴(Full-course Menu)로 나뉜다. 풀코스를 대신할 수 있는 정식메뉴인 타블도트(Table d'hote)는 애피타이저→주요리→디저트로 정해진 3가지 코스를 말한다.

일품요리는 여러 가지 코스 요리 중에서 자신의 식성대로 원하는 음식만 선택하여 주문하는 요리를 말하며, 정식요리는 메뉴가 정해진 코스대로 순서에 따라 음식을 제공받는 것을 말한다.

일반적으로 정식코스메뉴는 코스의 종류와 주요리를 무엇으로 정하느냐에 따라 가격에 차이가 있으며 코스 순서도 현대에 와서는 5가지, 7가지 등으로 간소화되고 있다. 코스요리 제공순서를 보면 5가지 코스요리는 수프→빵과 버터→생선요리→주요리→디저트→음료 순으로 제공되고, 7가지 코스요리는 애피타이저→수프→빵과 버터→생선요리→셔벗 또는 소르베(생략될 수 있음)→주요리→샐러드→디저트→음료가 제공된다.

[그림 1-2]는 7가지 정식코스의 테이블 세팅에 대한 설명이다.

**[그림 1-2] 정식코스의 테이블 세팅(Formal Table Setting)**

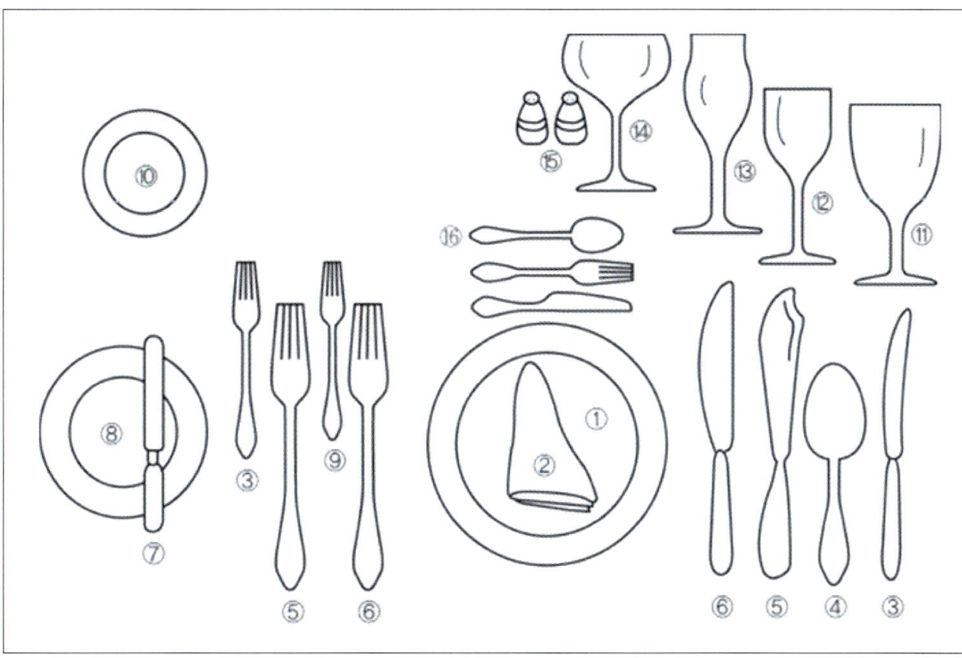


① 위치접시(serving plate or place plate): 좌석에 착석하면 위치접시를 치워주거나, 그 위에 음식이 담긴 접시를 올려놓는다.

② 냅킨(napkin): 정식 테이블 세팅에서는 서비스플레이트 위에 놓여 있고, 약식(informal) 테이블 세팅에서는 왼쪽 포크 위에 놓여 있다.

③ 애피타이저용 나이프와 포크(knife and fork for appetizer)

④ 수프 스푼(soup spoon)

⑤ 생선용 나이프와 포크(knife and fork for fish)

⑥ 육류용 나이프와 포크(knife and fork for meat)

⑦ 버터나이프(butter knife)

⑧ 빵 접시(bread plate)

⑨ 샐러드 포크(salad fork): 원칙은 육류용 포크가 ⑨번 자리이나 편의상 샐러드 포크와 위치를 바꾸어 세팅한다.

⑩ 버터와 잼 접시(butter and jam plate)

⑪ 물컵(water glass)

⑫ 백포도주 컵(white wine glass)

⑬ 적포도주 컵(red wine glass)

⑭ 샴페인 컵(champagne glass): 우리가 알고 있는 샴페인 잔은 '플루트(flute)'라고 부른다. 폭이 얇고 가늘고 길게 빠졌기 때문에 샴페인의 거품이 매우 아름답게 올라온다. 이 거품을 예쁘게 내기 위해서 잔의 밑바닥을 약간씩 변형된 형태로 만들어 내기도 한다. 일반적이지는 않지만 가끔 잔이 넓고 평평한 고블릿(goblet) 잔을 쓰기도 하는데 이 경우에는 향이 넓게 한꺼번에 피어오르고 색깔이 아름답게 퍼지는 장점은 있지만 거품이 금방 사라져버리는 단점이 있다.

플루트(flute)잔 고블릿(goblet)잔

⑮ 소금과 후추(salt and pepper)

⑯ 디저트용 스푼, 포크, 나이프(spoon, fork and knife for desserts)

### (1) 전채요리

주요리(main dish)를 먹기 전에 식욕을 돋우기 위해 간단히 먹는 요리로 전채는 애피타이저(appetizer), 스타터(starter), 오르되브르(hors d'oeuvre)로 각각 불린다. 단맛 보다는 짠맛이나 신맛으로 미각을 자극하는 것으로 모양이 예쁘면서도 분량은 적게, 그리고 먹기 편하게 준비된다. 포크와 나이프를 사용하여 먹으면 된다.

전채요리의 종류로는 카나페, 훈제연어, 생굴, 새우칵테일 등이 대중적인데, 이 중 서양에서 유일하게 생으로 먹는 어패류인 생굴은 반드시 살아 있는 것만 먹는다. 껍질을 떼지 않은 굴은 껍질을 떼면서 레몬을 끼얹어 먹으면 그 맛이 일품이며, 포크를 사용해서 먹어도 된다. 새우나 가재처럼 껍데기가 같이 나오는 통요리는 형태를 부수지 않고 속살만 발라먹어야 하고 생선은 가시 등의 문제가 있으므로 아주 노련하지 않으면 시키지 않는 것이 좋다.

또한 생야채를 썰어서 준비하는 경우도 있는데, 흔히 손님을 많이 초대하는 뷔페식 만찬장에서 사용된다. 당근, 오이, 셀러리 같은 야채를 손가락 크기로 잘라 차게 식혀서 소스와 함께 내면 된다. 이때는 자기가 좋아하는 것을 손으로 집어서 소스에 찍어 먹어도 된다.

전채요리 중에서 캐비아(Caviar), 푸아그라(Foie gras), 트뤼플(Tuffle)은 고가의 세계 3대 진미로 꼽는다.

### (2) 수프

수프는 진한 수프인 포타주(potage)와 맑은 수프인 콩소메(consomme)가 있다. 포타주는 생크림, 달걀노른자, 전분 등이 함유된 걸쭉한 수프로 주재료나 가니시(garnish)에 따라 수프의 이름이 다양하게 바뀐다. 가장자리 테두리가 넓으며, 손잡이가 없는 접시형태의 볼에 서빙된다. 콩소메는 육류, 생선뼈, 채소 등의 육수를 사용하여 만든 맑고 투명한 수프로 주로 맥주색이 나는 것이 특징이다. 묽은 수프의 뜨거운 온도와 농도를 유지하기 위해 양쪽에 손잡이가 있는 그릇에 제공되기도 한다. 이 그릇은 들고 마셔도 무방하다.

수프 떠먹는 방법은 영국식과 프랑스식으로 나뉜다. 영국식은 앞쪽에서 바깥쪽으로 떠먹는 것이며, 프랑스식은 바깥쪽에서 앞쪽으로 떠서 먹는 것이다. 영국식이나 프랑스식에 상관없이 왼손으로 가볍게 수프그릇을 잡고 오른손으로 떠서 먹는다([그림 1-3] 참조).

[그림 1-3] 수프 떠먹는 방법

뜨거운 수프가 나왔을 때에는 우선 스푼으로 조금 떠서 맛을 본 후, 스푼으로 저어서 식히도록 한다. 입으로 후후 불어가며 식혀먹는 것은 좋지 않으며 차를 마시듯 소리를 내어 먹는 것도 옳지 않다. 또한 스푼으로 뜬 수프를 한입에 먹지 않고 스푼 위에서 나눠 먹는 것도 자제해야 한다. 손잡이가 달려 있는 그릇에 담긴 수프는 손으로 그릇을 들고 마셔도 실례가 되지 않는다. 수프를 다 먹었을 경우 스푼은 뒤집어놓지 않고 그릇 중앙에 가로로 놓는다. 만약 수프접시가 나왔을 경우 스푼은 수프접시 위에 놓으면 된다. 또한 수프에 빵이나 비스킷, 크래커 등도 찍어 먹지 않는다.

스푼을 쥐는 방법은 연필을 잡는 것처럼 위에서부터 2/3정도의 위치를 잡으면 보기에 좋다.

(3) 빵

빵은 보통 디저트가 나오기 전까지 먹으면서 새로운 코스요리가 제공될 때 혀를 깨끗하게 해주고 앞에서 먹었던 요리의 맛이 남아 있지 않고 제대로 된 향을 느끼게 해주는 역할을 한다. 그래서 빵은 수프가 나온 후에 먹기 시작하고, 디저트가 나오기 전까지 먹는다. 빵 먹는 방법은 우리나라 사람들이 가장 실수하기 쉬운 식사예법이다.

빵은 나이프를 쓰지 않고 한입에 먹을 만큼 손으로 떼어 먹으며, 빵을 입으로 베어 먹어서는 안 된다. 버터나 올리브오일을 찍어 먹을 때에도 한입 크기로 뜯어 바르거나 찍어 먹는다. 빵 전체에 버터를 발라 입으로 뜯어 먹으면 큰 실례가 된다. 끈적거림이 많은 롤빵의 경우에는 포크와 나이프를 사용할 수 있다.

빵은 개인별로 제공되는 것이 원칙이나, 함께 먹을 수 있도록 바스켓에 제공되어 모든 사람들이 공유해야 하는 곳도 있다. 여럿이 먹는 빵 한 덩이를 자를 때는 손으로 하지 않으며, 바스켓 안에 있는 리넨(linen)을 사용하며 빵을 잡고 잘라낸다. 덩어리 빵을 떼어 낼 때, 빵 부스러기가 테이블 위에 떨어지기 쉬우므로 테이블 세팅 왼쪽에 있는 빵 접시 위에서 뜯어야 한다. 라운드 테이블에서 오른쪽이 물, 왼쪽이 빵이다. 덧붙여 상대에게 빵 바스켓을 건네줄 경우는 물잔을 건드려서 넘어뜨리지 않도록 조심해야 한다.

### (4) 생선요리

생선요리는 주요리는 아니지만 육류보다 연하고 열량이 적으며 칼슘, 단백질, 비타민 등이 풍부해 최근에 선호도가 높아지고 있는 추세이다. 제공되는 생선에는 대구, 도미, 농어 등의 바다생선과 송어, 연어 등의 민물생선이 있고, 새우와 전복, 가리비, 굴, 오징어 등도 생선요리에 포함된다.

생선요리에 곁들여 나오는 레몬은 포크를 이용하여 즙을 내는 것이다. 포크로 생선 위에 레몬을 올려놓고 짓이겨 즙을 내는 것이 원칙이나, 생선이 부스러질 것 같으면 레몬을 접시에 놓고 즙을 내서 찍어먹는 방법도 있다, 만일 레몬이 1/4조각 나오면 이때는 왼손의 엄지와 중지로 레몬을 잡고 레몬즙이 타인의 눈이나 옷에 튀지 않도록 주의하여 짜면 된다. 이때 오른손으로 감싸면 튀지도 않고 깔끔해 보인다. 또한 반으로 잘려 나온 레몬일 경우에는 레몬에 포크를 쑤셔 넣고, 레몬은 오른쪽으로 돌리고 포크는 왼쪽으로 조심스럽게 돌려 즙을 내면 된다.

생선요리를 먹을 때 생선을 뒤집지 말고 그 상태에서 나이프를 뼈와 아래쪽 살 부분 사이에 넣어 살과 뼈를 분리한다. 발라낸 뼈는 접시 위쪽에 함께 놓아두고, 남은 생선살을 동일한 방법으로 조금씩 잘라가며 먹는다. 간혹 가시를 모르고 먹는 경우에는 입에서 발라내 왼손으로 입을 가린 후 포크로 가시를 빼거나 오른손으로 살짝 빼내어 접시 가장자리에 올려놓는다. 또한 생선요리는 살이 무르기 때문에 나이프와 포크가 함께 놓여 있더라도 포크만으로 먹어도 된다.

새우요리가 나오면 우선 포크로 머리 부분을 고정시키고, 나이프를 새우의 살과 껍질 사이에 넣어 살을 벗겨내듯 하면서 꼬리 쪽으로 나이프를 옮겨간다. 이렇게 양쪽으로 반복하다 보면 껍질이 쉽게 벗겨진다. 다음으로 왼손의 포크로 꼬리 부분을 들어 올리고 오른손의 나이프로 껍질 부분을 누른다. 그런 후에 다시 포크로 살 부분만 당기면 쉽게 빠져나온다. 껍질만 한곳에 모아놓고 살을 왼쪽부터 잘라가며 마요네즈나 크림소스 등에 묻혀 먹는다.

### (5) 셔벗 또는 소르베

셔벗(Sherbet) 또는 소르베(Sorbet)는 프랑스 요리를 주로 하는 레스토랑이나 고급레스토랑에서 주로 생선요리를 먹은 후에 입맛을 개운하게 하기 위해 간단한 입가심용으로 제공한다. 보통 단맛을 내기보다는 술 종류를 얼린 것이 많다.

대개 다리가 긴 글라스에 담겨 나오므로 왼손으로 글라스의 다리를 잡고, 오른손으로는 디저트용 스푼을 이용해서 떠먹는다.

셔벗과 소르베의 구분은 다음과 같다. 셔벗(Sherbet)은 아이스크림과 소르베의 중간에 있는 것으로 얼린 과일과 함께 1~2%의 우유지방이 포함되었고, 소르베(Sorbet)는 얼린 과일만으로 만든 제품으로 유제품이 전혀 들어가지 않는다.

### (6) 주요리

주요리(main dish)는 프랑스어로 '앙트레(entrée)'라고 하며, 정찬에서 본격적인 육류요리로 구성된다. 주요리에 사용되는 주재료는 쇠고기, 양고기, 돼지고기, 송아지고기, 가금류 등이 있으나, 주요리에서 가장 선호되는 것은 쇠고기이며, 쇠고기의 부위별로 스테이크로 제공된다. 쇠고기 스테이크는 고기부위별로 그 명칭이 다양하다.

① 안심스테이크(Tenderloin Steak)는 프티필레(petit filet), 필레미뇽(filet mignon), 투르느도(tournedos), 필레(filet), 샤토브리앙(Chateaubriand), 테트(tete) 등의 6가지로 나뉜다.
② 등심스테이크(Sirloin Steak)는 뉴욕컷 스테이크(New-York Cut Steak), 포터하우스 스테이크(Porter House Steak) 등으로 나뉜다.
③ 갈비부위스테이크에는 티본스테이크(T-bone Steak), 립 스테이크(Rib Steak)가 있다.

다른 육류와 달리 쇠고기는 주문할 경우 고기의 굽기 정도를 요청할 수 있다. 굽는 정도에 따라 레어(rare ; 고기의 표면만 살짝 익히고 속은 날것인 상태), 미디엄(medium ; 반 정도만 익힌 것), 웰던(welldone ; 속까지 바싹 익힌 것) 등으로 나눈다. 이를 세분하여, 레어와 미디엄의 중간을 미디엄 레어(medium rare), 미디엄과 웰던의 중간을 미디엄

웰던(medium welldone)이라 한다.

고기요리는 한 번에 썰어놓고 먹기보다는 잘라가며 먹는 것이 좋은 매너다. 뼈가 있는 고기라면 뼈에서 떼어내기 어려운 부분은 고기가 남아 있더라도 그대로 남겨두는 것이 좋다.

고기요리와 함께 나오는 가니시(garnish)로 사용한 장식은 고기와 함께 교대로 먹어도 된다.

소스 또한 요리의 하나이다. 음식의 맛을 보지 않고 소금이나 후추 등을 본능적으로 뿌리는 경우가 있는데 이는 셰프(Chef)를 모독하는 행위이다. 요리가 주방에서 나올 때는 충분히 그대로 먹을 수 있게 나온 것임을 잊지 말아야 한다.

### (7) 샐러드

샐러드는 고기와 함께 먹으면 맛에서도 조화를 이루지만, 산성인 고기와 알칼리성인 샐러드가 만나 조화로운 영양섭취를 도울 수 있는 의미를 가진다. 샐러드는 신선하고 차가운 야채로서 양배추, 셀러리, 오이, 토마토 등이 드레싱(Dressing)과 함께 제공된다. 샐러드에 사용되는 소스를 특별히 드레싱이라고 부르는 이유는 소스가 뿌려진 모습이 마치 여성들이 드레스를 입은 모습과 같다고 해서 생겨났다. 드레싱은 재료에 따라 종류와 맛이 다양한데 사우전드 아일랜드 드레싱(Thousand Island dressing)[2], 이탈리안 드레싱(Italian Dressing)[3], 프렌치 드레싱(French Dressing)[4] 등이 대표적이다.

대개 고기요리를 전부 먹고 난 다음 샐러드를 먹기도 하는데 고기와 샐러드는 번갈아 먹는 것이 더욱 효과적이다. 샐러드는 나이프를 사용하지 않고 포크만 사용하는 것이 일반적이다.

### (8) 디저트

디저트(Dessert)는 식사를 마무리하는 단계에서 나오는 과자나 케이크, 과일 등이다. 디저트용 과자를 프랑스어로 '앙트르메(entremets)'라고 하는데, 이는 '앙트르(중간)'라는 단어와 '메(음식)'라는 단어의 합성어로 원래는 고기요리와 찜구이요리 사이에 나오는

2) 1,000 드레싱이라고 부르기도 한다. 마요네즈에 올리브오일, 레몬즙, 오렌지 주스, 파프리카, 우스터셔 소스, 머스터드, 식초, 크림, 칠리 소스, 토마토 퓌레, 케첩, 타바스코 소스 등을 넣어 만들 수 있다.

3) 이탈리안 드레싱의 주재료는 이처럼 오일과 식초를 3:1의 비율로 섞어서 만든다. 곁들이는 식재료는 주방장의 취향에 따라 변하고 있지만 주로 양파, 향신료, 고추 등이 들어간다.

4) 프렌치 드레싱은 미국에서 쓰는 용어이고 막상 프랑스에서는 식초 소스라고 불린다. 프렌치 드레싱을 만드는 비율은 보통 오일과 식초의 비율이 3:1인데, 우리나라 식초는 신맛이 강하여 5:1로 하는 것이 좋다.

빙과류를 일컫는 말이었다고 한다. 그러나 오늘날에는 빙과류를 포함한 달콤한 과자 전부를 가리키는 의미로 사용되며 영어로는 스위트(sweet)라고 부른다.

디저트용 과자는 달콤하고 부드러워야 하므로, 쿠키나 빵 같은 마른 과자는 조식의 빵 대신 혹은 오후에 차 마실 때 먹는 것이 좋다. 따뜻한 디저트로는 푸딩이 있고, 크림으로 만든 과자나 과일을 이용한 과자나 파이 등도 있다. 차가운 디저트로는 아이스크림, 셔벗이 있다.

과일은 수분의 많고 적음이나 형태에 따라 먹는 방법도 제각각이다. 수분이 많은 멜론은 스푼으로 먹는다. 사과나 감 등 수분이 적은 것은 나이프나 포크를 사용하고, 포도 또는 딸기 등 작은 것은 손으로 먹어도 된다.

### (9) 음료

모든 식사가 끝나면 마지막 코스에 원하는 음료를 주문하게 되는데 커피 또는 차를 주문할 수 있다. 커피 성분 중 카페인은 위산의 분비와 위의 운동을 돕기 때문에 식사 마지막 순서에 제공되며, 차를 주문할 경우에는 홍차, 녹차 등이 제공된다. 만약 티백을 이용해 제공하였다면, 티백은 물이 흐르지 않게 스푼으로 짜낸 후 접시 뒤쪽에 가로로 놓는다. 홍차는 조금 진하고 뜨거워야 제맛이 난다.

정찬코스에 따라 술이 제공되기도 한다.

① 식사 전에 마시는 술: 식전에는 소량의 알코올을 마셔 식욕을 돋우고 위산 분비를 촉진시킬 수 있는 가벼운 음료인 칵테일, 샴페인, 캄파리(Campari)[5], 셰리(Sherry)[6] 등을 마신다.

② 식사 중에 마시는 술: 식사 중에는 각 코스의 음식 맛을 더욱 좋게 만들고 소화를 돕는 역할 때문에 알코올 농도는 높지 않고 위에 자극을 주지 않는 와인이나 맥주가 좋다.

③ 식사 후에 마시는 술: 식후에는 소화를 돕고 입맛을 정리할 수 있는 리큐어(Liquor)[7]나 브랜디(Brandy)[8] 등 알코올 농도가 높고 향미가 풍부한 음료를 마시는 것이 좋다.

---

5) 이탈리아 전통 식전주로 주정 도수가 50Proof(25°) 정도이며 핏빛처럼 빨간 색깔의 상당히 쓴맛을 내며 온더록스, 오렌지 주스, 소다수를 넣어 애음된다.

6) 스페인에서 양조되는 백포도주(White Wine)로 엷은 색의 담백한 맛에서부터 진한 갈색의 달콤한 것까지 여러 가지가 있다. 담백한 것은 아페리티프(식전에 마시는 술)로 마시고, 달콤한 것은 디저트 와인(Dessert Wine)으로 마신다.

7) 일반적으로 증류주로도 알려져 있으며 보드카, 테킬라, 진, 럼 등이 유명하다.

## 4) 식사도구의 사용방법

### (1) 포크와 나이프 잡는 방법

먼저, 왼손으로 포크를 잡는다. 포크 갈래는 식사하는 사람을 향하지 않고 아래로 향해야 한다. 검지는 직선으로 포크 머리 근처의 뒷면에 놓도록 하되 너무 가까워서 음식에 닿지 않도록 주의한다. 이때 나머지 네 손가락은 자연스럽게 손잡이를 감싼다. 이는 종종 '손잡이 숨기기' 방법이라고 불린다. 식사하는 사람의 손이 손잡이 전체를 덮고 있기 때문에 포크의 손잡이가 완전히 손으로 가려지기 때문이다.

샐러드나 곁들임으로 나오는 콩, 밥 등은 왼손으로 먹기가 어려우므로 오른손에 포크를 바꾸어 쥐고 먹도록 한다. 포크를 오른손으로 옮겨서 잡을 때는 스푼처럼 잡고 사용하면 된다. 특히 둥근 콩 종류는 포크의 등으로 눌러서 납작하게 한 뒤 떠서 먹는다.

나이프는 오른손으로 잡으며, 손잡이 부분을 손으로 움켜쥐듯 잡는다. 검지를 펴서 나이프 윗면에 올려 음식을 자를 때 힘이 갈 수 있도록 한다. 나이프는 칼날이 접시 쪽, 즉 안쪽으로 오도록 쥐고 칼날이 상대편을 향하지 않도록 주의해야 한다. 또한 식사 시 음식물을 나이프 위에 올려 입안에 직접 넣는 것은 금기로 되어 있다는 것을 명심해야 한다. 마지막으로 포크와 나이프가 서로 부딪히는 소리가 나지 않도록 조심한다.

이것은 유럽 및 미국 스타일에 모두 적용되는 기본기이다. 그리고 두 가지 스타일 모두 오른손잡이에 적합하다. 왼손잡이의 경우, 해당 설명을 모두 반대방향으로 하면 된다.

[그림 1-4] 포크와 나이프 잡는 방법

8) 과실주를 증류하여 얻은 증류주를 오크통에 넣어 오랜 기간 숙성시킨 술. 코냑으로 더 많이 알려진 브랜디는 과일의 발효액을 증류시켜 만든 술이다. 어떤 원료를 사용하는지에 따라 포도브랜디, 사과브랜디, 체리브랜디 등으로 나뉜다.

### (2) 포크와 나이프를 이용한 커뮤니케이션

- 식사 중

음료를 마시거나, 음식 먹는 것을 잠시 중단할 때는 포크의 뒷면을 위로 하고, 나이프의 칼날을 안쪽으로 향하게 하여, 뒤집힌 "V" 모양이 되도록 접시 위에 놓는다. 이때 손잡이 부분이 테이블에 닿지 않도록 하는 것이 중요하다.

- 식사 마침

접시를 치워달라는 표시로 포크는 앞부분이 위로, 나이프의 칼날은 안쪽으로 향하게 한 후, 접시의 5시 방향에 가지런히 놓는다. 이러한 방법은 합리적이기도 하고, 보기에도 좋으므로 습관을 들이는 것이 좋다.

[그림 1-5] 포크와 나이프를 이용한 커뮤니케이션

식사 중

식사 마침

### (3) 핑거볼(finger bowl) 사용 매너

서양의 식사 예법 중에서 손으로 먹어도 되는 음식은 빵, 가재요리 또는 로스트 치킨, 뼈째 나오는 갈비요리, 꼬챙이에 꽂혀 있는 옥수수, 카나페 정도다.

핑거볼(finger bowl)은 주로 정찬 마지막에 나오는 과일을 먹은 뒤 과즙 묻은 손가락을 씻으라는 배려이다. 가재요리, 게요리, 새우 등을 먹을 때도 핑거볼(finger bowl)이 곧잘 따라 나온다. 또한 뼈가 달린 육류요리 뒤에도 손 씻을 물이 핑거볼(finger bowl)에 담겨 나온다.

핑거볼(finger bowl)은 보통 은(silver)이나 유리로 된 오목한 볼(bowl)에 레몬조각이나 꽃잎을 띄워 받침접시에 올려 나온다.

핑거볼(finger bowl)을 사용할 때에는 양손을 한꺼번에 넣지 말고 한 손씩 번갈아 씻은 뒤 냅킨으로 닦아내면 된다. 손 씻는 물은 레몬이나 꽃잎을 띄워 먹는 물과 구분한다.

[그림 1-6] 핑거볼 사용 매너

## 5) 냅킨 사용방법

냅킨(napkin)은 식탁에 올려놓은 작은 천으로, 먹을 때 음식을 흘리지 않게 하기 위해 사용한다. 냅킨이라는 말은 중세 영어에서, 테이블 덮는 천을 뜻하는 프랑스어 'nappe'에서 따왔다.

흔히 냅킨을 목에 거는 경우가 있는데, 이는 어린이나 몸이 불편한 사람, 또는 흔들리는 비행기나 기차의 식당을 이용할 때는 괜찮다. 그러나 보통은 무릎에 올려놓아 옷을 더럽히지 않도록 한다.

냅킨은 입을 닦거나 식사 도중 손에 음식물이 묻었을 때 닦는 데 사용한다. 간혹 땀을 닦거나, 코를 푸는 사람들이 많은데 이럴 때는 손수건[9]을 사용해야지 냅킨을 사용하면 안 된다. 식기나 나이프, 포크를 닦는 것도 금물이다.

여성들이 냅킨으로 입을 닦을 때에는 립스틱을 묻히지 않도록 조심한다. 식사 전 종이 휴지로 가볍게 립스틱을 닦아내면 유리잔에도 묻지 않는다.

냅킨을 더럽히지 않겠다고 너무 신경을 쓴 나머지 냅킨을 쓰지 않으면 '이 레스토랑의 냅킨은 불결하다'는 의미로 전달돼 초대한 사람을 미안하게 만들 수 있다.

[그림 1-7]은 올바른 냅킨의 사용방법을 보여주고 있다.

9) 외국인 중에서는 손수건을 보면 조건반사적으로 별반 유쾌하지 않은 감기나 콧물 따위의 단어를 떠올리는 이들이 적지 않다. 또한 손수건으로 코를 푸는 것이 아니라, 그저 닦아내는 정도로 생각해야 한다. 외국인들이 레스토랑에서 손수건으로 입 닦는 모습을 보면 적잖이 당황할 수 있다. 따라서 손수건을 식사장소에 시도 때도 없이 꺼내서는 안 되며, 손수건 사용에 대해 보다 주의를 기울여야 하는 이유가 여기에 있다.

[그림 1-7] 냅킨 사용방법

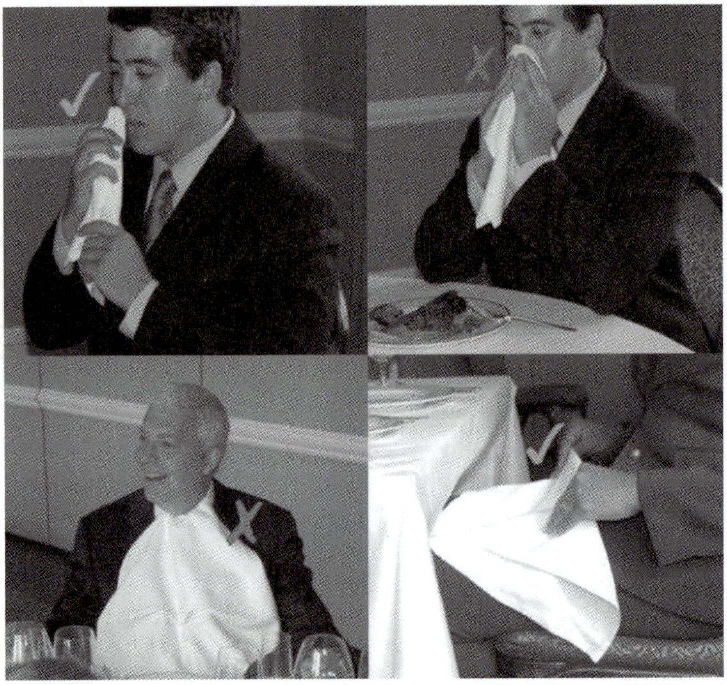

(1) 냅킨은 어디에 어떻게 올려놓아야 할까?

- 테이블 위에 놓인 냅킨은 테이블 아래로 가져와 조용히 편 후, 반으로 접어서 무릎 위에 올려놓는다.
- 냅킨을 안정감 있게 사용하고 싶을 때에는 냅킨을 사선으로 접어 무릎 위에 올려놓고 한쪽 끝은 허벅지 밑에 살짝 끼워둔다. 이렇게 하면 냅킨이 고정되어 있어 움직여도 냅킨이 떨어질 염려가 적다.

(2) 냅킨은 언제 펴서 사용해야 할까?

- 초대받았을 경우: 초대한 사람이 냅킨을 무릎 위에 올려놓으면 그 후에 사용한다.
- 평상시: 음식이 나오기 시작하면 냅킨을 무릎 위에 올려놓는다. 또한 동석자가 모두 착석한 후 첫 요리가 나오기 전에 펴는 것이 좋다.
- 뷔페의 경우: 식사를 시작할 때 냅킨을 무릎에 올려놓으면 된다.

### (3) 냅킨의 커뮤니케이션 방법

[그림 1-8]과 같이 냅킨을 이용한 커뮤니케이션 방법을 익혀두는 것이 좋다.

[그림 1-8] 냅킨 커뮤니케이션

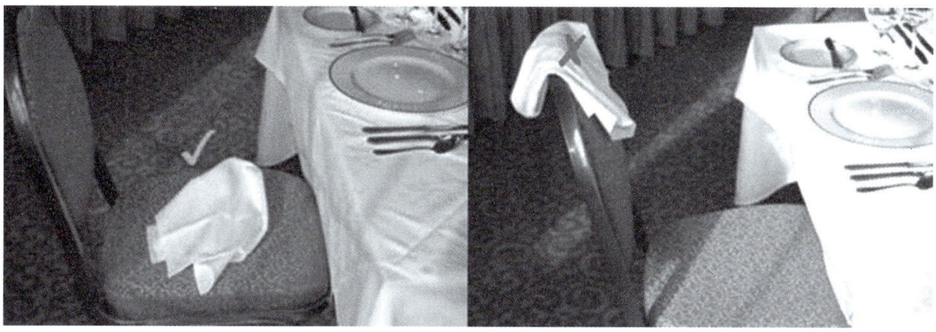

식사 중 잠시 자리를 비울 경우

식사를 모두 마친 경우

- 식사 중간에 잠시 자리를 비울 경우에는 냅킨을 가볍게 접어 자신의 의자 위에 올려놓는다. 의자의 팔걸이 또는 등받이에 걸쳐놓아서는 안 된다.
- 식사 도중 늦게 온 사람을 만났을 때에는 반갑다고 바로 일어나지 말고 먼저 입안의 음식을 다 먹은 다음 냅킨으로 입 언저리를 닦고, 냅킨을 왼손에 쥐고 일어나 인사한다.
- 식사를 모두 마친 경우에는 냅킨을 너무 반듯하게 접지 말고 적당히 접어 테이블 위에 올려놓는다. 접시가 있으면 접시 왼쪽에 놓는다. 냅킨을 테이블 위에 두면 식사가 모두 끝났다는 뜻이다. 따라서 커피까지 다 마신 뒤 테이블 위에 올려놓는다. 식사 후 냅킨을 꾸깃꾸깃하게 내팽개치듯 테이블 위에 던져놓지 말자. 서양에서는 식사 뒤 냅킨 처리하는 것을 보고 그 사람의 매너를 저울질한다고 말할 정도다.

- 만약, 냅킨에 냅킨 링(ring)이 꽂혀 있다면 냅킨을 뺀 링은 테이블 전체 세팅의 왼쪽 윗부분에 올려놓는다.
- 식사가 끝나면 냅킨의 중간부분을 잡고, 다시 링을 끼운다. 이때 포인트 부분이 테이블 중심을 향해야 한다.

### 6) 서양식 기본 테이블 매너

식사는 즐거운 분위기 속에서 맛있게 먹기 위한 것이다. 주위 사람들에게 불쾌감을 주지 않으면서 서로가 기분 좋게 즐기려 하는 마음가짐이 기본 테이블 매너라고 할 수 있다.

- 입안의 음식물이 보이지 않게 먹는다.
  음식물이 보이지 않도록 입을 벌리고 먹지 않으며, 쩝쩝 소리를 내지 않는다.
- 급하게 먹지 않는다.
  천천히 음식을 먹으며, 충분히 그 자리를 즐긴다.
- 입안을 가득 채우지 않는다.
  크기가 큰 음식을 입안으로 구겨 넣지 않으며, 입안이 이미 가득 차 있으면, 다른 음식을 먹지 않는다.
- 음식물이 입안에 있을 때 말하지 않는다.
  음식물이 입안에 있을 때 대화를 하면 보기 좋지 않고, 알아듣기도 힘들다.
  음식물이 조금이라도 입안에 남아 있으면 말을 하지 않으며, 상대방에게 양해를 구하고 입안의 음식을 다 먹은 후 질문에 답한다.
- 접근
  무엇인가 필요할 때, 내 구역 안에 있는 것만 접근하며, 다른 사람의 자리 쪽까지 침범해야 할 경우, 양해를 구하고 필요한 것을 건네달라고 부탁한다.
- 음식을 불지 않는다.
  뜨거운 음식을 먹는다고 해서 식히기 위해 입으로 불지 않는다.
- 식사도구를 흔들지 않는다.
  포크나 나이프를 들고, 제스처를 하며 대화하지 않는다. 이는 상대방에게 불안감을 느끼게 할 수 있기 때문이다.

- 꼼지락거리지 않는다.

타이, 주얼리, 머리, 냅킨 등을 만지며 꼼지락거리지 않는다.

- 손을 흔들지 않는다.

서빙을 원하지 않을 때, 손을 흔들며 거부의사를 밝히지 않는다.
"괜찮습니다."라고 정중하게 말로 표현한다.

- 접시를 밀지 않는다.

음식을 다 먹었다는 표시로 접시를 밀지 않는다.

- 구부정하게 앉지 않는다.

뻣뻣하게 앉아 있을 필요는 없다. 어깨를 구부리고 앉지 않으며, 의자에 너무 기대어 앉지도 않는다. 의자에 너무 기대앉을 경우는 '나는 관심이 없다'는 뜻으로 보일 수 있으므로 테이블 매너에 어긋나는 행동이라 볼 수 있다.

- 이쑤시개를 쓰지 않는다.

이쑤시개는 레스토랑을 걸어 다니거나, 다 같이 앉은 테이블에서 사용하지 않는다.
또한 혀를 사용해 소리를 내며 치아에 낀 음식물을 제거하지 않는다.
식사가 힘들 정도로 입속에 이물질이 끼어 있다면, 양해를 구하고 화장실에 가서 해결한다.

- 팔꿈치를 테이블에 올려놓지 않는다.

팔꿈치를 테이블 위에 올려놓지 않는다. 단, 음식을 먹지 않거나, 도구들이 테이블에 세팅되어 있지 않을 경우에는 괜찮다. 또한 턱을 괴고 있는 자세도 삼가야 한다.

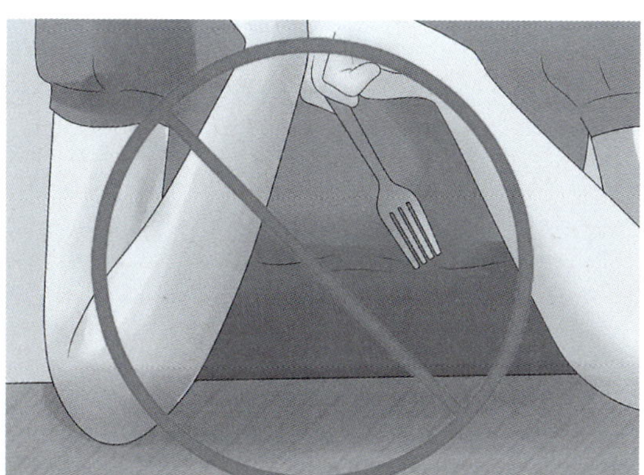

- 몸단장을 하지 않는다.
  테이블 주변에서 매무새를 단장하지 않는다. 레스토랑 테이블에서 빗질을 하거나 립스틱을 바르거나 화장을 수정하지 않는다. 특히 음식이 서빙되고 있을 때 팔을 머리 주변 쪽으로 움직이지 않는다. 추가적으로 강한 향수는 요리의 냄새와 맛에 영향을 미치므로, 주의해야 한다.
- 발을 꼬지 않는다.
  발을 꼬아서 앉으면 반듯한 자세로 앉기 어렵다. 발을 꼬지 않고, 또한 떨지도 않는다.
- 주위 사람들과 음식 먹는 속도를 맞춘다.
  식사 시 음식 먹는 속도가 다른 사람들보다 빠르거나 느리지 않도록 보조를 맞춰야 한다.

## 7) 상황별 테이블 매너

- 음식물을 입에서 빼낼 때
  도구를 사용하여 음식을 먹었을 경우, 한 손으로 입을 가리고 도구를 사용해 입안의 음식물을 꺼낸다.
  치킨, 자두 같은 음식을 손으로 먹었을 경우, 뼈나 씨는 손으로 꺼낸다. 단, 생선의 경우 포크로 먹었어도 뼈 자체가 얇기 때문에 손으로 꺼내도 된다.
  가능하다면, 입에서 꺼낸 음식물은 보이지 않게 다른 음식물로 덮어둔다.
  누군가의 집에 초대받아서 식사하는 경우라면, 음식이 이상하거나 입에 맞지 않을 때 음식을 준비한 사람이 민망해 할 수 있으므로 티나지 않게 하거나, 적당한 이유를 찾아서 이야기한다.
  음식물을 입안에서 꺼낼 때, 냅킨을 절대 사용하지 않는다.
- 맛을 볼 때
  상대방의 음식을 맛볼 경우, 나의 포크를 상대방에게 건네고 한입에 먹을 수 있는 작은 사이즈를 건네받는다. 또는 상대방이 가까이에 앉아 있다면, 상대방이 음식을 올려놓을 수 있도록 내 접시를 잡고 기다린다.
  포크에 음식을 한가득 담아 상대방의 입에 가져다주지 않으며, 다른 사람의 접시에 포크를 갖다 대지 않는다.

- 식사도구를 바닥에 떨어뜨렸을 때

식사도구나 냅킨 등이 바닥에 떨어졌을 때, 절대 허리를 숙여 줍지 않는다. 레스토랑에서라면 직원이 새로운 것을 가져다주기를 기다린다. 만약 직원이 알아차리지 못한다면, 정중히 부탁한다.

- 엎질렀을 때

접시에 있는 음식을 엎질렀을 경우, 깨끗한 스푼이나 나이프를 이용해 음식을 담고, 냅킨을 적셔 얼룩진 부분을 누르듯이 닦는다.

음료를 쏟았을 경우, 빠르게 잔(glass)을 똑바로 세운 후, 주변 사람들에게 피해가 가지 않았는지 확인하고 미안하다는 말을 한다. 레스토랑에서라면, 직원에게 치워달라고 신호를 보내며, 집에 초대받았을 경우라면, 호스트(host)에게 도움을 요청한다.

- 기침과 재채기가 나올 때

기침이나 재채기가 나오려고 하면, 손수건(handkerchief), 티슈, 냅킨으로 입을 막는다. 만약 이런 것들이 주변에 없다면, 한쪽 팔 전체를 이용하여 최대한 가리고 한다. 기침과 재채기가 끝나면, "실례했습니다."라고 말한다.

코를 풀어야 할 경우라면, 양해를 구하고 화장실로 가서 해결한 뒤 손을 씻고 나오도록 한다.

[그림 1-9]는 올바른 기침과 재채기하는 자세를 알려준다.

**[그림 1-9] 올바른 기침과 재채기하는 자세**

- 목에 음식물이 걸렸을 때

  음식물이나 물이 목에 걸렸을 경우, 입을 가리고 기침을 한다. 기침이 지속된다면, 양해를 구하고 자리에서 일어난다.

  만약 기침 또는 말을 못할 정도로 심각한 상황이라면 직원 또는 주변의 도움을 청한다.

- 실례할 때

  화장실에 갈 경우, 조용히 일어나 "잠시 실례하겠습니다. 금방 돌아오겠습니다."라고 말하면 된다.

  만약 다른 일로 실례해야 할 경우라면, 간단하게 설명하고 양해를 구한다. 그러나 긴급한 상황이 아니면 식사하는 동안은 자리에서 일어나지 않는 것이 좋은 매너이다.

- 돌, 벌레, 머리카락 등의 이물질이 나왔을 때

  먹어서는 안 될 이물질을 먹었을 때에는 뱉어야 하는데 이때 되도록 남의 눈에 띄지 않도록 조용히 종이 냅킨에 뱉는다. 한편 먹기 전에 이물질을 발견한 경우에는 너무 역겨울 정도가 아니면 재빨리 이물질을 제거한 후 식사를 계속한다. 그러나 비위가 상한 경우에는 음식을 먹지 말고 그대로 둔 후 레스토랑에서라면 직원을 불러 잘못을 지적한 후 시정을 요구하고, 집에 초대받았을 경우에는 호스트(host)에게 새 음식으로 바꾸어줄 것을 요구한다.

## 2 동양식 테이블 에티켓과 매너

### 1) 한국음식 예절

한국음식은 오랜 전통과 역사 속에서 발달해 오면서 지방에 따라 다양한 특색을 나타내며, 그 지방만의 독특한 음식문화를 자랑하기도 한다. 여러 가지 양념을 곁들이고, 무엇보다 손끝에서 우러나는 감칠맛을 지닌 한국음식은 우리에게 일상음식이지만, 특별한 날에는 가장 푸짐하고 정갈한 요리가 될 수 있다. 따라서 한식과 그에 따른 식사예법은 누구보다도 우리가 먼저 지키고, 바르게 알아두어야 외국인에게도 자신 있게 대접할 수 있을 것이다.

우리나라 음식의 상차림에는 반상, 면상, 주안상, 교자상 등이 있다. 반상은 평상시 어른들이 먹는 진지상이고, 면상은 점심 같은 때 간단히 별식으로 국수류를 차리는 상이다. 주안상은 적은 수의 손님에게 약주대접을 할 때 차리는 술상이고, 교자상은 생일, 돌, 환갑, 혼인 등 잔치 때 차리는 상이다.

비즈니스와 사교의 영역이 넓어지고 외국인과의 대면이 자연스러워진 만큼 그들에게 우리의 음식을 접대할 기회가 많아지고 있다. 그러나 외국인들에게 무조건 한국식을 권하기보다는 요리는 우리 것으로, 접대방식은 서양식으로 하는 이른바 절충식이 어떨까 한다.

### (1) 외국인에게 한식 대접하기

- 음식을 한 사람 앞에 한 접시씩 순서대로 제공한다.
- 간장과 김치, 나물, 젓갈 등 서너 가지 밑반찬은 처음부터 상 위에 준비하여, 밑반찬은 수시로 먹는 거라고 설명해 주면 좋다.
- 코스의 가짓수에 따라 애피타이저, 죽, 생선, 고기, 밥과 국, 후식 순서대로 제공한다.
- 수저의 경우 서양식으로 바깥쪽부터 죽, 신선로 등 국물음식, 밥 먹을 때 사용하는 수저 순으로 세팅한다.
- 국을 대접하고자 할 때에는 건더기를 적게 해서 준비한다. 여름철에는 오이냉국을 대접하면 효과적이다.
- 손님을 많이 초대할 때에는 뷔페 스타일로 대접하는 것이 좋다.
- 디저트로는 커피나 홍차 대신 수정과, 식혜 등을 준비해 두는 것도 좋다.

### (2) 한식 식사예절

- 좌석의 위치: 어른이나 손님이 상석에 앉는다.
- 앉는 자세: 모서리를 피해서 앉으며 척추를 바로 세워 반듯한 자세로 앉는다. 팔로 방바닥을 짚거나 신문을 보면서 식사하는 것은 옳지 못하다.
- 어른과 함께 식사할 경우: 어른이 먼저 수저를 드신 다음 아랫사람이 식사를 시

작하며 식사의 속도는 여러 사람과 보조를 맞추는 것이 좋다. 어른보다 먼저 식사가 끝났을 때에는 수저를 국대접에 걸쳐놓았다가 식사가 끝나면 수저를 내려놓는다.

- 수저의 사용: 숟가락과 젓가락은 한 손에 같이 사용하지 말고 하나씩 사용한다. 또한 식사 중에 숟가락과 젓가락을 내려놓을 때는 항상 수저 받침대 위에 숟가락과 젓가락을 가지런히 올려놓는다.
- 냅킨의 사용: 상차림에는 반드시 냅킨을 준비하여 놓는다.
- 개인접시의 사용: 여럿이 식사할 때에는 개인접시를 마련하여 자기가 먹을 양만큼을 덜어 먹는다.
- 음식을 먹을 때: 자기 기호에 맞는 것만을 골라 먹음으로써 다른 사람에게 피해를 주는 일이 없도록 한다. 음식은 한입에 먹을 만큼만 집어서 입을 다물고 먹는다. 음식이 입 속에 가득 있을 때에는 말을 하지 않는다.
- 음식을 먹는 도중의 대화: 한식 식사예절로는 식사 중에 이야기를 하지 않는 것이 예의이나 분위기를 부드럽게 하는 정도의 가벼운 이야기는 해도 좋다.
- 식사 도중: 식사 중에는 자리를 떠나지 않는 것이 좋다.
- 식사 후: 식사 후 트림이나 양치질, 이쑤시개 사용, 화장 등은 다른 사람에게 불쾌감을 주기 쉬우므로 모르게 해결하는 것이 좋다.

## 2) 중국음식 예절

중국음식은 세계 어디에서나 인기 있는 음식이다. 중국은 워낙 넓고 큰 나라여서 각 지역마다 재료와 기후, 풍토가 달라서 일찍이 지방마다 독특한 식문화가 발달하였다.

### (1) 중국요리의 종류

- 산둥요리

  산둥요리(山東料理 또는 魯菜)는 중국의 산둥성에서 태어난 요리로 중국 팔대요리(팔대차이)의 하나다. 북경요리의 원형이며 '노채(魯菜)'로 불린다. 그 역사는 북송 무렵까지 거슬러 올라가며 명 · 청 때에는 궁중요리로서 베이징의 황궁에서 요리되었다.

  산둥요리의 특징은 향기가 좋고, 짜고, 씹는 맛은 부드럽고, 채색이 선명하고,

구조는 섬세하다. 투명한 국물(清湯)과 희고 향기로운 탕(奶湯)이 잘 사용되어 파 등을 향미료에 사용한다. 또 바다가 가까워 생선과 어패류를 사용한 요리가 많은 것도 특징이다.

• 쓰촨요리

사천요리 또는 쓰촨요리는 중화요리 중 쓰촨 지방의 요리로 중국을 제외한 전 세계에서 부르는 이름이다. 중국에서는 촨차이(川菜)라고 한다. 좁은 뜻으로는 쓰촨 지방의 향토요리이고, 광의로는 원래 쓰촨성의 일부였던, 충칭의 요리는 물론이고, 공통된 특징을 갖는 윈난성, 구이저우성 등의 요리도 포함한 향토요리의 계통을 말한다.

톡 쏘는 얼얼한 매운맛을 의미하는 마라(麻辣)를 맛의 중심으로 하고 있고, 중국 다른 지방의 요리와 비교해도 향신료를 많이 쓰는 편이다. 이것은 사천(쓰촨) 성이나 충칭의 여름이 습도가 높고, 겨울과 기온 차가 큰 기후와 밀접하게 관계되어 있다. 내륙지방이라는 지역성을 반영해 해산물 재료는 적게 들어가고, 야채나 닭, 오리고기, 곡류를 주재료로 하고 있지만 최근에는 유통망이 발달해서 음식 재료로 해산물도 서서히 받아들이고 있다.

• 화이양 요리

화이양 요리(淮揚菜)는 중화요리 중 하나로 주변의 화이허강에서 양쯔강까지 파생된 중국 사대 요리 중 하나로 손꼽힌다. 중심 지역은 안후이성의 화이안, 양저우, 전장이다. 비록 장쑤요리의 아류로 분류되기는 하지만, 화이양 요리는 널리 장쑤요리 중 인기 있고, 귀하고 특색 있는 요리로 손꼽힌다.

화이양 요리는 특징적으로 그 주재료에서 발견된다. 특히 그 재료를 자르는 방법이 요리와 최종 맛을 결정한다. 요리는 전장 지역에서 만든 톡 쏘는 식초를 사용한 것으로 또한 알려져 있다. 화이양 요리는 타 지역과 비교해서 달콤하고, 맵지 않다. 돼지고기, 신선한 민물고기와 민물 어류가 대부분의 요리에 주요 식재이다. 이것이 북쪽 지방의 식사 습관을 섬세하고 가볍게 한다.

• 광둥요리

광둥요리(廣東料理)란 중국의 동남부에 있는 광둥성, 푸젠성, 광시좡족자치구 등지에서 주로 먹는 요리를 말한다. 이 지역은 바다를 끼고, 비교적 온난한 아열대성 기후를 가지고 있어 다양한 해산물과 과일을 비롯한 다양한 식재료가 있는 것이 특징이다.

중국요리 중 가장 다양한 식재료를 가지고 있어, 네 발 달린 것이면 책상 빼고 무엇이든 요리로 만들어진다는 말이 이곳에서 나왔다. 온난 습윤한 아열대 기후에서 자라는 다양한 야채나 과일에 남쪽 바다에 접해 있어 어패류를 사용한 요리가 많고, 아열대성 채소를 사용하여 맛이 신선하고 담백한 것이 특징이다.

### (2) 중식 식사예절

- 밥그릇을 제외하고, 다른 그릇을 손으로 잡고 먹지 않는다. 즉 중국에서는 밥그릇만 손으로 받쳐 들고 먹는다. 중국인들은 숟가락으로 밥을 먹는 개념이 없다. 따라서 젓가락으로만 밥을 먹기 때문에 밥알이 떨어지지 않기 위해서는 밥그릇을 손으로 들고 먹을 수밖에 없다.
- 요리와 밥은 젓가락을 이용해 먹으며, 사기로 된 국자모양의 숟가락인 렝게는 탕을 먹을 때만 제한적으로 쓴다. 탕을 다 먹은 뒤에는 숟가락을 뒤집어놓는 게 매너다.
- 큰 접시에 음식이 담겨 나왔을 때는 자기 접시에 적당히 덜고 난 다음 양념을 쳐서 먹도록 한다.
- 회전반에 요리가 놓이면 회전반을 시계방향으로 천천히 돌리며 주빈(main guest)부터 음식을 뜨는 게 원칙이다.
- 적당량의 음식을 자기 앞에 덜어 먹고, 새 요리가 나올 때마다 새 접시를 쓰도록 한다.
- 젓가락으로 요리를 찔러 먹어서는 안 되며, 식사 중에 젓가락을 사용하지 않을 때는 접시 끝에다 걸쳐놓고, 식사가 끝나면 상 위가 아닌 받침대에 처음처럼 올려놓는다.
- 중국식당에서는 녹차, 우롱차, 홍차 등의 향기로운 차가 제공된다. 한 가지 음식을 먹은 후에는 한 모금의 차로 남아 있는 음식의 맛과 향을 제거하고 새로 나온 음식을 즐기면 된다.
- 접대를 하거나 받는 자리에서 식사할 때 사업이야기나 용건 등을 이야기하면 중국인들은 상당히 불편하게 생각한다. 제일 좋은 것은 그런 이야기를 적게 하는 것이고, 꼭 필요하다면 분위기가 무르익었을 무렵 간단하게 하는 것이 좋다.

사업이야기도 여러 가지 적절한 비유를 통해 하며, 단도직입적으로 이야기하지 않는 게 좋다.

- 접대하는 자리라면, 식사 주문에 반드시 생선을 포함하는 것이 좋다. 생선이 들어가야 제대로 접대하였다는 인상을 줄 수 있기 때문이다. 그리고 생선의 머리는 그날의 주빈을 향해 놓는 것이 일반적이다. 생선을 먹을 경우 뒤집어서 먹지 않도록 한다. 이는 생선을 뒤집으면 배가 뒤집히는 것과 같은 뜻으로 여겨 불길하다고 생각하기 때문이다.
- 식사 자리에 초대받았을 때, 그릇을 싹싹 비우면 식사를 초대한 중국인에게 '준비한 양이 적어 허기진다.'는 부정적인 의미가 되어 실례를 범할 수 있다. 중국인들은 준비한 음식의 양으로 주인의 성의를 평가하므로 다 먹을 수 없을 정도로 푸짐하게 차린 식사를 최고로 여기기 때문이다. 다만, 요즘은 '음식 낭비 줄이기' 운동으로 음식 남기는 것을 자제하고 있다고 한다.
- 접대받은 자리에서 음식을 다 먹고 나서는 반드시 인사를 해야 한다. 너무나 맛있고, 너무 많아서 다 먹을 수 없었다든가, 그 요리의 맛이 매우 수준급이라든가 등의 표현을 몇 번이고 해야 예의 있는 것으로 여겨지기 때문이다.

## 3) 일본음식 예절

일본음식은 입으로 느끼는 맛과 함께 눈으로 보는 시각적인 맛을 중시하는 것이 특징이다.

### (1) 일본요리의 종류

일본요리는 아주 크게 나눠서 간토(관동), 간사이(관서), 오키나와, 홋카이도의 4개로 분류할 수 있다.

- 간토(관동)요리

  간장을 듬뿍 써서 진한 색깔과 진한 맛의 특징을 가진다. 흔히 일본여행을 갔다가 "일본요리가 정갈하고 깔끔할 줄 알았는데 알고 보니 무진장 짜고 달더라"고 토로하면 간토요리를 접한 것일 가능성이 크다. 하지만 간사이 음식처럼 과도하게 섬세한 기교를 요구하는 요리가 많지 않은 것이 장점이며, 간 자체가 달고 짠 동시에 감칠맛까지 복합적이다.

- 간사이(관서)요리

1,000년 가까이 수도 역할을 하던 교토의 요리(교료리)에서 직접적인 영향을 받은지라 미적 감각을 중시하여 색을 강하게 내지 않는 것이 특징이다. 단, 교토가 우리나라 대구와 같은 분지지형에 바다가 없었던 기후 때문에 소금 간이 강해서, 보기와는 다르게 상당히 짠맛이 많다.

- 오키나와(류큐요리)

일본요리라 하기 애매할 만큼 따로 발달했다. 일본과는 기후가 많이 다르다보니 계절감각 또한 일본과 다르다. 일반 음식들은 거의 남중국/대만식에 가까운 지극히 서민적인 모습을 하고 있다. 동아시아로 통하는 관문의 역할을 하다 보니 필리핀과 인도네시아와 같은 동남아 음식의 영향도 많이 받았다. 훗날 미군이 주둔하면서 서양 요리기법이 섞이거나, 식재료로서 스팸(현지에서는 '포크(ポーク)'라고 부른다)이 널리 퍼진 것도 유별난 특징이다.

- 홋카이도 요리

홋카이도 지방의 전통적인 요리는 사실 일본요리의 범주에 넣기에는 애매하며, 오키나와와는 달리 자료도 그다지 남아 있지 않다. 그러나 개화기 이후에는 당시 일본 제국의 주도하에 대규모 목축업이 이루어진 점을 이용하여 서양화의 극치인 유제품을 적극 사용하는 경향을 보인다. 라멘에 버터와 옥수수통조림을 한 숟가락씩 넣는 것도 홋카이도의 발상이고, 일본식 크림스튜도 마찬가지다.

## (2) 일식 식사예절

- 일식에서는 아주 예외적인 몇몇 경우를 제외하고는 젓가락만을 사용한다. 음식을 집고, 자르고, 바르고, 건지는 행위를 모두 젓가락만 갖고 한다. 젓가락과 관련된 기본적인 테이블 매너는 한식의 경우와 거의 같다. ① 젓가락에 붙은 걸 먹으려고 빨거나 핥으면 안 되고 ② 포크처럼 음식을 젓가락으로 찍어 먹어서는 안 된다. ③ 담겨 있는 음식을 헤집어서는 안 되고 ④ 젓가락을 든 채 뭘 먹을까 상 위를 배회해서는 안 된다. ⑤ 젓가락을 나란히 들고 상 위에 '콩' 하고 내리쳐서 길이를 맞추는 것도 안 되고 ⑥ 얘기 도중에 무심코 젓가락으로 사물이나 사람을 가리켜도 안 된다.

- 나무젓가락을 쪼갤 때는 테이블 위가 아닌 무릎 위에서, 세로가 아니라 가로로 들고, 좌우가 아니라 상하로 쪼갠다.
- 젓가락은 젓가락 받침이 있는 경우에는 반드시 젓가락 받침 위에 놓고, 젓가락 받침이 없는 경우에는 젓가락이 들어 있는 종이 커버를 삼각형 또는 리본형으로 접어 젓가락 받침을 만들어 사용한다. 본인용 간장종지 등에 젓가락을 올려놓는 것은 에티켓에 어긋나지 않지만, 음식이 닿는 쪽만을 올려놓도록 한다.
- 그릇 위를 가로질러 평행하게 젓가락을 올려놓는 것은 그만 먹겠다는 신호이다. 식사를 다 마친 경우에는 젓가락의 음식이 닿는 쪽을 젓가락 커버에 넣어 내려놓는다.
- 일식의 경우 젓가락만을 사용하기 때문에 된장국 등 국물이 있는 음식은 그릇째 들고 마신다. 국물류 그릇 이외에도 밥그릇, 소형 반찬그릇, 메밀국수나 튀김류의 양념장 그릇, 계란찜 그릇 등은 들고 먹어도 무방하다. 회나 튀김이 담긴 그릇, 생선구이 그릇, 찜요리 그릇 등의 대형 식기는 들고 먹어서는 안 된다.
- 국물류나 소형 찜그릇 등은 뚜껑을 덮은 채로 제공되는데, 이러한 음식은 식기 전에 빨리 먹는 것이 좋다. 뚜껑을 열 때는 왼손으로 그릇 가장자리를 잡고 오른손으로 뚜껑을 연다. 뚜껑은 위를 향한 상태로 그릇 옆에 내려놓으면 되며, 이때 뚜껑에 묻은 물기가 바닥에 떨어지지 않도록 주의해야 한다. 다 먹은 다음에는 뚜껑을 원래대로 덮어놓는다. 간혹 그릇 내부와 외부의 압력 차로 인해 뚜껑이 잘 열리지 않는 경우도 있는데 이럴 때는 억지로 열려고 하기보다는 뚜껑을 살짝 비틀어 공기가 들어가게 해서 압력 차를 해소한다는 느낌으로 시도해 보고, 그래도 열리지 않는 경우에는 본인이 억지로 열기보다는 식당 직원을 부르는 것이 무난하다.
- 초밥의 경우, 젓가락으로 먹어도 되고 손으로 먹어도 된다. 젓가락을 사용하는 경우에는 초밥을 가로로 드는 것이 아니라, 젓가락 한쪽은 위쪽의 소재에, 다른 한쪽은 아래쪽 밥에 닿는 형태로 세로로 드는 것이 옳다. 간장을 밥에 찍느냐 소재에 찍느냐, 입에 넣을 때 소재가 혀에 먼저 닿게 넣느냐 밥이 혀에 먼저 닿게 넣느냐는 특별히 정해진 정답은 없지만, 소재에 간장을 찍어 소재가 혀에 먼저 닿게 거꾸로 입에 넣는 것이 일반적으로 더 맛있게 초밥을 즐기는 방식으로 알려져 있다. 간장을 밥에 찍을 경우에는 밥알이 간장종지에 풀어지기도 하므

로, 초밥을 측면에서 비틀듯이 뒤집으며 손으로 쥐어 소재에 간장을 살짝 찍은 다음 그대로 소재가 먼저 혀에 닿도록 먹는 것이 초밥에 익숙하지 않은 사람에게는 가장 편한 방법일 것이다. 손으로 먹어도 뒤집어 먹어도 에티켓상 아무 문제없으니 자신감을 갖고 당당히 시도해 보는 것도 좋다.

- 군함초밥이라 불리는 대형 김말이초밥의 경우에는 곁들여 나오는 생강절임에 간장을 묻혀 이를 위에 얹어 먹는 방법도 있으나, 생강을 같이 먹고 싶지 않은 경우에는 그냥 초밥 아래쪽 밥에 간장을 살짝 찍어 먹어도 무방하다.
- 초밥은 소재와 밥 사이에 와사비가 들어간 형태로 제공되므로 간장에는 따로 와사비를 풀지 않아도 된다. 혹자는 일본에서는 간장에 와사비를 풀어먹지 않는다고도 하는데 이는 개인 취향에 따른 문제이다. 일본 사람 중에도 회 등을 먹을 때 간장종지에 와사비나 생강 간 것을 직접 넣어 먹는 이도 제법 있다. 다만 와사비를 한꺼번에 대량 투입하는 일은 전무하다고 봐도 된다. 와사비는 간장에 특유의 향과 톡 쏘는 맛을 곁들이기 위해 그때그때 필요에 따라 소량씩 넣어 먹는다. 이는 튀김류를 찍어 먹는 양념장에 와사비나 무 간 것을 넣는 경우에도 동일하게 적용된다.
- 초밥은 한입에 하나를 다 먹는 것이 원칙으로 아무래도 나누어 먹는 것보다는 그 편이 외견상으로도 더 좋다. 다만 그렇게 초밥 한 코스를 다 먹고 나면 한국인 입장에서는 지나칠 정도의 만복감에 시달리게 될 정도로 밥의 양이 너무 많다는 점을 꼭 유념해야 한다.

# 3 음주 및 건배 매너

## 1) 서양의 음주 매너

### (1) 와인의 종류

- 색에 따른 종류
  - 레드와인: 적포도를 껍질째 착즙하여 만든 와인
  - 화이트와인: 청포도나 적포도의 껍질을 제거하고 착즙하여 만든 와인
  - 로제와인: 적포도의 색깔이 어느 정도 착색되면 껍질을 분리하여 만든 와인
- 제조법에 따른 종류
  - 스틸와인(테이블 와인): 발효 시 발생되는 탄산을 완전히 제거한 일반적인 와인
  - 스파클링와인(샴페인: 프랑스 샹파뉴 지방에서는 샴페인이라 함): 발효 시 발생된 탄산가스를 그대로 병 속에 남겨 만든 와인
  - 포트와인(포르투갈), 셰리(스페인): 제조과정에서 브랜디를 첨가하여 알코올 도수를 높인 주정강화 와인
- 당도에 따른 종류
  - 드라이 와인: 당분이 거의 없는 와인
  - 스위트 와인: 와인 속에 적당한 당분이 남아 있는 와인

### (2) 와인의 품종

- 레드와인
  - 카베르네 소비뇽(Cabernet Sauvignon)은 '포도의 제왕'으로 불릴 만큼 전세계 대부분의 와인산지에서 재배되는 품종이다. 특히 향과 풍미가 무척 매력적인데, 레드와인의 대표 생산지표인 보르도지역의 고급 와인을 만드는 데 중요한 역할을 한다.
  - 피노 누아(Pinot Noir)는 껍질이 얇고 색상이 부드러우며 탄닌이 낮고 산도가 높아서 여성들에게 인기가 많다. 육류나 참치, 연어 요리에도 잘 어울린다.

- 쉬라즈(Shiraz)는 '가장 남성적인 와인'이라고 표현할 만큼 향과 풍미가 화려하고 강렬한 것이 특징이다.
- 메를로(Merlot)는 좋은 빛깔을 띠며 부드럽고 순하며 잘 익은 과일 맛이 풍부하고 카베르네 쇼비뇽과 비슷한 맛이 있다.

• 화이트와인
- 샤르도네(Chardonnay)는 '청포도의 제왕'이라 불릴 만큼 대표적인 와인으로 전 세계에서 재배되고 있다.
- 리슬링(Riesling)은 와인전문가들이 세계에서 가장 기품있고 독특한 청포도 품종으로 꼽는다. 아주 드라이한 것에서 농축된 달콤한 와인에 이르기까지 다양한 스타일이 있다.
- 쇼비뇽 블랑(Sauvignon Blanc)은 깔끔하고 허브 향이 나며 날카로운 산도를 지닌다. 쇼비뇽은 프랑스어로 Sauvage(야생)에서 유래하는데, 잘 길들여진 맛이 아니라 풀 향기 같은 자연의 향이 느껴진다.

### (3) 와인의 적정온도

• 와인이 가지고 있는 독특한 풍미를 즐기기 위해서는 온도가 중요하다.
- 화이트와인 & 로제와인: 6~12도 정도로 차갑게 마신다.
- 레드와인: 15~20도의 실온이 적당하다.
- 스파클링와인: 5~8도로 차갑게 마신다.

### (4) 와인의 오더 방법

와인을 주문할 때에는 와인의 다양한 특성과 함께 그날의 음식에 따라 여러 가지 사항을 고려하는 것이 중요하다. 특히 그날의 예산을 고려하여 병으로 할지, 잔으로 할지를 결정하고, 소믈리에(sommelier)[10)]에게 금액에 맞는 와인을 부탁해도 무방하다.

• 와인을 여러 병 마실 경우
- 산뜻한 맛에서 진한 맛의 순서로 주문하고, 보통 생선요리에 맞는 화이트와인에서 고기요리에 어울리는 레드와인 순으로 선택한다.

---

10) 소믈리에(프랑스어: sommelier)는 레스토랑 등에서 협의적 의미로는 주로 포도주(와인, 뱅)만을, 광의적 의미에서는 각종 주류에 관한 서비스를 전문적으로 하는 사람.

• 와인을 한 병만 마실 경우
  - 와인을 즐기는 방법은 그날의 주요리에 맞는 와인을 선택하는 것이다.
• 와인에 대해 잘 모를 경우
  - 와인에 대해 잘 모른다면, 소믈리에에게 조언을 구하는 것이 좋으나, 본인의 취향을 잘 모르는 소믈리에가 추천해 주는 와인이 잘 안 맞을 수도 있으므로 '가벼운 것', '과일 맛이 나는 달콤한 향' 등 최소한의 개인 취향을 전달하도록 한다.

### (5) 와인과 어울리는 음식

• 특정적인 조화
  - 음식의 소스가 붉은색일 경우는 레드와인
  - 송아지고기, 닭고기, 돼지고기처럼 살이 하얀 고기는 드라이한 화이트와인
  - 달콤한 음식에는 달콤한 와인, 달지 않은 음식에는 드라이한 와인
  - 주문한 음식에 들어간 것과 같은 종류의 와인
  - 프랑스 요리에는 프랑스 와인, 이탈리아 요리에는 이탈리아 와인, 즉 해당 지역의 와인과 음식을 선택
• 와인에 어울리지 않는 음식
  - 식초를 사용한 드레싱을 곁들인 샐러드
  - 산성이 강한 과일(오렌지, 레몬 등)
  - 달걀이 들어간 음식
  - 기름기가 많은 생선(고등어)

### (6) 와인 잔 설명

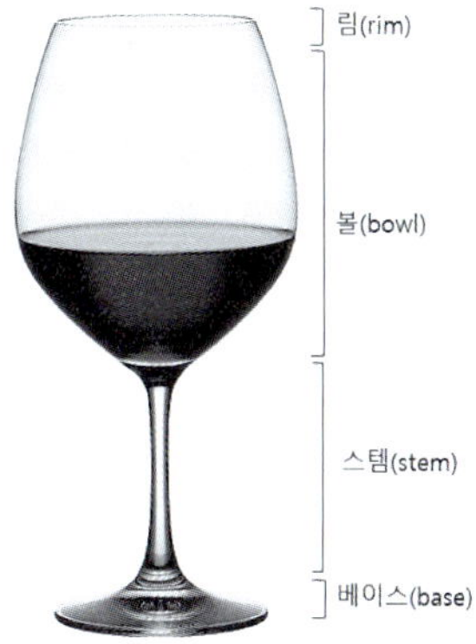

### (7) 와인 따르는 방법

- 와인의 라벨은 포도의 품종, 수확연도 등이 표시된 와인의 얼굴이므로 와인을 따를 때는 받는 사람에게 라벨이 보이도록 해야 하며, 와인의 양은 글라스의 6할 정도가 적당하다.
- 정찬이나 격식이 있는 자리에서 동석자에게 서로 와인을 따라주는 것은 예의에 어긋나므로 레스토랑 직원에게 신호하여 와인을 따라주도록 하는 것이 좋으나 술자리에 따라 임기응변으로 행동하도록 한다.

> ※ 직원이나, 소믈리에를 부를 때는 소리를 내지 않고, 조용히 손을 들거나 와인 잔을 드는 것이 좋은 매너다.

- 소믈리에가 와인을 따라줄 때에는 글라스를 들지 않으며, 윗사람이 따라줄 때에는 글라스 받침(베이스) 부분에 손을 대고 있으면 된다.
- 와인 잔은 항상 접시 오른쪽에 놓는 것이 테이블 매너이므로 소믈리에는 반드시 자리 오른쪽에서 서비스한다.

### (8) 와인 테이스팅 방법

- 와인의 테이스팅은 그날의 호스트나 여성이 하는 것이 일반적이다. 테이스팅은 맛을 보는 것이 아니라, 품질을 체크하거나, 코르크 부스러기가 떠 있지 않은가 등을 확인하는 것이다. 변질된 와인을 제공하는 경우는 없으나, 의식 중의 하나로 생각하고 한 모금 맛을 보면 된다.
- 방법을 잘 모를 때에는 글라스를 빙글빙글 돌리지 말고, 와인의 향을 천천히 음미한 다음 한 모금 마셔서 품질에 문제가 없는지를 확인한다. 이상이 없다면, 주문을 한다.
- 테이스팅할 때에는 와인 잔의 다리(스템)를 잡도록 한다.

| 와인 테이스팅 팁 | 1. 빛과 투명도: 잘 숙성된 레드와인은 영롱한 루비색이다. 화이트와인은 투명한 호박색이다.<br>2. 향기: 잔을 빙글빙글 돌리는 이유는 와인에서 나는 포도의 향과 오랜 숙성 기간에서 나오는 부케(Bouquet)향[11]을 충분히 느끼기 위해서이다.<br>3. 맛: 레드와인의 경우 떫은맛, 단맛, 신맛 등이 조화를 이루며, 화이트와인은 단맛과 신맛이 조화를 이룬다. |
|---|---|

### (9) 와인 마실 때의 매너

- 사양할 때
  - 글라스 위에 가볍게 손을 얹어 거부의사를 표현한다.
- 와인 마시는 방법
  - 잔을 오른손에 들고 마시며, 와인 잔은 항상 오른쪽에 내려놓는다.
  - 와인은 온도에 민감한 술이므로 마실 때는 다리를 잡는다. 차가운 와인의 경우 와인 잔의 볼을 잡아서 약간의 체온을 전달하여 마시는 것도 좋다.
  - 와인을 잔에 따른 후 가볍게 원을 그리며 흔들어준다. 이때 와인이 산소와 결합되면서 맛이 풍부해진다.
  - 잔을 코에 가까이 대고, 향을 맡는다.
  - 한 모금을 입에 머금고, 입안의 와인을 혀로 감싸듯 굴려서 맛을 음미한다.

### (10) 기타 와인용어

- 코키지 또는 코르크차지
  - '코키지(Corkage)'는 '코르크차지(Cork Charge)'를 줄인 말이다. 즉 손님이 집에 보관 중인 와인을 직접 들고 오면, 레스토랑에서는 전용 글라스 제공과 함께 코르크(마개)를 개봉해 주는 서비스를 말한다. 미국에서는 같은 의미로 'BYO(Bring Your Own)'라는 표현을 사용하기도 한다.
  - 이 경우 일반 레스토랑에서는 보통 병당 2~3만 원의 코키지를 받는다. 일부 호텔에서는 와인 판매가격의 20~30%를 고객이 부담하기도 한다. 그러나 최근 실비만 받거나, 아예 무료로 서비스를 제공하는 곳이 큰 인기를 누리고 있다.
- 에어레이션
  - 에어레이션(Aeration, 통기)은 와인이 '열리고' 부드러워질 수 있도록 와인을 일부러 산소에 노출시키는 과정을 말한다. 에어레이션은 와인 양조과정 중에

---

11) 아로마(Aroma): 1차 향. 와인의 원료로 사용되는 포도 자체에서 나오는 향기. 신선한 꽃향, 과일향, 풀향 등. 대체적으로 와인의 숙성기간이 짧을수록 아로마를 많이 느낄 수 있으며, 대체적으로 아로마는 '땅 위의 향기'가 많이 두드러지는 것을 발견할 수 있다.
부케(Bouquet): 2차 향. 발효와 숙성과정에서 일어나는 와인의 화학적 변화에 의해 형성된 향기. 오크향, 숯향, 나무, 버섯, 낙엽, 동물적 향기 등. 비교적 와인의 숙성기간이 길수록 부케를 많이 발견할 수 있다. 아로마와는 반대로 '땅 아래의 향기'들이 두드러진다. 이외에 다양한 아로마가 복합적으로 어우러져 아로마 자체의 특성을 표현하기 어려울 경우에는 이를 부케로 표현하기도 한다. 통상적으로 고급스럽다고 평가받는 와인일수록 복합적인 향기를 많이 보이는 특징을 가지고 있다.

와인을 한 오크통에서 다른 오크통으로 옮겨 부을 때 이루어지기도 하지만, 서빙하면서 어린 와인을 카라프나 디캔터에 붓거나 심지어 잔에 따른 후 돌릴 때도 일어날 수 있다. 이렇게 와인을 부드럽게 하고 공기에 노출시키는 과정을 또 다른 용어로 브리딩(Breathing)이라고도 하는데, 이는 단순히 코르크를 뽑은 병을 개봉해서 그냥 몇 분 동안 놓아두는 것을 의미하지는 않는다. 열어둔 병 입구의 조그마한 공간으로 유입되는 공기의 양 정도로는 와인에 큰 영향을 미치지 못하기 때문이다. 거의 하루 종일 열어놓는 것이 아니라면 말이다.

- 와인의 에어레이션을 효과적으로 하려면, 와인을 디캔터, 유리병 혹은 피처에 따르는 동안 와인이 공기와 섞일 수 있게 해야 한다. 이런 식으로 브리딩을 하면 거의 대부분의 와인, 특히 숙성 초기상태이고 카베르네 소비뇽, 메를로, 네비올로, 프티 시라와 같이 타닌이 많은 품종으로 만든 레드와인의 경우 풍미가 살아나는 효과를 누릴 수 있다. 단, 섬세한 레드와인이라면 특히 각별한 주의가 필요하다. 예를 들어 오래된 섬세한 피노 누아를 디캔터로 옮긴다면 오히려 풍미가 둔해지고 무미건조한 맛이 날 수 있다. 그런 이유로 오래된 부르고뉴 레드와인은 오래된 리오하 와인(템프라니요 품종으로 만든)이나 오래된 키안티(산지오베제 품종으로 만든)와 마찬가지로 에어레이션을 하는 경우가 거의 없다. 화이트와인을 브리딩할 경우 비록 그 효과가 적고 원래 병 속에 그대로 두어 차게 유지하는 것이 더 중요하지만, 레드와인과 마찬가지로 산소와 접촉하면 풍미가 살아나기도 한다.

• 디캔팅
  - 디캔팅이란 병 안의 불순물을 가라앉혀 침전물을 걸러내고 깨끗한 와인을 분리해 따라내는 과정이다.
  - 레드와인이든 화이트와인이든 멋들어진 디캔터 안에 와인이 담겨 있을 때 훨씬 더 맛이 좋아 보인다. 또한 디캔터에 담긴 와인은 테이블의 분위기를 근사하게 만드는 데 기여하기도 한다. 하지만 대다수의 와인들은 사실 디캔팅(Decanting)할 필요가 없다. 디캔팅이란 병 안의 불순물을 가라앉혀 침전물을 걸러내고 깨끗한 와인을 분리해 따라내는 과정이므로, 침전물이 없는 와인은 굳이 디캔팅할 필요가 없는 것이다.

[그림 1-10] 다양한 디캔터의 모습

- 그렇다면, 어떤 와인을 디캔팅할까?
  - 디캔팅하는 와인은 빈티지 포트나 수년간 병에서 숙성하도록 만들어진 정상급 레드와인들이며, 대개 이런 와인은 색상이 짙고 타닌 함유량이 높은 포도로 만들어진다. 와인의 침전물은 주로 색소 잔여물과 기타 미립자들로 이루어지는데, 일반적으로 카베르네 소비뇽이나 빈티지 포트처럼 한때 짙은 빛깔을 띠던 오래된 레드와인에 존재한다. 오래된 카베르네 소비뇽을 원래 놓아두었던 자리에서 조심스럽게 들어올려 조명에 비춰보면, 병 안쪽에 달라붙어 있는 딱딱한 물질 같은 것을 볼 수 있는데, 이것이 바로 침전물이다. 오래된 빈티지 포트와인의 침전물을 눈으로 확인하기는 다소 어려운데, 이는 대부분의 포트와인 병이 전통적으로 어둡고 불투명한 유리로 제조되었기 때문이다.
  - 그렇다면 어떤 경우에 디캔팅이 필요할 만큼 오래된 와인이라고 판단할 수 있을까? 절대적인 법칙은 없지만 10년 이상 된 와인이 대체로 이 범위에 들어간다. 그러나 와인이 오래되었다고 해서 반드시 침전물을 걸러내야 하는 것은 아니다. 디캔팅하지 않고 침전물이 있는 상태 그대로 마셔도 상관은 없는데,

침전물은 해로운 것이 아니라 단지 와인의 색을 탁하게 만들고 입안에서 약간 씹히는 느낌을 줄 뿐이다. 오래된 와인이지만 침전물이 생기지 않는 경우에도 디캔팅할 필요가 없다. 주의할 점은, 오래된 와인은 상태를 예측할 수 없는 경우가 많고 대체로 다소 연약하기 때문에, 산소와 접촉하면 향과 풍미가 피어오르듯 하다가 금세 사라져버리기도 한다는 점이다. 따라서 침전물이 많더라도, 디캔팅을 해서 향과 풍미를 잃어버린다면 차라리 침전물이 움직이지 않도록 조심하면서 병에서 직접 와인 잔에 따르는 것이 낫다.

- 어떻게 디캔팅할까?
  - 디캔팅을 할 때에는 대개 유리로 만든 디캔터를 사용하지만 디캔터가 없다면 물병을 활용할 수도 있다. 이때 와인을 부었다가 바로 다시 병에 넣으면 디캔팅 효과가 거의 비슷하게 나타난다. 이렇게 와인을 따라낸 후 헹궈낸 원래의 병에 디캔팅한 와인을 다시 붓는 경우를 더블 디캔팅(Double decanting)이라고 한다.
  - 와인을 디캔팅하는 것은 어렵지 않다. 먼저 침전물이 모두 부드럽게 병 밑바닥으로 가라앉도록 하기 위해 와인 병을 하루나 이틀 동안 똑바로 세워두어야 한다. 병을 집어 들거나 빙빙 돌리지 말고 코르크를 천천히 제거한다. 그 다음 병을 조심스럽게 집어 들고 병 뒤에 조명을 비추면서(양초, 작은 조명, 손전등 등) 깨끗한 와인을 디캔터에 천천히 따라 붓는다. 와인이 5cm 좀 안 되게 남았을 때 침전물이 병목 쪽으로 나오는 것이 보이기 시작한다. 바로 이때가 따르기를 멈추어야 하는 시점이다. 깨끗한 와인은 이제 모두 디캔터로 옮겨졌고 침전물은 병 속에 남아 있다.
  - 오래되거나 침전물이 있는 섬세한 와인을 부드럽게 디캔팅하기 위해서는, 병의 바닥을 잡고 디캔터 위에 병목을 올려 미끄러지듯 와인을 흘러내리게 한다. 이때 깔때기를 대고 와인을 따라도 된다. 와인을 따르는 동안 불빛을 통해 병 속을 지켜보다가 침전물이 디캔터로 흘러 들어가기 전에 멈춘다.
  - 침전물이 심하지 않은 경우, 부드럽고 깨끗한 면직물이나 커피 여과지를 사용하여 앙금을 걸러낼 수도 있다. (종이가 와인의 맛에 영향을 줄 수 있다고 주장하는 이들이 있기는 하지만) 그리고 디캔터로부터 적당히 떨어진 높이에서 와인을 부으면 와인의 부케(Bouquet, 와인이 숙성되면서 나는 향기가 피어오르며, 근육질의 거친 타닌이 부드러워지는 효과를 누릴 수 있다.

- 어린 와인이라면 마시기 얼마 전에 디캔팅하는가는 별 문제가 되지 않지만, 오래된 와인일수록 디캔팅은 가급적 늦게 하는 것이 낫다. 일반적으로 오래되고 타닌이 강한 포트, 카베르네 소비뇽, 보르도, 바롤로, 론 같은 와인이라면 마시기 한 시간쯤 전에 디캔팅하는 것이 좋다. 타닌이 강하지 않거나 빛깔이 진하지 않고 많이 연약한 피노 누아, 키안티, 리오하 같은 와인은 디캔팅할 필요가 전혀 없지만 만일 침전물이 보인다면 마시기 직전에 디캔팅한다.

[그림 1-11] 디캔팅하는 방법

## 2) 서양의 건배 매너

건배는 본래의 의미인 종교적인 의례에서 그 의미가 변하면서 나라마다 풍속, 습관, 연회 등의 종류에 따라 건배의 말과 방식도 다르다. 건배 제의는 호스트와 게스트에게 칭찬, 감사에 대한 것을 전달하는 의미가 있다.

- 식사 전 건배 제의의 경우
  호스트는 자리에 앉아서 게스트들에게 와준 것에 대해 감사하다는 내용을 담아 건배 제의를 한다.
- 디저트를 먹기 전에 할 경우
  서서 건배 제의를 한다.
- 여러 번의 건배 제의가 이어질 경우
  호스트의 건배가 끝난 후, 그날의 귀빈(main guest)에게 건배 제의를 받고 싶을 경우 글라스를 손으로 잡고 잔을 다시 채운다.

- 건배 제의를 받은 후

  모든 건배 제의가 끝난 후 건배 제의를 받은 귀빈의 경우, 호스트에게 식사모임준비에 대해 감사인사를 전해야 한다. 자리에 앉아서 건배 제의를 받을 경우 글라스를 들고 있도록 한다.

- 건배 후

  글라스는 눈높이까지 높인 다음 상대방을 향하여 가볍게 잔을 밀었다 당긴 후 마시며 서로 잔을 부딪치지 않아도 된다.

  우리나라 사람들이 건배 시 실수하는 부분이 잔을 보는 경향이 많은 데 있다. 외국인들은 이를 실례로 여기므로, 상대방의 눈을 보며 건배를 하도록 한다.

  술을 못 마시는 사람의 경우, 입술을 살짝 대는 시늉만 해도 된다.

  목을 축이듯이 마신다.

  동석자의 술잔이 비어 있지 않도록 신경을 쓴다.

읽을거리

### 물 잔으로 건배하지 않기

물 채운 잔으로 건배하는 것은 에티켓에 벗어난 행동으로, '빈잔'으로 하는 편이 더 낫다. 고대 그리스인들은 죽은 자는 지하에 흐르는 망각의 강 '레테'의 물을 마시고 과거를 잊는 의식을 치른다고 믿었다. 그래서 그리스인들은 죽은 이를 보낼 때 잔에 물을 채우고 건배를 하며, 죽은 이가 다른 세상으로 무사히 가기를 빌었다. 그래서 물을 채워 건배하는 것은 상대방의 불행 또는 죽음을 비는 것으로 여겨져 건배 제의자의 죽음을 상징하는 것으로 여겨진다고 한다.

읽을거리

## 와인의 얼굴, 와인라벨 읽는 법

기본적으로 라벨(label)에는 누가, 언제 수확한 포도로, 어디서 와인을 만들었는지를 보여주며, 추가적으로 알코올 함량, 병입 관련 정보, 포도밭 이름, 와인양조에 사용한 포도 품종 등 자세한 정보를 알려주기도 한다. 때로는 품질 등급이나 수상경력도 라벨에 표기한다.

라벨은 생산국가의 정부기관 혹은 와인을 공급하는 국가의 기관에 의해 승인되어야만 한다. 유럽 연합에서는 어떤 정보를 정확하게 표기해야 하는지 혹은 어떤 것들이 담길 수 없는지에 대한 자세한 규정이 있다. 병의 크기, 알코올 농도는 기본이고 활자의 최대 사이즈까지 규정하기도 한다. 뒷면의 라벨은 추가적인 정보를 제공하는데 포도품종에 대한 자세한 설명과 와인 양조 방식, 적정한 음용 온도, 와인과 어울리는 음식 추천 등에 대한 정보를 알려준다.

요즘은 어딜 가든 좋은 와인을 구입하기가 수월하다. 그리고 언제든 서적, 잡지, 웹사이트 등에서 와인에 대한 정보를 풍부하게 얻을 수 있다. 하지만 막상 와인가게의 진열대에서 와인을 고를 때, 라벨마다 타입과 정보의 양이 너무 다양해서 와인 라벨을 읽는 것이 쉽지만은 않다. 어떤 때는 너무 많은 정보로 인해 오히려 혼란에 빠지기도 한다. 따라서 와인 라벨을 보고 필요한 정보만 골라내는 능력은 소비자들이 와인을 선택하는 데 큰 도움을 줄 것이다.

- '빈티지'는 와인의 생년월일?

와인라벨에 있는 연도는 수확연도 즉 와인의 원료인 포도를 수확한 해를 의미하는데 '빈티지(프랑스어로는 밀레짐)'라고 한다. 따라서 빈티지는 와인을 병에 담은 해도, 와인이 출하된 해도 아니다.

'빈티지 차트'는 각 연도의 기후 상황이 좋았는지 아닌지를 표현하거나 점수를 매겨 평가해 놓은 표로서, 소믈리에나 와인 수입상 등이 와인을 구입하

읽을거리

거나 평가할 때 이를 참고하기도 한다. '좋은 해, 나쁜 해'라는 표현은 간혹 오해를 불러일으키기도 하는데, 나쁜 해에 수확한 포도로 만든 와인은 맛이 나쁘다는 의미가 아니며 단지 그 해 날씨가 좋지 않았다는 의미일 뿐이다. 이런 해에는 좋은 해와 비교했을 때 좀 더 가벼운 스타일로 만들어지며, 가격도 상대적으로 저렴하고 숙성도 빨라 간편하게 즐길 수 있는 이점이 있다. 또한 이렇게 날씨가 좋지 않은 해에도 불구하고 맛있는 와인을 만드는 양조장이야말로 와인 명가라 할 수 있다.

- 라벨에 적힌 샤토(Chateau)의 의미

프랑스에서 샤토(Chateau)는 원래 봉건시대의 성곽이나 요새를 의미하지만, 와인 라벨에서는 포도원이나 양조장을 가리킨다. '샤토 OO'라는 표현에 고급 와인 이미지가 없는 것은 아니지만 일반적으로 단순한 브랜드라고 생각하는 편이 낫다. 이런 명칭을 사용하는 곳은 대체로 프랑스의 보르도 지방인데, 보르도는 지역이 매우 넓기 때문에 밭에 따라 세분화, 차별화하려고 생산자들이 각각 자신의 밭에 이름을 붙이고 '샤토'라는 이름을 사용한다.

프랑스 부르고뉴(Bourgogne), 론(Rhone), 알자스(Alsace) 같은 지역의 와인에서는 샤토 대신 도멘(Domaine)을, 이탈리아 와인은 까스텔로(Castello)나 테누타(Tenuta)를, 스페인 와인은 보데가스(Bodegas)나 까스띠요(Castillo)를, 독일 와인은 바인굿(Weingut)을, 미국이나 칠레를 비롯한 신세계 와인생산국가에서는 와이너리(Winery), 빈야드(Vineyard), 셀러(Cellar) 등을 이름에 붙이기도 한다.

읽을거리

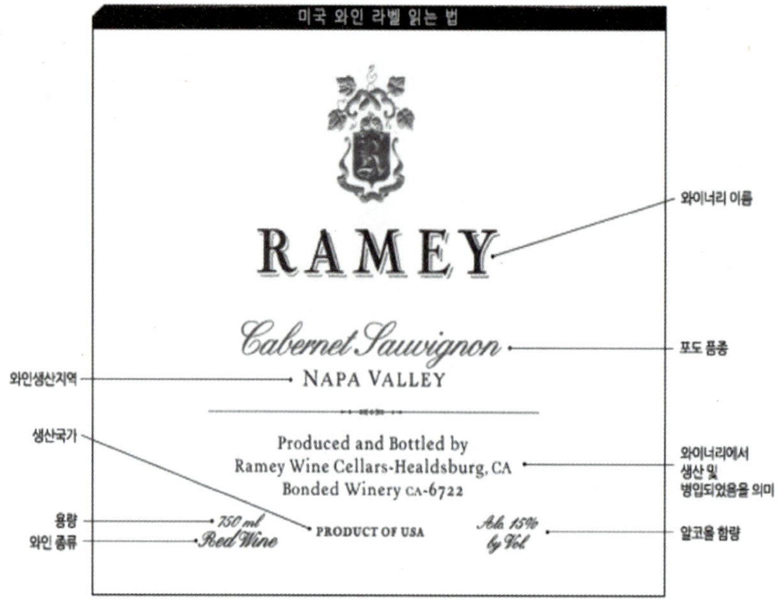


• 이런 와인 라벨은 피하자

간혹 와인가게에서 라벨이 더러운 와인을 싸게 파는 경우가 있는데, 이럴 때는 라벨이 왜 더러워졌는지가 중요하다. 특히 와인이 새서 더러워졌다면 그 와인은 구입하지 않는 것이 좋다. 또한 병 입구 부분의 코르크가 부풀었는지 그렇지 않은지, 병목을 감싼 포일이 더러운지 그렇지 않은지도 확인하는 것이 좋다. 물론 라벨이 깨끗한 와인을 사는 것이 가장 좋은데, 이 때도 와인가게의 신뢰도가 높은지 여부가 중요하다. 즉 좋은 와인가게를 알아두는 것이 가장 좋다.

자료: 싱가포르 한국상공회의소(2014.11.28.)

### 3) 한국의 음주 매너

- 술 따를 때의 예절
  - 술 따를 기회가 주어지면 모든 행동을 조심해야 한다. 여러 사람이 함께 모여 술을 마실 때에는 가장 지위가 높거나 나이가 많은 윗사람부터 순서대로 따르도록 하고, 친구나 동료, 아랫사람이 아닌 이상 모든 사람에게는 두 손으로 따르는 것이 주도(酒道)에 어긋나지 않는다.
  - 한국은 잔을 다 비운 다음부터 새 잔을 따르는 문화가 있다.

- 웃어른과 함께 술을 마시게 될 때의 예절
  - 어른께 술을 따라드릴 때에는 먼저 "제가 한 잔 드려도 되겠습니까?" 하고 여쭈어 본 후, 상대가 좋다고 하면 꿇어앉은 자세로 두 손으로 잔을 드린다. 오른손에 술병을 쥐고 왼손으로는 한복일 경우 겨드랑이 끝을 끌어올리듯이 하고, 양복인 경우는 술병을 받쳐 드는 것이 바른 자세이다. 술을 따른 후에는 편안한 자세로 앉는다.
  - 어른이 술을 권할 때까지 기다리고, 혼자 술을 따라 마시지 않도록 주의한다.
  - 어른이 술을 따라주면 술잔을 받아 어른이 계신 반대편 쪽으로 얼굴을 돌리고 마신다.
  - 술잔을 상에 내려놓을 때에도 술을 받을 때와 같은 자세로 내려놓고 편안한 자세로 앉는다.
  - 여러 사람이 앉아 있는 경우, 자리가 좀 떨어진 곳에 앉아 계신 어른께 술을 따를 때에는 그 어른의 앞까지 걸어가서 꿇어앉거나 한쪽 무릎을 세운 자세로 따라야 한다. 어른이 앉아 계시는데 아랫사람이 걸어간 채로 엉거주춤 서서 어른을 내려다보면서 술을 따르지 않도록 한다.
  - 어른께 잔을 드렸는데 거절하시는 경우, 그 거절된 잔을 그대로 다른 사람에게 권하는 것은 실례이므로, 거절된 빈 잔에 자신이 술을 조금 따라 마신 후, 냅킨이나 청결한 물을 이용해서 자신의 입술이 닿았던 부분을 깨끗하게 닦은 다음 빈 잔을 다른 사람에게 권해야 한다. 이런 경우 자신이 먼저 술을 따라 마시는 이유를 설명하면서 다른 사람의 퇴주잔으로 권하는 것이 아님을 분명하게 말해야 한다.

- 어른이 술을 권하면 가급적 받아 마시는 것이 예의이나 물론 무리하게 권하지 않는 것도 예의다. 술이 약한 사람이라도 처음부터 사양하는 것은 실례이므로 "조금만 주십시오."라고 말하며 약간만 받는 것이 좋다.
- 술을 전혀 못 마시는 사람은 받아서 입술을 적신 후 상 위에 놓으면 결례가 되지 않는다. 상대가 여러 번 권하면 "잘 마시지 못합니다."라고 거절해도 실례가 아니다. 이럴 때는 "음료수를 주십시오."라고 말해도 좋다.

- 가까운 친구나 동료와 술 마실 때의 예절
  - 허물없는 사이에는 한 손으로 따르며, 반드시 오른손을 사용하여 바르게 따르도록 한다.
  - 술잔을 받을 때에도 오른손으로 받는다.
  - 동년배라도 경어를 사용하는 관계에는 반드시 두 손으로 따라야 한다.

### 4) 한국의 건배 매너

- 어른과 함께 건배할 때에는 아랫사람의 술잔이 어른의 술잔 높이보다 위로 올라가지 않도록 한다. 특히, 술의 종류가 다를 때 잔의 크기가 다름으로 해서 본의 아니게 어른의 술잔보다 높이 들고 건배하는 경우가 생길 때 유의해야 한다.
- 동료나 친구들 간에 건배할 때에는 눈높이로 술잔을 들고 같은 높이로 서로 술잔을 부딪치는데 너무 센 힘으로 부딪치지 말고 가볍게 살짝 술잔을 맞대도록 한다.
- 건배한 잔이라고 해서 단숨에 마시는 것은 신체에 무리를 주는 위험한 음주법이므로 한 잔의 술을 여러 번 나누어 마시도록 한다.

### 5) 중국의 음주 매너

- 술 따를 때의 예절
  - 술잔에 술을 가득 따르는 것은 애정과 존중을 뜻한다. 단, 차(茶)는 반만 채운다.
  - 한 손으로 술을 따르는 경우도 있지만, 기본적으로 두 손으로 술을 따르는 것이 예의이다.
  - 덧붙여, 술 주전자 입구를 사람에게 향하지 말아야 한다. 물이나 술 주전자의 입 부분이 사람을 향하면 그 사람은 구설수에 오른다고 하여 손님 접대 시 술 주전자의 주둥이를 사람 쪽으로 하지 않도록 주의해야 한다.

- 술을 마실 때의 예절
  - 중국인들은 술자리에 어른과 합석해도 고개 돌려 술 마시는 풍습은 없다.
  - 술과 차는 다 비워지기 전에 첨잔(添盞)을 한다. 술을 거절할 경우 오른손으로 잔을 가볍게 가리면 된다.

## 6) 중국의 건배 매너

- 손님이 자리에 앉으면 주인이 모두의 잔에 술을 따라준다. 이 잔으로 건배를 하면 된다.
- 건배는 잔을 두 손으로 들고 눈높이까지 올린 뒤 마신다. '간뻬이(乾杯)'를 외쳤다면 '원샷'이 기본이다.
- 술을 마신 뒤에는 잔의 밑바닥을 상대에게 보이는 제스처를 한다. '원샷'에 자신이 없다면 '간뻬이' 대신 '쓰으이(隨意)' 하며 술을 조금만 마시고 남기면 된다.
- 더 마시고 싶지 않을 경우 다른 사람이 술을 따르려 할 때 잔 위에 손을 얹는 동작을 한다. 그만 마시겠다는 뜻이다.
- 한국식 주도와 달리 중국인들은 첨잔이 기본이다. 상대방의 잔이 비지 않도록 수시로 술을 따라주는 것이 좋은 매너다.

## 7) 일본의 음주 매너

- 술 따를 때의 예절
  - 일본은 술이 얼마 안 남았으면 술을 따라줘야 한다. 즉 첨잔(添盞)문화가 있다. 일본의 경우, 조금 줄어든 잔에 수시로 술을 가득 채운다. 혹시 비워둔 채로 잔을 놔둘 경우엔 왠지 상대방에게 무관심함을 전할 수도 있다.
  - 술을 따를 때에는 상표라벨을 위로 하고, 가능하면 많이 남아 있는 술병부터 비우는 것이 매너이다. 각자 술을 주문한 경우에는 '더 마시겠습니까?' 하고 묻는 것이 좋다.
  - 술을 권할 때, 한 손으로 따르거나 한 손으로 받아도 결례가 되지 않는다.
- 술 마실 때의 예절
  - 한국의 경우 어른 앞에서는 고개를 돌리거나 몸을 비틀어 마시는 것이 예의지만

일본에서는 그냥 마시는 게 기본이다.

- 일본은 보통 생맥주를 모두가 함께 마시고 난 후 각자 자신이 마시고 싶은 술을 마시는 경향이 있다.

### 8) 일본의 건배 매너

- 건배는 딱 두 번만 한다. 일본에서는 건배를 보통 시작할 때와 술자리를 마무리할 때 한다.
- 건배가 끝나기 전에 음식을 먹지 않는다.

## 4 그 밖의 각국 테이블 에티켓과 매너

### 1) 유럽

- 덴마크

덴마크 사람들은 점심시간이 30분으로 짧기 때문에 점심보다는 저녁식사에 초대하는 것이 더 일반적이다. 점심식사는 보통 매우 간단하게 하며, (약속이 없을 경우에는 샌드위치를 싸와서 자리에서 먹곤 한다) 저녁식사는 격식을 갖추어서 한다. 식당은 양식당이 무난하나 한국음식도 나쁘지 않다. 덴마크 사람들이 좋아하는 한국음식으로는 불고기, 갈비 등 소고기 또는 돼지고기구이와 비빔밥이 있다. 요즘 김치가 유럽에서 건강식으로 알려지며 김치에 대한 관심이 커지고 있다. 그러나 덴마크인의 입맛에는 매울 수도 있으니 억지로는 권하지 않는 것이 좋다.

- 네덜란드

비즈니스 미팅과 관련해서 같이 식사를 하지 않는 것이 일반적이긴 하나, 점심을 같이 할 경우 시간을 너무 오래 끌지 않는 것이 좋다. 미팅 후 갑작스러운 저녁식사나 술자리 제안은 선호하지 않는다. 네덜란드인들은 비즈니스 관련 식사나 술자리도 업무의 연장이라고 생각해 경계를 늦추지 않으며, 이런 자리보다는 일찍 퇴근하는 것을 선호한다. 특히, 운전을 해야 하기 때문에 술을 마실 수 없다고 하는 경우 절대 강요해서는 안 된다.

집에 초대받았을 경우에는 대접받은 음식을 모두 먹어야 한다. 네덜란드인들은 음식 낭비하는 것을 매우 싫어하기 때문에 음식을 남기면 불쾌해 할 수도 있다.

- 스페인

스페인 사람들은 식사시간을 매우 중요하게 여기며, 2~3시간씩 이어진다. 통상적인 식사시간이 한국과 달라 점심은 2~4시, 저녁은 9~11시 사이가 가장 일상적이므로, 배고픔을 참지 못하다 음식이 나오면 급히 먹는 경우가 발생하지 않도록 필요한 경우 사전에 간단한 간식으로 허기를 달래두는 것도 좋다. 식사시간에 대화하는 것을 매우 중시하므로 음식에만 집중하지 않도록 유의하고, 적절한 대화주제를 몇 가지 준비해 두는 것이 좋다. 식당에 들어가서는 반드시 안내를 받고 나서 자리에 착석해야 한다. 또한, 어느 식당에 가나 웨이터가 메뉴판을 주면서 가장 먼저 마실 것을 주문받는다. 웨이터를 소리 내어 부르는 것은 예의가 아니며, 반드시 웨이터와 눈이 마주쳤을 때 살짝 손을 들어 의사를 표시한 후 웨이터가 테이블까지 왔을 때 필요한 사항을 얘기해야 한다. 식사시간에는 가급적 양손을 테이블 위에 두되 팔꿈치로 기대지 않도록 하며, 상대방과 속도를 맞추도록 한다. 마찬가지로 음식을 입에 넣은 채로 말하는 것은 예의에 어긋나며 한국처럼 소리 내면서 먹는 것 또한 피해야 한다.

또한 식사 중 스페인 사람과 대화 시 손을 이용한 제스처를 할 때, 손에 들고 있던 포크나 칼은 내려놓아야 한다. 이외에도 서양식 테이블 기본매너(빵과 물의 위치, 냅킨 사용, 와인 잔의 구별 등)는 사전에 숙지하고 가는 것이 좋다. 계산할 때에는 자리에 앉아서 웨이터에게 물어보고 그 자리에서 계산한다. 아직 팁문화가 발달되지 않아서 대략 남는 동전만 놓고 나와도 된다. 스페인 사람들은 우리나라 사람들처럼 술을 많이 마시지는 않으므로, 식사 중의 술은 와인 한두 잔으로 족하다. 나이와 관계없이 와인과 물을 비롯한 모든 음료는 한 손으로 따르고 한 손으로 받는다. 보통 한 사람이 자신의 식탁에서 가까운 사람들에게 빈 와인 잔을 채워주며 마지막에 자신의 와인 잔을 채운다. 와인을 받을 땐 식탁에 놓인 잔의 바닥부분에 손을 대놓는 것이 좋다. 과도하게 술을 권하거나 속칭 '원샷'을 강요하는 것은 무례한 행위로 보일 수 있으므로 주의하자.

• 독일

독일 비즈니스 파트너와 업무상 식사 약속을 잡아야 할 때에는 가능한 한 점심시간을 이용하는 편이 좋다. 저녁 때 독일인들은 대부분 가족과 같이 시간을 보내고 싶어 하기 때문에 업무적으로 저녁회식하는 것을 별로 좋아하지 않기 때문이다.

독일인들은 식사예절을 상당히 중시한다. 식사 매너는 기본이라고 생각하며, 비즈니스와 관련된 상황에서는 특히 음식을 쩝쩝거린다거나, 후루룩거리며 마시는 습관은 상대방에게 크게 불쾌감을 줄 수 있다. 그러나 날씨가 음산해 감기가 빈번한 나라인 만큼, 식탁에서 코 푸는 행위는 예절에서 벗어나지 않는다. 또한 술이나 물을 따를 때 잔에 닿지 않도록 해야 하며, 음식이나 술 등을 권할 때에도 한 번 권해서 'No'라는 대답을 들었다면 더 이상 강요하면 안 된다.

아울러 한국처럼 상대방 잔을 대신 채워주는 행위는 예의에 어긋나는 행위인데, 이는 독일인은 잔을 대신 따라주면 자신을 어린애나 금치산자로 취급하는 것으로 여기기 때문이다.

또한 식사시간에 식사만 주로 하는 한국과는 달리 적절한 대화를 나누며, 즐겁게 식사를 하는 데 익숙하다. 식사 중에는 휴가계획, 날씨, 스포츠(특히 축구), 취미, 관심사 등 가벼운 주제에 관해 대화를 나눌 것을 추천하며, 지나치게 개인 사생활 관련 질문을 하는 것은 금물이다. 아울러 업무 관련 대화는 자제하고 식사 후 하는 것이 좋다. 그리고 입에 음식을 넣고는 이야기하지 않으므로 주의할 필요가 있다. 식당에서 웨이터 등 직원을 부를 때 손가락을 튕기거나 큰 소리로 부르는 것은 기본 에티켓을 지키지 않는 것으로 간주되며, 독일 파트너에게 천박한 사람이라는 인상을 줄 수 있다. 팁은 통상적으로 음식 가격의 5~10%를 지불하며, 거스름돈을 종업원에게 주는 정도가 보통이다(예: 음식값으로 47.5유로가 나왔으면 50유로 지불). 카드로 지불할 경우에는 팁을 따로 주는 경우가 보통이다.

한편, 독일인들은 좀처럼 비즈니스 파트너를 집에 초청하지 않는다. 만약 초청한다면 이미 상당한 친밀감이 형성됐다는 것을 의미한다. 아울러 접시에 많은 음식을 남기면 초대자에 대한 예의가 아니므로 주의해야 한다.

• 오스트리아

소리내서 음식을 먹거나 입을 벌리고 음식물 씹는 것은 예의에 크게 벗어난 행동이므로 수프나 국물, 국수를 후루룩 소리내어 먹는 것은 절대 금기이다. 오스트리아 예절에는 식탁에서 트림을 하는 것도 절대적인 금기사항이므로, 식후에 트림이 나오는 경우 손으로 입을 막고 될 수 있는 한 소리가 나지 않도록 하며, 곧 미안하다고 말하는 것이 좋다. 또한 오스트리아인들은 입에서 마늘냄새 나는 것을 매우 싫어하므로 상담 전에 식사한 경우에는 양치질을 하고 상담에 응하는 것이 좋다.

- 이탈리아

자국 요리문화에 대한 자부심이 높은 만큼 사전에 현지 요리 및 식사예절에 대한 지식을 섭렵해 이를 주제로 식사 시 대화 화제로 활용하는 것도 바이어와의 관계 구축에 도움이 될 수 있다. 특히 바이어업체가 주재하는 해당 지방 전통요리에 대한 지식을 사전에 확보해 대화를 전개해 나가는 것도 도움이 된다.

식사 시 쩝쩝 소리를 내는 것은 현지 식사예절에 어긋나고 자칫 불쾌감을 줄 수 있으니 조심하도록 한다. 또한, 일반적으로 점심은 13~14시, 저녁은 20~22시로 시간대가 정해져 있으며, 업무 관련 저녁식사 자리는 길어질 수 있으니 지루하거나 피곤한 내색을 보이지 않도록 주의해야 한다.

- 그리스

그리스 사람들은 점심시간이 따로 있지 않으므로 점심보다는 저녁식사에 초대하는 것이 더 일반적이다. 점심식사는 보통 간단하게 빵이나 샌드위치, 커피로 해결하며, 저녁식사는 저녁 9시 이후부터 거의 2시간 이상씩 격식을 갖추어서 한다. 비즈니스 점심식사 문화가 흔하지 않으므로 고급 레스토랑이나 대부분의 일반 식당은 저녁 18:00 이후부터 영업을 시작한다. 따라서 저녁식사에 초대하고자 할 경우, 사전에 레스토랑에 예약해 두는 것이 바람직하다.

한국기업과 비즈니스를 하며 한국을 몇 번 방문한 그리스인들의 경우 한식에 익숙하나, 스시나 중식에 비해 한식은 일반 그리스인들에게는 잘 알려지지 않았다. 그리스인들의 입맛에 맞을 만한 한식으로는 불고기, 잡채, 비빔밥 등이 있다. 그리스인들은 매운맛을 즐기지 않기 때문에 김치나 제육볶음과 같이 매운 양념이 들어간 음식을 억지로 권하는 것은 실례이다.

## 2) 북미

• 미국

미국인들은 저녁식사를 개인적인 관계를 위해 사용하는 경향이 강하므로, 대부분 비즈니스는 점심식사 시간에 이루어진다. 식사는 일반적으로 초대한 쪽에서 비용을 부담한다. 음식점에서 식사하면서 상대방과 처음 미팅을 할 경우, 식사에만 초점을 맞추지 않아야 한다. 식당에서 만나면 우선 가볍게 인사를 하고 악수를 잘 하고 자리에 앉아야 한다. 모든 사람들이 자리에 앉은 다음 자리에 앉도록 하고, 자리에 앉으면 냅킨을 무릎 위에 놓는다. 혹시 늦게 도착한 사람이 있을 경우 일어나서 인사하는 것이 예의 바른 인사법이다.

풀코스로 점심 · 저녁 식사가 이루어지면 보통 1시간 30분에서 2시간가량이 소요되는데 중간중간에 이야기할 이슈(미국인들이 좋아하는 스포츠 상식이나 헤드라인 이슈)들을 미리 준비해 대화를 이끌어가는 것도 중요한 식사 예절이다. 여유를 가지고 충분한 대화를 나누며 식사하는 것이 예의이며 웨이터를 큰 소리로 부르거나 재촉하지 않도록 한다.

특히 미국에는 웨이터에게 팁을 너무 적게 줄 경우 초대받은 상대방이 무안해 할 수 있으므로 주의가 요망된다. 일반적으로 고급 레스토랑의 경우 점심은 18~20%, 저녁은 20~25%의 팁을 주고 있다. 또한 웨이터는 자기에게 할당된 테이블에 불편함은 없는지 수시로 체크하므로 비즈니스 미팅으로 대화를 나누는 중이라도 가볍게 응대해 주는 것이 좋다. 휴대폰은 끄거나 진동으로 전환한다. 남들과 함께 식사할 때 전화받는 것은 무례하게 여겨질 수 있다. 반드시 받아야 할 전화가 있을 때에는 양해(Excuse me)를 구하고 자리를 잠깐 피해서 받는 게 좋다. 소금, 후추 등 필요한 것이 있더라도 남의 그릇 위로 팔을 뻗는 것은 금물이므로 근처 사람에게 "Would you please pass me the salt/pepper?"라고 정중하게 요청해야 한다. 남의 음식에 손을 대거나 내 음식을 남의 그릇에 옮기지 말아야 한다.

• 캐나다

식사 메뉴를 정할 때에는 먼저 상대방에게 선택하도록 권하는 것이 예의이나, 만약 본인이 메뉴를 정하게 된다면 상대방의 문화적 배경이나 기호 등을 고려해 결정하는 것이 좋다. 다문화 국가인 캐나다에서는 각 종교, 민족의 특성에 따라 먹지 않는 음식이 있고 채식주의자도 상당히 많은 편이어서 이를 고려하지 않는다면 식사자리가 매우 불편해질 수 있다.

### 3) 중남미

- 아르헨티나

아르헨티나인을 식사에 초대할 경우 금기시되는 음식은 없으나 매운 음식, 생선류(회 포함), 국물 있는 음식 등은 대부분 선호하지 않는다. 아르헨티나인의 주식은 쇠고기로 생선은 부활절 등에 제한적으로 먹는다. 스테이크나 이탈리아 · 스페인 · 프랑스 음식이 무난하고 식사 시 포도주는 한국의 김치와 같은 역할을 하므로 주문하는 것이 좋다. 최근 일본 스시가 중상류층을 중심으로 높은 인기를 얻고 있다.

레스토랑에서의 점심이나 저녁식사가 일반적이며 대체로 집으로 초대를 주고받지는 않는다. 주로 오후 8~10시에 저녁식사 약속을 잡고 주말에는 더욱 늦게 약속을 잡는다. 오후 4~6시 사이에는 커피와 빵이나 케이크를 먹는다. 오찬은 오직 부에노스아이레스 시에서만 흔하다. 모임의 주최자가 자리를 지정해 줄 때까지 기다리는 것이 좋고, 주최자가 먹으라고 권할 때까지 식사를 시작하지 않는 것이 일반적이다.

- 브라질

브라질 사람들은 저녁식사 시간이 매우 늦은 편이다. 9시나 10시 이후에 저녁식사하는 모습도 흔히 볼 수 있으므로, 브라질 사람을 저녁식사에 초대할 경우에는 너무 이른 시간에 초대하는 것은 바람직하지 않다. 또한, 채식 위주의 식사를 하거나 코셔 인증(정통 유대인의 경우)을 받은 식당을 고집하는 사람도 있기 때문에, 식당을 결정하기 전에 이 점도 반드시 고려해야 한다.

식사 중에는 입에 음식을 가득 넣은 채 이야기하지 말아야 하며, 최대한 소리를 내지 않고 먹는 것이 예의다. 특히 국수 등을 먹을 때 '후루룩' 하며 소리를 내지 않아야 하며, 포크로 감아 나이프로 한입 크기로 적당히 잘라 먹는 것이 바람직하다. 식사 후 입을 벌리고 이를 쑤시거나, 큰 소리로 트림하는 것은 식사 예절에 어긋나는 행동이다.

브라질 사람들은 술을 즐겨 마시나, 많이 마시지는 않는 편이다. 카이피리냐(Caipirinha)는 사탕수수로 만든 술(약 40도가량의 술로 '카샤사'라고 불림)에 레몬과 설탕, 얼음을 잔뜩 넣고 으깨어 먹는 술로서 브라질 사람들이 가장 즐겨 마시는 전통주이며, 요즘은 레몬 대신 키위, 딸기 등의 여러 과일을 넣어 마시는 것이 유행이다.

술을 한 잔 시켜놓고 한두 시간 대화를 즐기는 브라질 사람들에게 한국식 폭음은 이해하기 어려운 문화이며, 한국식으로 원샷을 하거나 술을 강권하는 문화는 처음 몇 잔은 이색체험으로 재미있어 하거나 따라하지만, 그 이상 계속되면 곤혹스러워할 수 있다.

• 칠레

칠레 사람들은 특별히 기피하는 음식이 없으므로 개인의 식성에 따라 메뉴를 정하면 된다. 다만 칠레 사람들은 해산물보다는 육류를 선호하는 경향이 있다. 칠레는 대표적인 와인 산지답게 식사시간에 와인이 빠지는 경우는 드물다. 특히 손님을 대접할 경우에는 반드시 와인을 준비하도록 한다. 칠레에서 와인은 물이나 음료수처럼 흔한 개념이므로 고가제품을 선택할 필요는 없으나, 대신 칠레산 와인에 대한 사전지식을 갖추고 있다면 바이어에게 좋은 인상을 줄 수 있다.

점심시간은 일반적으로 1~3시 정도이며, 대부분의 식당은 오후 1시부터 4시까지 영업을 하다가, 오후 7시 30분 정도 되면 저녁영업을 시작한다. 저녁식사는 보통 오후 9~10시에 시작한다. 칠레인들은 식전주-전식-메인요리-후식 순서로, 천천히 식사를 즐기는 문화를 가지고 있으며, 저녁식사의 경우 2시간 이상 소요된다.

### 4) 아시아/대양주

• 베트남

베트남은 여타 동남아시아 국가들과는 달리 이슬람교 신자는 거의 없는 편이고, 음식에 대한 특별한 제약사항은 없다. 단, 베트남 인구 중 12% 이상이 불교신자이고 독실한 신자가 아니라고 해도 불교에서 파생된 사상을 보편적으로 따르는 현지인들을 쉽게 볼 수 있다. 따라서 불교의 교리에 따라 매월 음력 15일 또는 그 외 특수일에 채식하는 이들이 종종 있다.

우리와 비슷하게 음식과 함께 반주를 곁들여 즐겨 먹는 편이다. 상대에게 술을 권하고 같이 즐김으로써 우의를 다지는 것은 우리와 비슷하지만, 음주문화가 달라 각별한 주의가 필요하다. 한국의 경우 상대방이 잔을 다 비운 다음에 술을 따라주는 것이 예절에 맞지만, 베트남은 일본처럼 상대방이 술을 마실 때마다 술을 따라주어 잔을 꽉 찬

상태로 만들어주는 것이 좋다.

베트남의 맥주문화도 한국과는 다르다. 베트남에서는 먼저 개인 잔 옆에 각자 맥주를 한 병씩 준비한다. 이후 잔에 얼음을 넣고, 자신이 직접 맥주를 따라 마시는 것이 일반적이다. 다른 사람의 잔을 채워줄 경우에는 반드시 그 사람의 맥주를 따라주어야 하며, 자신의 병으로 따라주어서는 안 된다.

주의할 점은 베트남 사람들은 대체로 배가 아무리 불러도 안주가 없으면 술을 더 이상 마시지 않는다. 따라서 안주가 부족할 때에는 상대의 의사를 물어보는 것이 좋다. 반대의 경우, 거절하면 더 이상 술을 마시고 싶지 않다는 제스처로 받아들여질 수도 있기 때문에 주의해야 한다.

참고로 베트남인들에게 보편적으로 한식은 건강하다는 인식이 있고, 드라마와 같은 한류 콘텐츠 덕분에 호의를 갖고 한식을 궁금해 하는 이들도 어렵지 않게 볼 수 있다.

• 태국

태국의 음식은 중국의 젓가락 문화, 인도의 커리, 포르투갈의 칠리가 혼합된 형태로 볼 수 있다. 쌀을 주식으로 하며 우리와 비슷하게 한꺼번에 차려먹는 경우가 많다. 주로 맵거나 짠 양념이나 소스를 사용해서 만들기 때문에 대체로 음식이 자극적이다. 시각적인 요소를 중요시하며, 향기를 내고, 신맛, 톡 쏘는 맛이 복합돼 있다.

한편, 태국에서는 하루 세 끼 식사 중 저녁식사를 중요시한다. 식사량은 적고, 음료수, 과일, 과자, 떡 등 간식을 즐기는 편이다. 전통적으로 음식은 반상, 대나무나 원목으로 만든 마룻바닥에 차려놓고 둘러앉아 먹는다. 국물이 있는 국수는 숟가락과 젓가락을 사용하고, 튀긴 국수는 포크와 숟가락을, 생선을 넣은 국수는 숟가락만 사용해서 먹는다. 밥 종류는 접시에 담아 숟가락과 포크를 사용하는 것이 일반적이나 숟가락 하나만으로 식사하는 사람들도 많다. 포크는 접시의 음식을 스푼으로 뜰 때 보조역할을 하거나 스푼에 붙은 음식을 제거하기 위해 사용한다. 식사 때 스푼과 포크 부딪치는 소리가 많이 들리는 편이다. 음식을 천천히 먹으며, 먹을 때 소리를 내지 않는다.

또한, 음식이 입안에 있을 때는 말을 하지 않는다. 국이 있는 음식은 들이마시지 않고 숟가락으로 떠서 먹는다. 서로에게 간식을 잘 권하고, 음식점에서 각자 음식을 시키기보다 여러 가지를 주문해서 같이 나누어 먹는다. 이 같은 경우 통상 주문한 음식별로 덜어 먹을 수 있는 숟가락과 포크를 사용하여 본인의 그릇에 옮겨 먹으면 된다. 이는 우리나라와 비슷하다고 볼 수 있는데, 이러한 식사문화 때문에 태국인들은 음식을 함께 먹을 수 있는 BBQ, 수끼 음식점을 즐겨 찾는다.

식사를 끝내고 음식을 약간 남기는 것이 좋다. 이는 자신이 배불리 잘 먹었다는 것으로 받아들여진다. 또한 사용한 포크와 숟가락은 5시 25분 방향으로 놓는 것이 좋으며, 식사에 초대받았을 경우 주최자에게 실례가 될 수 있으므로 함께 계산하겠다는 의사표현을 하면 안 된다. 대신 음식을 맛있게 잘 먹었다는 표현을 하는 것이 좋다.

• 미얀마

미얀마인을 식사에 초대할 경우, 메뉴 선정에 신경 써야 한다. 대부분의 미얀마인이 종교 및 관습의 영향으로 쇠고기를 먹지 않으며, 일부는 돼지고기 또한 먹지 않는다. 따라서 가장 무난한 메뉴는 닭고기와 생선으로 구성된 요리이다. 최근 한류의 영향으로 한국음식에 대한 관심이 높아지면서 한식당에서의 바이어 접대도 좋다. 돼지고기를 싫어하지 않는다면 쌈장, 상추, 돼지불고기를 권할 만하다. 술은 맥주 또는 위스키가 일반적이며, 현지 맥주로는 미얀마 비어가 가장 유명하다. 개인차가 있지만 일반적으로 많은 양의 술은 마시지 않는 편이다.

> 미얀마에서 혀를 말아 튕기며 내는 '딱(혹은 똑)' 소리는 자신이 화가 났음을 나타내는 메시지다. 예를 들어, 음식점에서 주문한 음식이 아주 늦게 나오거나 부당한 대우를 받았을 때 내는 소리로 욕과 비슷한 개념으로 사용된다. 젊은 남자들의 경우, 이런 사소한 오해로 주먹다짐까지 가는 경우가 있으니 주의하는 것이 좋다.

• 말레이시아

점심 또는 저녁 식사에 초대하는 경우, 사전에 종교가 무엇인지를 확인하고 결례를 범하는 일이 없도록 해야 한다. 이슬람교도들은 돼지고기를 먹지 않으며 일부 중국인과 힌두교인은 쇠고기를 먹지 않는다. 닭고기 요리는 인종 및 종교에 관계없이 제공할 수 있는 제일 무난한 요리 중 하나로 현지인들에게 닭고기는 2005년부터 지금까지 대표적인 가격통제품목의 하나로 되어 있을 만큼 거의 모든 요리에 빠짐없이 들어간다. 말레이시아 정부는 축제기간에 수요가 많은 품목에 대한 가격통제를 강화하였는데, 2010년부터 중국인 축제기간에는 돼지고기도 가격통제품목에 포함시켰다. 특히 이슬람교도와 식사할 때는 식당에서 할랄(halal)[12] 음식을 제공하는지를 미리 확인하는 것이 좋다. 식사

시 메뉴는 현지인들이 가장 선호하는 닭고기 요리가 무난하다.

• 싱가포르

개인 사생활을 중요시하기 때문에 저녁식사 약속은 피하는 것이 좋으며, 점심식사 약속이 무난하다. 처음 만나는 상대일 경우 식사 자체가 부담이 될 수 있으므로 식사는 어느 정도 안면을 익힌 상태에서 제안하는 것이 좋다. 메뉴나 장소 선정에 있어 상대편이 채식주의자이거나 무슬림일 경우가 있으므로 사전에 관련 내용을 확인해 둘 필요가 있다.

• 인도

인도 문화는 손님 접대를 중요시하며, 집으로 초대하는 경우도 흔하다. 이때 가벼운 제과제품 등을 선물로 들고 가는 것이 예의이며 미팅 시 가벼운 접대는 협상의 시작으로 커피, 차와 같은 음료와 가벼운 스낵을 제공하는 경우가 많다. 이때 거절하기보다는 예의상 받아두는 것이 좋다.

식사 미팅 또는 미팅 후 식사를 할 때 인도인 상대가 채식주의인지 여부를 확인하는 것이 좋다. 독실한 무슬림의 경우 엄격하게 금주하며, 대다수 힌두교인들도 금주를 생활화하므로 음주를 여러 번 권하는 행위는 삼가는 것이 바람직하다. 평상시 음주하는 사람이라도 종교적 기간 중엔 금주하기 때문에 유의해야 한다.

수차례 미팅을 통해 친숙해진 인도인이 결혼식과 같은 가족행사에 초대할 경우, 가족구성원이 회사를 소유하는 인도 기업문화에서 중요한 비즈니스 기회가 될 수 있고, 상인커뮤니티를 통한 네트워킹이 이뤄질 수 있으므로 장기적 차원에서 참석하는 것이 좋다.

• 뉴질랜드

가족 중심적 생활에 익숙하기 때문에 퇴근시간(주로 오후 5시) 이후나 주말에 약속을 잡는 것은 특별한 경우가 아니면 삼가야 한다. 평일 저녁식사를 접대할 경우에도 당일 제안하는 것보다는 며칠 전에 초대하는 것이 바람직하다.

• 호주

호주는 개인주의 사회이다. 비즈니스에서도 이러한 개인주의 원칙은 철저하게 지켜진다. 모든 업무는 월요일부터 금요일까지 일반적인 근무시간에 이뤄지며, 특별한 경우를

12) 이슬람율법에 따라 요리한 음식

제외하고는 오후 5시가 되면 어김없이 퇴근한다. 누구도 타인의 자유시간을 침해하려 하지 않기 때문에 근무시간이 끝난 후 밖에서 회식자리를 마련하는 경우는 거의 없으며, 특별한 일이 있을 경우에는 직장 또는 사무실 근처 펍(Pub)에서 간단하게 맥주나 와인을 한 잔씩 들고 담소하는 정도이다.

그럼에도 불구하고 많은 회사들이 회식시간을 당겨서 금요일 오후 2~3시 정도가 되면 회사에서 제공해 주는 맥주를 동료들과 마시거나 근처 펍에서 마시고 퇴근시간이 되면 어김없이 집으로 돌아가는 경우가 흔하다. 따라서 근무시간이 끝난 후 술집에서 거래처를 따로 접대하거나 향응을 제공하는 일도 거의 없다. 이렇듯 호주 사람들은 타인의 개인생활을 존중하고 마찬가지로 자신의 개인생활을 보호받는 것을 당연한 권리와 의무로 생각한다.

## 5) 중동

### • 아랍에미리트

아랍인의 집으로 식사초대를 받았을 경우 아내나 다른 여성을 동반하지 않는 게 보통이다. 반대로 내가 상대방을 초대한다고 해도 상대방이 특별히 요청하지 않는 이상 아내와 가족을 대동하지 않는다. 초대 시 간단한 선물을 지참하는 것이 좋으나 돼지고기, 술과 같이 종교적으로 결례가 될 만한 물건은 절대 피해야 하며, 대추야자 선물이 무난하다. 식사 중에도 정말 배가 부른 상태가 아니라면 거절하지 않고 먹어야 자신이 존중받고 있다고 생각하니 주의해야 한다. 전통식 식사를 한 경우 식사 후 손을 씻고 커피를 마시는데, 대개는 커피 잔을 내려놓자마자 집에 돌아가는 것이 보통이다. 아울러 외부에서 식사할 때에는 술이나 돼지고기를 피한 메뉴와 장소 선정에 유의하도록 한다.

### • 사우디아라비아

사우디아라비아 문화에는 손님을 초대했을 때 극진히 대접하는 것을 예의이자 미덕으로 생각해 세 번 이상 거절하는 것은 예의가 아니라고 한다. 통상 비즈니스 목적으로 만난 바이어의 경우, 외국인의 입맛에 맞는 식당으로 초대해서 식사대접을 하는 경우가 많다. 이 경우 특별히 유의할 부분은 없으며 식사하면서 자연스럽게 대화를 이어나가면 된다. 다만, 식사 시 상대방의 사생활에 대해서는 묻지 않는 것이 좋다.

사우디아라비아인의 전통음식은 굽거나 삶은 양고기 또는 닭과 쌀을 함께 조리한 '캅사' 또는 '만디'가 일반적이며 바닥에 앉아 맨손으로 식사하는 것이 특징이다. 이때 두 다리를 포개어 앉거나 한쪽 무릎을 꿇고 앉아 식사하면 된다. 외국인들은 식기를 사용해도 문제없다. 다만, 손으로 식사하는 경우 식사 전에 반드시 손을 깨끗이 씻어야 하며, 오른손으로만 식사한다. 보통 사우디아라비아에서는 손님에게 호의를 표시하기 위해 많은 양의 음식을 제공한다. 특히 만디 같은 경우에는 양이 많으므로 남기더라도 예의에 어긋나지 않는다. 다만 가능한 제공된 모든 음식을 한 번씩은 맛보는 것이 좋다. 사우디아라비아인을 한국으로 초청해 식사하는 경우 메뉴에 신경을 써야 하는데 사우디아라비아인을 포함한 무슬림들은 개, 돼지, 맹수, 맹금류 등을 먹지 않는다. 반드시 이슬람식 도축(할랄)이 된 고기만을 먹으며, 술을 권하는 것은 절대로 금지된다. 적절한 메뉴는 소고기, 닭고기, 생선, 채소류이다.

• 튀르키예

지리적인 영향으로 다양한 음식의 문화를 갖고 있다. 종교적인(이슬람교) 이유로 돼지고기는 먹지 않고 쇠고기나 양고기를 먹는다.

음식을 코에 대고 냄새를 맡지 않는다. 뜨거운 음식이라고 해서 입으로 불지 않으며, 음식 남기는 것은 예의가 아니므로 먹을 수 있는 분량을 확실히 하는 것이 좋다.

커피는 원두가루를 거르지 않고 가라앉혀 마신다. 커피를 마신 후 바닥에 남은 커피 찌꺼기를 보고 그 모양으로 점을 쳐주는 풍습이 있기 때문이다.

### 6) 아프리카

• 남아프리카공화국

남아공 비즈니스맨들과 식사할 경우에는 양식 또는 일식을 추천하고 싶다. 남아공 식사문화도 유럽의 영향을 많이 받아 육류가 주된 음식이다. 이외에 해산물도 즐겨 먹으므로 육류, 해산물 등 다양한 음식을 먹을 수 있는 양식당에서 식사하는 것이 무난하다. 양식 외에는 일식 식당을 가는 것도 추천한다. 남아공에는 일식이 상당히 고급 음식으로 인식돼 있으므로 남아공 바이어들을 일식당으로 초대할 경우 이들을 중요하게 생각하고 있다는 인식을 심어줄 수 있다. 남아공에는 인도계 비즈니스맨들이 많은데, 이들을 식사에 초대할 경우에는 특별히 주의해야 한다. 인도계 비즈니스맨들은 무슬림이 많으므로 사전에 미리 물어보고 식사장소와 메뉴를 정하는 것이 좋다.

읽을거리

### Self Checklist-당신의 테이블 매너 점수는?

식사할 때는 식사방법이나 행동으로 그 사람의 품성이 판단되는 법이다. 따라서 어떤 곳에서도 자연스럽고 당당하게 행동하기 위해 테이블 매너는 필수이다. 우선 식사 중 당신의 매너를 체크해 보자.

1. 한식에서 젓가락과 숟가락을 한꺼번에 쥐는 것은 매너 위반이다. (YES→2, NO→5)

2. 양식에서 접시를 들고 먹는 것은 안 되지만, 일식에서는 들고 먹어도 괜찮은 그릇이 있다. (YES→3, NO→6)

3. 와인을 따라 받을 때는 잔을 양손으로 받친다. (YES→6, NO→4)

4. 커플로 레스토랑에 갈 경우 상석에는 여자가 앉는다. (YES→8, NO→7)

5. 일식은 소리를 내서 먹어도 좋다. (YES→9, NO→6)

6. 양식에서는 포크와 나이프가 많이 늘어져 있기 때문에 바깥쪽부터 사용하는 것이 매너이다. (YES→7, NO→10)

7. 중식당을 갈 때는 향수를 뿌리고 가면 안 되지만, 양식 레스토랑을 갈 때는 괜찮다. (YES→10, NO→8)

8. 나이프와 포크를 떨어뜨리면 깨끗하게 냅킨에 닦아서 사용한다. (YES→11, NO→12)

9. 레스토랑에서 식사를 다 마치면 냅킨은 깔끔하게 접어서 테이블 위에 올려놓는 것이 매너이다. (YES→6, NO→10)

읽을거리

10. 와인 잔에 묻은 립스틱 자국은 냅킨으로 살짝 훔쳐 닦는다. (YES→결과 ①, NO→11)

11. 스테이크는 처음에 한입 사이즈로 다 잘라놓는 것이 스마트하다. (YES→결과 ②, NO→12)

12. 코스 요리와 일품요리 등 동석자와 주문이 나뉘었을 때는 각자 원하는 것을 주문하면 된다. (YES→결과 ②, NO→결과 ③)

결과 ① 아직 멀었다

혹시라도 당신이 식사 중 하고 있는 행동이 주위를 불쾌하게 하고 있지는 않은지 생각해 보자. 최소한 절대로 해서는 안 되는 식사 중의 매너 위반 정도는 익혀두도록 하자.

결과 ② 조금 더

식사할 때 품위 있는 행동에는 몇 개의 규칙이 있다. 그러한 룰은 맛있게 먹기 위해서도 필요한 것이다. 자기 스타일을 고쳐서 규칙에 따라 식사를 즐길 수 있도록 하자.

결과 ③ 거의 합격

기본적인 테이블 매너는 몸에 배어 있는 당신. 메뉴와 함께 품위 있게 먹는 법을 확인해서 어디에 가서 무엇을 먹더라도 멋지게 식사를 즐길 수 있는 남성을 목표로 하자.

읽을거리

정답

1. 젓가락과 숟가락을 한꺼번에 쥐는 것은 매너 위반
2. 작은 접시, 작은 그릇, 종지, 뚜껑 있는 그릇 등은 손에 들고 먹는 것이 매너
3. 와인을 따라 받을 때는 잔에 손을 대지 않는 것이 룰
4. 남성과 여성이 있다면, 여성이 상석에 앉는 것이 매너
5. 요리 종류에 관계없이, 소리를 내서 먹는 것은 매너 위반
6. 나이프와 포크는, 요리가 나오는 순서대로 바깥쪽부터 사용하도록 한다.
7. 요리의 냄새를 해치기 때문에, 일식, 중식, 양식을 가리지 말고 향수는 NO!
8. 떨어진 커틀러리는 자기가 줍지 않는 것이 룰
9. 가볍게 대충 접어놓는 것이 정답
10. 잔에 묻은 더러운 것은 손으로 닦고, 냅킨에 손가락을 닦는 게 매너
11. 한입씩 잘라 가면서 먹는 것이 베스트. 처음에 다 잘라놓으면 육즙이 빠져나와 식기 쉽다.
12. 같은 테이블에서 요리 숫자가 다른 것은 피해야 한다. 코스면 전원 다 코스를 주문할 것. 요리 먹는 속도를 맞추는 것도 매너

자료: 황정선(2010), 내 남자를 튜닝하라, 황금부엉이

# Chapter 2 국가별 비즈니스 에티켓과 매너

## 1 선물 에티켓과 매너

### 1) 동양에서 선물의 의미

- 일상생활화된 습관
- 상대방의 성의의 척도

### 2) 서양에서 선물의 의미

- 선물의 명분 중시
- 선물의 가치보다 성의를 중시
- 고가의 선물은 뇌물로 간주

### 3) 선물을 보낼 때의 매너

- 옷이나 액세서리 등을 선물할 때는 신중해야 한다. 상대의 취향에 맞춘 선물을 해야지, 취향을 모를 경우에는 피한다.
- 선물할 때에는 반드시 포장하되 가격표는 떼어낸다.
- 선물할 때에는 반드시 카드를 첨부하여, 그 의미와 정성을 강조한다.
- 자기가 선물로 받은 것을 다시 남에게 선물해서는 안 된다.
- 선물을 보낼 때에는 적절한 시기가 있다. 시기를 맞추지 못한 선물은 의미가 축소되므로 미리 준비하여 선물을 건네는 것이 좋다.

### 4) 선물받을 때의 매너

- 선물을 받으면 즉시 감사의 인사를 전한다.
- 선물은 받은 자리에서 반가움과 궁금함을 가지고 풀어보는 것이 예의다.
- 선물이 마음에 들지 않아도, 노골적으로 표현하지 않는다.
- 택배로 받을 경우, 받은 후 즉시 잘 받았다는 인사를 전한다. 연락이 없을 때는 잘못 갔거나, 제때 도착하지 않았다는 염려를 할 수 있다.

읽을거리

### 선물과 뇌물의 차이는?

첫째, 받고 잠을 잘 자면 선물, 그렇지 못하면 뇌물이다.
둘째, 언론에 보도돼도 문제없으면 선물, 탈이 나면 뇌물이다.
셋째, 다른 직위에 있어도 받을 수 있으면 선물, 아니면 뇌물이다.

또 다른 선물과 뇌물의 차이는 가격이다. 비싼 것을 선물로 받으면 일단 뇌물인지 의심해 볼 필요가 있다. 받은 뒤 마음이 환해지면 선물이고 마음이 찜찜해지면 뇌물이다.

선물은 상대방의 마음을 사고 뇌물은 상대가 가진 권력이나 이익을 노린다. 선물은 줄수록 즐겁고 뇌물은 주고 나면 아깝기 그지없다. 고마운 마음이 묻어 있으면 선물이고 부탁이나 요청사항이 담겨 있으면 아무리 작아도 뇌물에 속한다.

받은 뒤 마음이 우쭐해지면 뇌물이고 고맙고 송구한 마음이 들면 선물이다.

선물은 상대를 배려하고 뇌물은 자기의 이익을 챙긴다. 뇌물은 중독성이 있어 한번 받기 시작하면 계속 더 큰 것을 바라지만, 선물은 신선한 충격이고 파격이다. 선물은 마음에 흔적을 남기고 뇌물은 물질로 흔적을 남기는데 물질은 썩기 때문에 화근이 되기 십상이다. 선물은 오래 기억되지만 뇌물은 거래가 끝나면 용도 폐기된다. 생각지도 않는 사람에게 바람에 실려오듯 소리 소문 없이 날아와 삶의 먼지를 털어내는 게 선물이다.

선물은 겸손하며 자신을 과대 포장하거나 과시하는 것을 삼가야 한다. 최상의 선물은 진실한 마음이지만 마음은 드러내놓고 보일 수 없어 마음에 옷을 입혀 보내는 것이 선물이다. 보잘것없는 미나리를 꺾어 임금께 바친 헌근지성(獻芹之誠)은 정성스런 마음이 선물의 출발임을 보여주는 예화다. 떠나는 사람에게 돈이나 선물을 주는 행자유신(行者有新)의 미덕은 인간의 도리를 지키는 근본이다. 인정(人情)이란 인간이 본래 가지고 있는 감정이나 심정을 말한다. 마음속에 담긴 정을 나누어 가지는 것이 선물이다.

## 2 국가별 선물 선택 시 주의할 점

### 1) 유럽

• 덴마크

덴마크 사람들은 저녁식사에 초대받았을 때에도 작은 선물(주로 꽃이나 작은 케이크)을 주고받는다. 따라서 상담 때에는 작은 선물을 준비하는 것이 좋으며, 생일, 크리스마스 등에 축하카드나 선물을 챙기는 것도 비즈니스에 많은 도움이 된다.

일례로, 2016년 무역사절단에 참가한 업체 중 국내업체 S사는 상담이 주선된 바이어들마다 이름을 새겨 시계를 선물했다. 물론 바이어들의 반응은 폭발적이었고, 이를 계기로 바이어에게 업체명을 각인시켰고, 자연스레 거래관계로 발전하여 2018년 현재까지 비즈니스를 지속하고 있다.

특히, 덴마크에서 크리스마스는 한국의 추석과 같은 개념으로 선물을 주고받는 것이 관례화된 매우 큰 휴일이다. 그러나 선물은 상대방에게 부담을 주지 않은 범위 내에서 하는 것이 좋으며, 선물의 종류로는 한국 전통 수공예품 등 전통적인 것이 좋다.

• 네덜란드

비즈니스 미팅 시 선물은 주고받지 않는 것이 일반적이며, 개인적으로 친밀한 관계가 형성됐을 때만 간단히 성의 표시하는 것이 좋다. 주로 와인, (한국을 나타내는) 기념품 등이 적합하다. 집으로 초대받았을 때는 초콜릿, 화분, 책, 꽃 등을 선물한다. 꽃 중 하얀 백합이나 국화는 장례식을 의미하므로 피하는 것이 좋다. 집에 초대받았을 때는 주인이 이미 와인을 준비했을 가능성이 크기 때문에 굳이 선물할 필요는 없다. 칼(knives)이나 가위는 선물로 부적합하다. 비즈니스 미팅 상대자에게 성의 표시를 할 때는 상급자와 하급자 구분 없이 동등하게 선물을 준비하는 것이 좋다. 크리스마스나 새해에 비즈니스 파트너 회사들에게 와인이나 꽃, 카드 등을 보내기도 한다. 크리스마스나 신년인사 카드 안에는 별도의 축하인사를 적지 않고, 보내는 사람의 이름만 적어 보내는 경우가 많다.

• 스페인

스페인에서는 비즈니스와 관련해 일반적으로 선물을 주고받지 않으며, 구체적인 성약이 이루어지지 않은 상태에서 비싼 선물을 할 경우 상대에게 부담을 주어 오히려 역효과를 낼 수도 있으므로 주의해야 한다. 그러나 명함집, 책갈피 등 한국적인 느낌을 담은 작은 선물들은 부담 없이 건넬 수도 있다. 또한 미팅에서의 선물보다 크리스마스, 새해 등의 카드 발송이 오히려 효과적일 수도 있다. 비즈니스 파트너의 집이나 별장 등으로 초대받은 경우에는 반드시 선물을 준비하는 것이 좋다. 20유로 미만의 중저가 와인이나 꽃, 초콜릿 등을 선물하는 것이 무난하다.

• 독일

독일에서는 비즈니스와 관련해 일반적으로 선물을 주고받는 것이 널리 보편화돼 있지 않으나, 부담 없는 선물을 사전에 준비해 전달하는 것도 나쁘지 않다. 그러나 값비싼 선물은 오히려 역효과를 가져올 수 있으므로 주의할 필요가 있다. 독일 기업 임직원은 10유로 이상의 선물을 받거나 식사대접을 받을 경우, 상사나 내부 compliance department에 보고해야 하는 경우가 대부분이라 선물이 오히려 상대방을 곤란하게 할 수 있다는 것을 인식해야 한다. 선물할 때에는 선물받는 사람과의 관계에 적합한 선물을 골라야 하며, 상대방이 남성 · 여성 · 직장상사 · 지인인지 잘 구별해야 한다.

독일인은 이국적인 선물에 관심이 많으므로 고가의 선물보다는 한국 전통제품이 선물로 바람직하다. 10유로 이내의 한국 차, 전통무늬 기념품, 태극무늬 부채, 열쇠고리, 장식품 등은 부담 없으면서도, 특색 있는 좋은 선물이 될 수 있다. 선물을 미리 준비하지 못해 현지에서 구입하고자 할 경우에는 10유로 이하인 레드와인 한 병 정도가 적당하다. 특히 특정 지역에서 재배된 포도주나 와인 전문점에서 산 제품이면 언제나 환영받는다.

그러나 향수나 의류, 50달러 이상의 선물, 특히 양주나 고급선물 등은 뇌물의 성격으로 오해받을 수 있기 때문에 피하는 것이 좋다. 또한 독일 기업이 아닌 공무원과의 미팅 시에는 각별히 주의할 필요가 있다. 공무원은 원칙적으로 선물을 받을 수 없게 돼 있어 약 20유로 이상의 선물을 받으면 경고를 받게 된다. 따라서 감사의 표시로 준 선물이 뇌물로 받아들여져, 대부분의 경우 다시 되돌려주게 되므로 유의할 필요가 있다. 유의할 점은 꽃선물은 포장하지 않고 홀수로 하되, 13송이를 선물하는 것은 삼가는 것이 좋다. 13일의 금요일처럼 불길한 징조로 여기기 때문이다. 아울러 선물을 포장할 때 흰색, 검정색, 갈색 포장지는 피하는 것이 좋은데, 이는 장례식을 연상케 하기 때문이다. 아울러 장미는 구애의 뜻으로 받아들여지기 때문에 비즈니스 파트너에게는 하지 않는다.

선물은 가급적 사람들이 보는 앞에서 푸는 것이 예의로 받아들여지는데, 선물을 주는 사람이 선물받는 이가 자신의 선물에 만족하는지 확인하고 싶어 하기 때문이다. 선물이 설사 마음에 들지 않더라도 기쁜 표정으로 고마움의 인사를 표하는 것이 바람직하다. 또한, 선물을 주는 시기도 중요하다. 사적인 관계에서 주는 선물과는 다르게 협상이나 방문의 마지막 단계에 전달하는 것이 바람직하다.

- 오스트리아

특별한 관계가 아니라면 간단한 선물로 족하다. 그러나 동양인들의 선물 예절은 오스트리아와 큰 차이가 있다고 믿는 사람이 많으므로 사업상 필요하다고 판단되는 경우 큰 선물을 해도 상관없다.

간단한 선물로는 한국을 상징하는 장식 달린 열쇠고리가 가장 무난하며, 공산품으로는 한국산 실크 넥타이나 여성용 실크 머플러를 좋아한다. 조금 큰 선물로는 전반적으로 수공예제품은 모두 좋으며, 특히 한국 특유의 도자기제품은 매우 큰 선물로 친다.

주의해야 할 부분은 인삼주를 제외한 인삼 관련 제품은 피하는 것이 좋다. 오스트리아인에게 인삼은 그냥 보약이 아니라 단순한 정력제로만 인식돼 있어, 첫 선물인 경우 오해할 소지가 있기 때문이다. 또한 인삼의 주성분의 하나인 사포닌 맛이 매우 생소하기 때문에 인삼차 등의 선물은 피하는 것이 좋다. 인삼제품 중에서는 인삼주가 가장 무난하다.

| **참고: 좋아하는 숫자** | • 숫자와 관련해 오스트리아인들이 특별히 선호 또는 혐오하는 숫자는 없으며, 성적, 평가 등과 관련해 '1'이 가장 좋음을 의미하고 '5'는 낙제를 의미한다.<br>• 미신적인 요소로 인해 의미를 갖는 숫자가 있는데, '12'와 '13'이 그것이다. 흔히 하는 말 중에 '지금은 12시 5분 전'이라는 말이 있는데, 이것은 어떤 일을 서둘러서 끝내야 하는 순간으로 그렇지 않을 경우 모든 것이 수포로 돌아가는 경우를 의미한다.<br>• 숫자 '13'은 옛날부터 불행 또는 불길한 징조를 상징하는 숫자로 인식돼 왔는데, 최근에는 이러한 인식이 전반적으로 약해지는 분위기이다. 그러나 아직도 많은 사람들이 13일의 금요일은 모든 일에 특별히 조심해야 하는 날로 인식하고 있다. |
|---|---|

• 이탈리아

고가의 선물은 자칫 상대방에게 부담을 줄 수도 있으며, 대체로 선물은 받는 이에게 실용적이고 의미 있는 것을 선호한다. 업무와 연관 있는 제품이거나 일반적인 품목이 좋으며, 공예품과 같이 선물하는 이의 지역 특산물이나 한국산 아이디어 상품과 같은 선물도 좋은 인상을 남길 수 있다.

## 2) 북미

• 미국

대체적으로 비즈니스 관계에서 고가의 선물이나 현금을 주지는 않는다. 하지만 의미 있는 작은 선물은 감사하게 생각하기 때문에 첫 대면에서 작은 선물은 서먹서먹한 감정을 해소할 수 있는 좋은 도구가 될 수 있다. 바이어의 집에 초대받아 갈 경우에는 꽃이나 화분, 과일바구니, 책 등이 일반적인 선물이다. 한국에 돌아와서 감사편지를 보내는 것은 매우 좋은 인상을 남길 수 있다. 상대방에게 선물받은 후에는 답례로 카드를 보내는 것이 예이다.

이외에 선물하기 전 종교적인 측면을 배려하는 자세가 필요하다. 상대방이 크리스마스를 지킨다고 가정하고 선물을 준비하는 것은 좋지 않다. 크리스마스를 지키지 않는데 크리스마스 선물을 하는 것은 실례가 된다. 아울러 선물을 주면 무조건 좋아할 것이라고 생각하는 것도 금물이다. 이유는 선물을 받으면 자신도 무엇인가 선물해야 한다는 부담을 갖게 되기 때문이다. 선물을 준다고 해도 자신들의 종교적인 믿음과 신념에 따라 받지 않는 경우가 있으니 이런 실수를 범하지 않기 위해서 크리스마스를 지키는지 또는 특수한 종교 절기를 지키는지 등에 대해 문의하는 것이 좋다. 어느 부서(그룹)에 감사의 의미로 선물할 경우 모든 사람에게 하는 것이 좋다. 선물하는 목적은 모든 사람에게 고마움을 기억하고 있다고 표시하는 것이다. 그런데 만일 상급자에게만 선물을 한다든가 하면 그 부서에 있는 사람들이 서로 말할 때 일부 사람들이 자신들은 제외됐다는 느낌을 받을 수 있음에 주의해야 한다.

• 캐나다

캐나다에서는 사업 상대가 자신의 집으로 초대해 방문하게 될 시에는, 선물이 꼭 필요한 것은 아니지만 꽃, 와인, 자국 기념품 등의 선물을 하는 것이 좋다. 방문 후에는 초대해 준 상대방에게 감사의 서신을 보내는 것이 예의이다. 사업상의 선물하는 것은 큰 거래가 성사됐을 경우를 제외하고는 별로 흔하지 않다. 정부 관리에게 선물할 경우, 고가의 선물은 하지 않는 것이 관례이다.

### 3) 중남미

- 아르헨티나

아르헨티나인은 비즈니스 상담에서 초면에 선물을 교환하지 않는다. 단, 정부 인사 방문의 경우 통상 선물을 기대하는 경우가 있다. 선물할 경우는 한국적 이미지가 있는 열쇠고리, 봉투 등 가벼운 선물이 좋다. 바이어 관리를 위해서는 크리스마스, 생일 등에 카드를 보내는 것이 좋고, 연말에는 주요 거래선에 와인, 종합 선물세트 등을 선물하면 좋다. 7월 20일은 '친구의 날'이다. 이때 아르헨티나 기업인에게 e-메일로 안부를 묻는 것도 좋을 것이다.

일반적으로 면담을 신청한 쪽이나 방문하는 쪽에서 예의상 선물을 준비하는 것이 관례이며, 보통 아르헨티나에서 흔한 물건인 가죽, 와인 등을 선물한다. 칼, 가위 등과 같은 관계 단절을 의미하는 물건은 선택하지 않는 것이 좋다. 수입규제가 심한 아르헨티나 사람들에게는 한국적인 선물(한지 명함통, 한지 보석함 등)의 반응이 좋으며, 유명 메이커인 위스키, 프랑스산 샴페인, 수입 초콜릿이나 꽃도 적절하다. 술에 대한 수입관세가 매우 높으므로 수입 술 한 병은 매우 좋은 선물로 간주된다. 선물은 받는 즉시 앞에서 열어보고 감사의 의사를 표현하는 것이 관행이다.

- 브라질

브라질 비즈니스의 원칙부터 말하자면 첫 만남에 선물을 주는 경우는 없다. 아무 의미가 없기 때문이다. 대신 점심이나 저녁을 초대하는 것은 아주 좋다. 일반적으로 점심은 예의를 의미하고, 저녁은 어느 정도 비즈니스가 진전되고 있음을 의미한다. 선물은 이러한 절차가 지난 후에 상대방의 취향을 파악한 후 결정하는 것이 좋다. 그러나 회사 로고가 찍힌 선물은 비즈니스 상담기념으로 아주 좋다. 요즘은 브라질 기업들도 미리 회사 로고를 찍은 선물을 준비해 방문객에게 전달하는 경우가 늘고 있다. 만일, 회사 기념품 외에 선물을 주고 싶다면 세심하게 준비해야 한다. 턱없이 비싼 선물은 오해를 사기 때문에 금해야 한다.

### 4) 아시아/대양주

• 일본

일본 비즈니스 문화에 있어서 선물을 주고받는 것은 중요한 풍습이라 할 수 있다. 여름에는 '오추우겐'(お中元), 연말에는 '오세이보'(お歳暮)라는 선물을 거래관계가 있는 업체끼리 교환하는 문화가 존재한다.

일본인들은 선물의 가치 자체보다는 선물을 주는 행위에 중점을 두는 경향이 짙다. 그래서 일본 기업으로부터는 매우 간소한 선물을 받는 경우도 있고, 반대로 고가의 선물을 받는 경우도 있으나 선물의 대소가 비즈니스 성과와 직결되는 구조는 아니다. 한편 일본인들에게 선물을 건넬 경우에도 고가의 물건을 선물하면 상대방이 부담을 느끼는 경우가 많기 때문에 거래를 시작하기 전에는 간단한 식품 등을 선물하는 것으로도 충분하다. 일본인들이 선호하는 한국 선물로는 김치, 김, 차(옥수수차, 둥굴레차 등), 과자, 화장품 등이 있다.

일본에서는 선물을 받을 때 바로 포장을 열기보다는 선물 준 사람이 돌아간 후에 포장을 여는 풍습이 있다. 또한 일본인들은 선물받을 때 2번가량 사양의 의사를 보일 경우도 있는데 이 또한 풍습의 일환으로, 선물받을 의지가 정말로 없다는 뜻은 아닌 경우가 많다.

선물로 적절하지 않는 품목으로는 손수건, 칼, 불과 관계있는 것(라이터, 재떨이 등) 등이 있다. 손수건은 일본말로 '데기레'(手切れ)라고도 하며, 데기레는 '절연'을 의미하고, 칼 또한 관계의 단절을 연상케 하기 때문이다. 또한 선물 개수가 4와 9(4=시='死', 9=구='苦'를 연상)가 되지 않도록 주의가 필요하다.

• 중국

중국인에게 선물할 경우 유의할 점이 있다.

중국인들이 좋아하는 숫자는 6, 8, 9, 싫어하는 숫자는 4이다.

6은 '일이 순조롭게 풀리다'라는 뜻이 있고, 8은 '대박나다, 부자되다'라는 뜻이 있다. 9는 '오래오래, 영원함'을 뜻하는 발음과 매우 유사하다. 반면, 숫자 4는 죽음을 의미하는 발음과 같아 싫어한다.

| 관계 | 적절한 선물 | 부적절한 선물 |
|---|---|---|
| 일반적인 관계 | 성의를 담은 과일 · 꽃 · 특산물 등 | • 손수건 · 우산 · 시계 · 하얀 꽃은 눈물 혹은 죽음을 의미하므로 부적절하다.<br>• 신발은 사악하다와 같은 발음으로 '사악한 기운을 보낸다'는 의미를 지닌다.<br>• 칼, 가위 등은 단절과 유대관계의 끝을 의미한다.<br>• 배는 중국어로 '이혼', '헤어지다'와 비슷해서 선물로는 적절하지 않다.<br>• 양초는 '망자(亡者)를 위한 물건'으로 여기기에 중국 여성들에게 양초를 선물하는 것은 큰 결례가 된다. |
| 비즈니스 관계 | 구하기 힘든 문화관련 티켓, 보기 드문 특산품 | • 초면에 너무 고가의 선물을 하면 상대방에게 부담감을 줄 수 있고, 뇌물로 오해하는 경우도 있으므로 주의해야 한다. |

중국인은 빨간색과 금색을 매우 좋아한다. 포장 시 활용하면 좋다. 또한 중국은 차 문화가 발달하여 차 선물을 좋아하고, 막걸리, 소주와 같은 우리나라 전통주를 선물하는 것도 추천할 수 있다. 선물은 사양하더라도 계속 권해야 한다. 거절은 진심이 아니라 하나의 관습이다. 또한 중국인은 선물을 받은 후 그 자리에서 열어보지 않는 것이 일반적이다.

• 베트남

베트남인들은 일반적으로 과시형 소비성향을 보인다. 소득에 비해 고가의 명품 핸드백, 스마트폰 등을 가지고 다니는 경우가 상당히 많다. 선물은 가급적 비싸고 고급스러운 것을 주는 것이 좋다. 베트남인들이 긍정적으로 생각하는 선물로는 한국산 홍삼, 인삼, 흑삼, 고급 기초화장품, 건강식품, 담금주 및 전통주 등이 있다.

과거 베트남인은 '한국'의 국가 브랜드 자체로 한국산 상품에 큰 호감을 표했으나, 이제는 상품의 브랜드를 따져 정보를 직접 인터넷에서 찾아보는 이들이 늘었다. 따라서 식품이나 화장품의 경우 영양 정보를 꼼꼼히 따지는 현지인들이 증가했음을 인지하여 선물을 선택하고, 비용에 구애받지 않는 경우에는 가급적 고급스러운 고가 브랜드를 선물하는 것이 비즈니스에 도움이 될 수 있다.

베트남에는 여행을 가거나 출장을 다녀올 경우 주변 사람, 동료 및 지인들에게 작은 선물이라도 하는 문화가 있다. 동료가 '선물 사왔어?'라고 물어보는 것은 인사나 농담이 아니라 진담인 경우가 80% 이상이므로 기억해 두는 편이 좋다.

참고로, 베트남에서 숫자 8과 9는 복된 의미의 숫자이다. 따라서 상대를 위해 무엇인가 준비하는 동안 숫자를 사용해야 할 일이 있다면 8이나 9를 쓸 것을 추천한다.

• 미얀마

상담 성과 제고를 위해 바이어에게 전달할 선물을 사전에 준비해 가는 것이 좋지만, 고가의 선물 또는 기념품은 오히려 부담감을 줄 수 있으므로 주의할 필요가 있다. 특히 인삼 제품이 널리 알려져 있어 인삼캡슐, 홍삼절편 등의 선물이 좋으며 손목시계, 탁상용 소품, 위스키 등도 바람직하다. 한류의 영향으로 한국음반 CD, 한국 영화 및 드라마 DVD 등도 좋은 선물이 될 수 있다.

• 태국

관대함, 후함은 태국의 전통적인 가치 중 하나이다. 이러한 이유 때문에 태국 사람들 사이에 선물을 주고받는 일이 많다. 작게는 일상생활에서 케이크나 스낵을 주고받는 데서도 나타난다. 일반적으로 태국 비즈니스 미팅 시 간단한 선물은 서로의 우호를 돈독히 하는 데 쓰인다. 선물을 받았을 때, 그 자리에서 선물을 뜯어보거나 선물의 가치에 대해 언급하는 것은 좋지 않다. 태국 사람들에게는 선물을 주고받은 그 자체가 의미 있고 고귀한 것이지, 내용물이 무엇이냐가 중요한 게 아니기 때문이다. 외국인이 눈앞에서 그 선물의 포장을 뜯어버린다 해도 문화적 차이로 이해하고 넘어갈 수 있지만, 선물을 준 자체에 대한 고귀함은 희생됐다고 생각한다. 또한, 어떠한 이유에서든 선물을 거절하거나 받은 선물을 되돌려주어서는 안 된다. 넉넉지 못한 사람이 값비싼 선물을 준 경우에도 마찬가지다. 한편, 값비싼 선물을 받았다고 해서 부담을 느끼고 이에 상응하는 선물을 사서 보답하는 것도 좋은 것은 아니다. 태국 공무원들의 경우는 3,000밧(약 10만 원) 이상의 선물을 받지 못하게 규정돼 있다. 그러나 일반 민간기업에서는 선물 한도액이 정해져 있지 않은 경우가 많으며, 너무 고가보다는 적정한 가격대의 선물을 하는 것이 바람직하다. 비즈니스 대상이 남자라면 그 사람이 술을 좋아하든 안 좋아하든 고급술을 선물하면 좋아한다. 여자의 경우라면, 유명 브랜드 향수, 문구류, 액세서리 등이 무난하다. 남녀 공통으로 한국산 인삼차 등도 좋은 선물이 될 수 있다.

• 말레이시아

선물을 준비할 때에도 사전에 상대방의 종교가 무엇인지를 반드시 알아둘 필요가 있다. 화교들은 여자 사진이 나온 달력 등도 상관없지만 이슬람교도들에게는 큰 실례가 된다. 특히 이슬람에서는 교리상 사람이나 사물 형체를 본떠서 만든 물건을 거부하므로 유의해야 한다. 일반적으로 한국산 인삼 등 건강식품이나 필기구, 장신구 등이 인종과 관계없는 무난한 선물로 꼽힌다.

**참고: 인사방법**

말레이이식 악수는 마주 잡지 않고 두 손을 펴서 다른 사람의 한 손을 두 손으로 감싼다. 그런 다음 두 손을 가슴에 가볍게 닿게 한다. 요즘에는 현대식으로 일반적인 악수를 한 다음 한 손을 가슴에 닿게 하기도 한다. 이렇게 악수가 가장 일반적인 인사법이지만 일부 보수적인 회교도나 여성은 이성과 악수하지 않는다. 자신의 손을 가슴에 닿게 하는 것은 가슴으로부터의 환영과 존중의 뜻을 담고 있다.

한편, 말레이시아 사람 이름은 길고 발음하기가 어렵다. 인사 전에 이름을 알 수 있다면 미리 연습해 두는 게 좋다. 특히 말레이시아 사람들은 일반적으로 여러 가지 칭호를 이름 앞에 붙이는 것을 좋아한다. 이 중 하나가 작위를 나타내는 칭호로 Dato, Datuk, Tan Sri 등이 이름 앞에 들어가 있으면 부를 때 붙여주는 것이 좋다. 또 다른 하나는 학위로 박사학위를 소지하고 있는 사람의 경우 약칭인 Dr., Ph를 이름 앞에, 작위가 있다면 작위와 함께 붙이는 것이 좋다.

• 사람을 손으로 가리킬 때

사물 또는 지역을 가리킬 때 검지를 사용하기도 하지만 정중한 표현은 아니므로 왼쪽 사진과 같이 엄지손가락을 사용하는 것이 좋다. 특히 사람을 가리킬 때 검지를 사용하는 것은 무례한 행동으로 간주되므로 조심해야 한다. 외국인들에 대해 배타적인 감정이 거의 없기 때문에 문화관습에 따른 실수에 대해 관대한 편이긴 하나 현지의 일반적인 관습을 존중해 주는 것이 좋다.

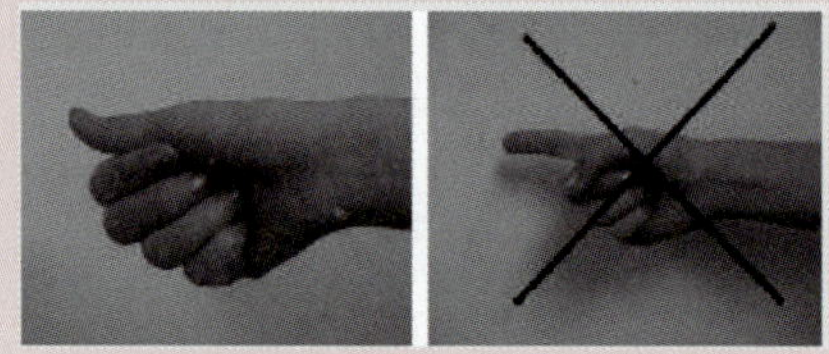

- 싱가포르

선물 역시 인종별로 차이가 있는데, 중국계의 경우 가위나 칼 등은 절교를 의미하고 꽃, 시계, 손수건 등도 장례식과 관련된 이미지이므로 피해야 한다. 선물포장은 빨간색, 핑크색, 노란색이 좋으며, 흰색, 파란색, 검은색 계열은 피해야 한다. 기본적으로 홀수보다는 짝수를 선호하며 8은 행운이나 재산, 9는 장수를 의미하기 때문에 좋아하는 숫자이다.

말레이 계열의 경우 대부분이 무슬림이므로 술을 선물해서는 안 되며, 남성이 여성에게 선물할 경우 오해를 사지 않도록 유의해야 한다. 보통 만날 때보다 떠날 때 선물을 준다. 흰색은 죽음을 상징하기 때문에 포장으로 좋지 않으며 빨간색이나 녹색을 사용하며, 돼지, 왼손 사용 등에 대한 이슬람 문화권의 기본적인 상식을 이해하고 접근할 필요가 있다.

인도계의 경우 집에 초대받았을 때는 반드시 선물을 준비해야 하며, 선물로는 초콜릿이나 인도 과자가 무난하며 소와 관련된 제품 선물은 금기이다. 흰색이나 검은색보다는 붉은색, 노란색, 녹색, 파란색 등 밝은 원색 계열로 선물을 포장하는 것이 좋다.

- 인도

선물을 받자마자 열어보는 것은 예의가 아니며, 전달 시 가장 높은 직책의 임원에게 두 손으로 전달하는 것이 좋고 선물 포장은 흰색, 검정색은 피하고 녹색, 빨간색, 노란색을 쓰는 것이 좋다.

초대받았을 경우에는 초콜릿, 꽃 등의 작은 선물을 준비하거나 술을 마시는 사람에게는 수입 위스키가 아주 좋은 선물이 된다. 만약 현금을 선사하는 경우가 있다면 금액을 홀수로 맞추어야 한다.

- 뉴질랜드

뉴질랜드는 공공기관 및 일반기업 모두 규정 및 규칙에 따라 담당자의 판단하에 일을 처리하고 있으며, 세계적인 수준의 청렴도를 자랑한다. 국제투명성기구(Transparency International Secretariat, TIS)'가 발표한 '2016년 부패인식지수(Corruption Perceptions Index, CPI, 2018년 1월 확인 최신자료)'에 따르면 뉴질랜드는 100점 만점에 90점을 받아 덴마크와 함께 공동 1위를 차지했다.

따라서 업무상으로 뇌물을 주는 것은 금물이며, 뇌물을 줄 경우 오히려 손해를 볼 수 있다는 점을 항상 염두에 두어야 한다. 또한 첫 상담에서 부담스런 선물은 준비하지 않는 게 좋다. 보통 선물을 해도 회사에 반납하는 경우가 많고, 잘 알지 못하는 사람으로부터 선물받는 것에도 익숙하지 않다. 선물을 하고 싶을 경우에는 친숙해진 이후나 안면이 트인 이후에 한국 전통문양의 책갈피, 한복 입은 인형, 태극부채와 같이 한국 전통을 보여줄 수 있는 비싸지 않은 제품, 혹은 한국을 소개할 수 있는 영어책자, 비디오테이프, 한국 노래 CD 등이 색다르면서 받는 사람도 부담이 없는 좋은 선물이 될 수 있다.

- 호주

호주에서 일반적으로 선물은 마음의 표현 이상 및 이하도 아니기 때문에 한국식 관습으로 고가의 선물이나 유가증권(상품권 및 현금 등)을 주고받는 경우는 없다. 한국에서 인기가 많은 백화점 상품권이나 고가의 양주 및 고급 만년필 등의 선물은 받는 사람이 불편하게 생각할 수 있으며 향후 이해관계가 얽힐 수 있는 관계에서는 불필요한 오해도 받을 수 있으므로 피하는 게 좋다. 그러나 가벼운 선물 등은 쉽게 주고받는 경우가 많으며 실용적인 품목들이 인기가 많다. 물론 매번 만남 시 선물을 준비할 필요는 없으며 보통 준비하지 않아도 무방하다. 자주 사용되는 선물은 종합 선물바구니(Gift hamper basket), 와인(Wine, A$20~50 사이), 명함지갑(Business card case), 차(Tea), 초콜릿(Chocolate) 등이다.

## 5) 중동

- 사우디아라비아

중동은 우리와 다르게 선물하는 문화가 거의 없는 편이다. 특히 뇌물은 이슬람에서 금기시되고 있어 첫 방문부터 값비싼 선물을 하는 것은 좋지 않다. 추후 친분을 쌓고 특별한 기회가 될 때 작은 선물을 주는 것이 바람직하다. 현지 바이어는 비즈니스와 개인적인 친분을 별개로 간주하는 편이므로 선물로 인해 거래관계에 큰 변화를 주기는 어려운 것이 사실이다. 그러나 때때로 주는 사람의 성의와 정성이 담긴 자그마한 선물 하나가 간혹 효과를 발휘하는 경우도 있다. 선물로는 인삼제품(인삼차, 인삼절편, 인삼농축액 등), 한국산 IT기기, 한국 전통문양이 들어간 수공예품 등이 무난하다. 한편, 바이어의 부인이나 자녀들에게는 선물을 삼가는 것이 좋다.

• 튀르키예

처음 만나는 기업 또는 인사에게 작은 선물을 주면 분위기를 보다 부드럽게 이끌어 갈 수 있으며 좋은 첫인상을 남길 수 있다. 그러나 처음 만나는 바이어에게 부담되는 선물보다 기업로고가 새겨진 작은 기념품 또는 한국 전통무늬가 새겨진 기념품 등을 건네는 것이 좋다. 최근에는 주로 USB 메모리, 휴대전화 액정클리너 등의 부피도 크지 않고 귀여운 디자인의 액세서리류가 선호되고 있다.

### 6) 아프리카

• 남아프리카공화국

남아공 공무원 및 공기업 직원들에게 선물을 줄 경우에는 특별히 주의해야 한다. 남아공 정부는 공직자들의 부정부패 해소를 위해 일정금액 이상의 선물을 받을 경우에는 반드시 관계기관에 신고하도록 하고 있다. 따라서 이들에게는 고가의 선물을 제공하기보다는 간단한 성의만 표시할 수 있는 작은 선물이 무난하다. 일반 비즈니스맨들과의 상담성과를 높이기 위한 선물을 할 경우에도 특별한 경우가 아니면 소정의 선물이 좋다. 남아공에는 아직 우리나라의 문화가 거의 알려져 있지 않으므로 한국의 전통문양이 들어간 기념품, 공예품, 펜이나 남아공에서는 비싸지만 한국에서는 저렴하게 구입 가능한 마스크팩 같은 간단한 화장품도 괜찮다. 인삼, 홍차 또는 식·음료품은 현지인들에게 익숙지 않아 선물로 적절하지 않을 수 있다.

# Chapter 3 세계 각국의 제스처와 의미

## 1 제스처

우리가 흔히 몸짓언어(body language)라 부르는 제스처도 중요한 의사소통 방법 가운데 하나이다. 제스처는 우리가 외국에 나갔을 때 유용하게 사용할 수 있는 만국 공용어이지만 때로는 사고나 오해를 불러일으킬 수도 있다. 동일한 제스처라도 나라나 지역에 따라서는 정반대의 의미를 가질 수 있기 때문이다.

[그림 3-1] 세계 각국의 신체부위별 제스처와 그 의미

| 신체부위 | 제스처 | 나라 | 의미 |
|---|---|---|---|
| 눈 | 눈썹을 추켜세우면 | 통가 | 예, 찬성 |
| | | 페루 | 돈을 내게 지불해 달라 |
| | 눈꺼풀을 검지로 잡아당기면 | 영국 | 날 속일 수 없어 |
| | | 프랑스 | 네가 뭘 하려는지 다 알아 |
| | | 이탈리아 | 조심하고 정신 집중해 |
| | | 유고슬라비아 | 슬픔, 실망 |
| | 윙크 | 대부분 | 호감 또는 애교 표시 |
| | | 인도<br>호주 | 모욕적 표현 |

<table>
<tr><td rowspan="9">코</td><td>검지와 엄지로 둥근 원을 만들어 코끝에 갖다 대면</td><td>콜롬비아</td><td>지금 이야기하고 있는 사람은 동성연애자</td></tr>
<tr><td rowspan="2">콧방울을 검지의 안쪽으로 살짝 두드리면</td><td>영국</td><td>비밀</td></tr>
<tr><td>이탈리아</td><td>친근한 사이에서 경고를 표시</td></tr>
<tr><td>엄지손가락을 코끝에 갖다 대면</td><td>유럽</td><td>남을 비웃을 때 사용. 양쪽 엄지손가락 사용 시보다 심한 조롱의 뜻</td></tr>
<tr><td>코를 벌름벌름 움직이면</td><td>푸에르토리코</td><td>무슨 일이 일어난 거야?</td></tr>
<tr><td>코를 비틀면</td><td>프랑스</td><td>술 취함</td></tr>
<tr><td>코를 파면</td><td>시리아</td><td>지옥이나 가라!</td></tr>
<tr><td rowspan="2">검지와 중지로 코를 잡으면</td><td>이탈리아</td><td rowspan="2">너를 못 믿겠다.</td></tr>
<tr><td>크로아티아</td></tr>
<tr><td rowspan="2">입</td><td>손가락 끝에 키스하면</td><td>라틴아메리카</td><td>멋지다는 감탄의 표현<br>(여성, 와인, 자동차, 축구시합 등 자유롭게 사용할 수 있음)</td></tr>
<tr><td>플루트 부는 시늉을 하면</td><td>프랑스</td><td>당신이 너무 오래 이야기해서 난 지루해</td></tr>
<tr><td rowspan="6">귀</td><td>검지로 바깥쪽을 향해 귓불을 두드리면</td><td>이탈리아</td><td>곁에 있는 남자가 여자아이 같아!</td></tr>
<tr><td rowspan="2">귀를 움켜쥐면</td><td>인도</td><td>실수했을 때 사과표시</td></tr>
<tr><td>브라질</td><td>음식을 잘 먹었다.</td></tr>
<tr><td rowspan="3">귓가에 검지로 여러 번 원을 그리면</td><td>유럽</td><td rowspan="2">미쳤다. 제정신이 아니다.</td></tr>
<tr><td>라틴아메리카</td></tr>
<tr><td>네덜란드</td><td>누군가에게 전화가 걸려왔어</td></tr>
<tr><td rowspan="2">볼</td><td rowspan="2">검지를 볼에 대고 좌우로 비틀면</td><td>이탈리아</td><td>남을 칭찬한다는 뜻</td></tr>
<tr><td>독일</td><td>저건 미친 짓이야</td></tr>
<tr><td rowspan="9">턱</td><td rowspan="3">턱을 쓰다듬는 행동</td><td>그리스</td><td rowspan="3">매력적이다.</td></tr>
<tr><td>이탈리아</td></tr>
<tr><td>스페인</td></tr>
<tr><td rowspan="6">턱을 약간 쓸어 밖으로 튕기는 행동</td><td>벨기에</td><td rowspan="4">꺼져! 전혀 상관 안 한다.</td></tr>
<tr><td>이탈리아</td></tr>
<tr><td>프랑스</td></tr>
<tr><td>튀니지</td></tr>
<tr><td>브라질</td><td rowspan="2">모르겠는데…</td></tr>
<tr><td>파라과이</td></tr>
</table>

<table>
<tr><td rowspan="7">머리</td><td rowspan="3">검지 끝으로 머리를 톡 치면</td><td>아르헨티나</td><td rowspan="2">지금 생각 중!<br>생각 좀 해봐.</td></tr>
<tr><td>페루</td></tr>
<tr><td>대부분</td><td>그는 미친 사람이야!</td></tr>
<tr><td>손가락으로 옆머리를 나사 돌리듯 꼬면</td><td>독일</td><td>미쳤어!</td></tr>
<tr><td rowspan="2">고개 끄덕이기</td><td>대부분</td><td>긍정의 YES</td></tr>
<tr><td>튀르키예</td><td>부정의 NO</td></tr>
<tr><td>고개 까닥이기(좌우 어느 방향이든)</td><td>인도</td><td>아무 문제 없다.</td></tr>
<tr><td rowspan="13">손</td><td rowspan="3">검지와 새끼손가락으로 만든 뿔을 수직으로 세우면 (Corna sign)</td><td>지중해 연안</td><td>너의 아내는 바람을 피운다.</td></tr>
<tr><td>브라질</td><td rowspan="2">(손을 돌리면서)<br>불행에서 보호받기를</td></tr>
<tr><td>라틴아메리카</td></tr>
<tr><td rowspan="2">검지와 중지로 V자 사인을 만들면</td><td>영국, 호주</td><td>손등이 상대방을 향하면,<br>심한 욕설</td></tr>
<tr><td>그 외</td><td>손바닥이 상대방을 향하면,<br>대부분은 승리</td></tr>
<tr><td rowspan="3">손바닥을 아래로 향하여 위아래로 흔들면</td><td>중동지역<br>동아시아지역<br>포르투갈<br>스페인<br>라틴아메리카</td><td>이리와 봐.<br>(단, 손가락을 사용하면 상대를 모욕하는 의미가 되므로 주의)</td></tr>
<tr><td>러시아</td><td>개를 부를 때 (사람에게 할 경우 모욕감을 줌)</td></tr>
<tr><td>이탈리아</td><td>작별인사(위로 올려 주먹을 폈다 오므렸다 함)</td></tr>
<tr><td rowspan="3">엄지와 검지로 둥근 원을 만들면</td><td>대부분</td><td>OK사인</td></tr>
<tr><td>튀르키예, 중동, 아프리카, 러시아, 브라질</td><td>동성애 등의 외설적 표현</td></tr>
<tr><td>한국, 일본</td><td>돈 또는 승인이나 긍정</td></tr>
<tr><td rowspan="2">엄지 세우기</td><td>대부분</td><td>최고</td></tr>
<tr><td>중동</td><td>음란한 행위</td></tr>
</table>

| | 독일 | 숫자 '1'을 표시 |
|---|---|---|
| | 일본 | 숫자 '5'를 표시 |
| | 호주, 중동, 아프리카 | 상대를 매우 경멸하고 모욕하는 표현 |
| | 그리스 | 무례하게 침묵을 강력히 권장하는 표현 |
| | 러시아 | '나는 동성애자입니다.'라는 표현 |
| 엄지를 입으로 물면 | 인도, 파키스탄 | 상대방의 온 가족에게 한꺼번에 욕하는 표현 |
| 검지와 중지를 엇갈리면 | 유럽 | 행운, 보호 |
| | 파라과이 | 무례한 행동 |
| 엄지와 새끼손가락을 세우면(Shaka sign) | 하와이 | 침착해라. 기분 풀어, 잘 지내. |
| | 멕시코 | (가슴 앞에서 이 제스처를 주먹이 앞을 향하도록 하면) 한잔할까? |
| 손바닥으로 다른 쪽 손등을 두어 번 털면 | 네덜란드 | 저 사람은 동성연애자야. |
| 손가락을 모두 모아 위아래로 약간씩 흔들면 | 이탈리아 | 도대체 무슨 말을 하는 거냐? 믿을 수 없다. |
| | 튀르키예 | 최고 |
| | 그리스 | 완벽해 |
| | 이집트 | 인내심을 가져라. |
| | 쿠웨이트 | (손가락을 한데 모아 손목방향으로 오므리면) 잠깐만 |
| 새끼손가락만 세우면 | 발리 | 나쁘다 |
| | 한국 | 약속 |
| | 일본 | 여자 |
| 한 손으로 다른 쪽 손등을 톱질하는 시늉을 하면 | 콜롬비아 | 이익을 절반씩 나누자. |
| 검지와 중지 사이로 손가락을 내밀면 | 유럽, 지중해 몇 나라 | 경멸 |
| | 브라질 | Figa라 불리고, 행운을 빈다. |
| | 베트남 | 상대방을 경멸하는 표현임 |

<table>
<tr><td rowspan="3"></td><td>손가락 제스처로 사람을 부르면</td><td>필리핀</td><td>심각한 모욕, 심한 욕</td></tr>
<tr><td>주먹을 손바닥에 치는 행위</td><td>프랑스 알제리, 튀니지</td><td>나랑 싸우자, 밖으로 나와라.</td></tr>
<tr><td>다섯 손가락 펴서 손바닥을 내보이면</td><td>그리스, 파키스탄, 멕시코, 중동, 북부아프리카</td><td>관심 없어, 그만해.</td></tr>
<tr><td rowspan="7">팔</td><td rowspan="2">팔짱을 끼면</td><td>핀란드, 아이슬란드</td><td>오만과 자존심</td></tr>
<tr><td>피지</td><td>경멸</td></tr>
<tr><td rowspan="2">팔을 모으고 합장하듯 하면</td><td>태국, 기타 불교국가</td><td>인사</td></tr>
<tr><td>핀란드</td><td>거만함</td></tr>
<tr><td rowspan="3">검지와 중지를 붙여 팔꿈치를 툭툭 치면</td><td>멕시코 브라질 아르헨티나 과테말라</td><td>너 정말 짜다, 매우 인색하다.</td></tr>
<tr><td>네덜란드</td><td>그 사람을 믿을 수 없어.</td></tr>
<tr><td>콜롬비아</td><td>당신은 까다로워.</td></tr>
</table>

# Chapter 4 외국인이 오해할 한국인의 습관

## 1) 지하철이나 버스에서 큰 소리로 통화한다

일부 한국인들은 버스나 지하철 안에서 큰 소리로 오랫동안 휴대전화 통화를 한다. 미국에선 다른 이에게 항의를 받을 수 있는 무례한 행동이다.

## 2) 대화하는 사람의 사이를 지나지 않고 옆으로 밀치고 지나간다

한국인들은 대화하는 사람 사이를 가로질러 가는 것을 꺼린다. 대신 둘 중 한 사람을 살짝 밀쳐내며 그 사람의 옆이나 뒤로 지나간다. 이런 행동은 사이를 빨리 지나가는 것이 밀치고 가는 것보다 낫다고 생각하는 미국인들에게 이상하게 비친다. 미국인들은 대화하는 사람들을 밀쳐서 방해하는 대신 그 사이를 빨리 지나쳐 간다.

## 3) 뒤따라오는 사람을 위해 문을 잡아주지 않는다

미국인들은 뒤따라오는 사람이 모르는 사람이라고 해도 문을 잡아주는 것이 보통이다. 한국인들은 뒷사람이 자신과 관계없는 사람일 경우 대개 그렇게 하지 않는다. 그러나 자신의 친구 또는 동료나 상급자일 경우엔 문을 잡고 기다려준다.

## 4) 사람 많은 곳에서 부딪치고 지나간다

복잡한 대도시에서 사람들끼리 서로 부딪치는 경우가 자주 발생한다. 한국인들은 이것이 불가피하다고 생각하며 다치지 않으면 별로 신경 쓰지 않는다. 하지만 미국인은 낯선 사람과의 신체접촉이 발생하면 짜증낸다. 공공장소에서도 자신의 '개인적인 공간'

을 지키려고 하기 때문이다.

### 5) "실례합니다", "미안합니다"라고 말하지 않는다

한국인은 다른 사람에게 자신의 감정을 표현하는 데 서툴다. 말은 하지 않고 주로 표정으로만 감정을 표현하려 한다. 만약 복잡한 전철에서 미국인의 발을 밟고선 눈빛과 표정으로 사과의 뜻을 전한다면, 상대방은 이해하지도 못하고 불쾌하게 생각할 것이다. 미국인은 "미안하다"는 말로 사과하는 것이 우선이다. 말로 표현되지 않는 사과는 미국에선 별 의미가 없다.

### 6) 옷자락을 잡아끈다

한국인은 주의를 끌기 위해 "실례합니다"라고 말하는 대신 상대방의 옷소매를 만지거나 잡아끄는 일이 흔하다. 이런 행동은 미국인에게 짜증나는 일이며 무례한 느낌을 준다.

### 7) 대화 중 상대방을 가볍게 친다

한국인은 우스운 이야기를 하다가 종종 상대방의 어깨나 팔을 가볍게 치곤 한다. 대다수의 미국인을 비롯한 세계 각국의 사람들은 이런 행동을 불쾌하게 생각한다.

### 8) 대화 중 상대방의 눈을 쳐다보지 않는다

한국인은 상대방, 특히 연장자를 똑바로 쳐다보는 것이 실례라고 생각한다. 선생님에게 혼나는 학생은 잘못을 인정한다는 뜻으로 시선을 아래로 떨어뜨린다. 그러나 미국에선 시선을 피하는 것이 관심이나 존경심, 또는 정직성의 결여를 의미한다. 상대방의 이야기에 귀 기울이지 않거나, 상대방이 하는 말에 관심이 없다는 뜻으로 이해된다.

### 9) 여자들이 웃을 때 손으로 입을 가린다

한국에선 웃을 때 손으로 가리는 것이 교양 있는 행동이다. 예의 바른 한국 여성이라면 입을 크게 벌리고 시끄럽게 웃어선 안 된다. 그러나 미국인들은 입 가리고 웃는 여성을 보면, 그 여자가 몰래 자신을 비웃고 있을 거라고 생각한다.

### 10) 악수를 너무 오래 하거나 힘없이 한다

한국에선 악수를 길게 하는 것이 괜찮지만, 미국인은 불편해 한다. 미국에서 힘 있고 짧은 악수는 정직과 신뢰를 나타낸다. 힘없는 악수는 정반대의 인상을 준다. 하지만 미국 남성이 여성으로부터 길거나 가벼운 악수를 받는 것은 부정적으로 여기지 않는다.

### 11) 코를 풀어버리지 않고 계속 훌쩍거린다

한국인은 사람들 앞에서 코 푸는 것을 예의 없다고 생각한다. 감기에 많이 걸리는 겨울철에 사람들로 붐비는 방이나 버스, 전철은 코 훌쩍이는 소리로 어수선하다. 미국인에겐 다소 불쾌한 소리다. 그들은 계속 훌쩍거리는 대신 시원하게 한 번 풀어버리는 것이 낫다고 생각한다.

### 12) 남자들이 사람들 앞에서 귀청소를 한다

한국 남성들은 사람들 앞에서 귀청소하는 것을 대수롭지 않게 여긴다. 하지만 미국인은 남이 안 보이는 곳에서 해야 한다고 생각한다.

### 13) 호텔, 식당, 상점 종업원에게 무례하다

한국인은 호텔, 식당, 상점 종업원에게 무례한 편이다. 만약 미국에서 명령조의 짧은 표현을 사용한다면, 그는 형편없는 서비스를 받게 될 것이다.

### 14) 공공장소에서 침을 뱉는다

한국 거리에선 쓰레기통이나 거리에 침 뱉는 사람을 종종 볼 수 있다. 물론 소수의 사람이 이런 습관을 갖고 있고, 대다수 한국인은 예의가 아니라고 생각한다. 한편 미국인은 침 뱉는 행동을 아주 불쾌하게 생각한다.

### 15) 공공장소에서 마른오징어를 먹는다

한국인이 즐겨 먹는 마른오징어의 냄새는 대다수 미국인에게 불쾌감을 준다. 만약 버스나 비행기에서 마른오징어를 먹으면 냄새를 피할 수 없는 미국인들이 상당히 곤란해 할 것이다.

### 16) 공공장소에서 주위 사람들에게 폐 끼치는 아이를 부모가 내버려둔다

식당, 공항, 호텔 로비 등 공공장소가 놀이터인 듯 뛰어다니며 시끄럽게 하는 아이들을 볼 수 있다. 그런 아이들을 꾸짖는 부모도 있지만, 대개의 부모는 자신의 아이가 다른 사람들에게 불편을 끼치는 것에 무관심하다. 미국인들은 공공장소에서 부모가 아이들을 엄격히 통제해야 한다고 생각한다.

### 17) 외국인을 빤히 쳐다보면서 면전에서 그들에 대해 이야기한다

한국인들은 자신과 다른 모습의 외국인에 대해 관심과 호기심이 많다. 그들의 몸짓이나 복장에 대해 면전에서 이야기를 나누는 경우가 있는데, 최근에는 많이 줄었다. 불쾌감을 주려는 의도는 아니지만, 미국인은 자신들을 동물원의 동물로 취급하는 것에 불쾌감을 느낀다.

### 18) 어린아이의 엉덩이를 토닥거린다

요즘 많이 바뀌었다고는 하나 한국에서 모르는 사람의 아이를 건드리거나 토닥거리는 것은 그리 부자연스러운 일이 아니다. 단지 아이가 귀여워서 나온 행동으로, 한국인은 이를 악의 없는 성의로 받아들인다. 하지만 미국인 부모에게는 불쾌한 반응은 물론, 크게 신경 쓰이는 일이다.

### 19) 인사의 표시로 미소만 짓는다

몇몇 한국인은 미국인이 인사할 때, 그냥 미소로 응한다. 하지만 미국인은 표정이 아닌 말로 인사를 나누는 것을 좋아하며, 시끄러운 곳에선 목례하거나 손을 흔든다. 상대방이 답례로 미소만 띠면, 미국인은 무시당했다고 느낄 수 있다.

### 20) 실내에서도 재킷을 벗지 않는다

한국인은 식당이나 교실 등 실내에서도 재킷을 입은 채 할 일을 한다. 미국인은 어떠한 상황에서건 편히 있으려 하기 때문에 겉옷을 입은 사람에게 벗으라고 권한다. 재킷을 벗지 않는 행동은 그 사람이 불편하고 바빠서 오래 있고 싶지 않다는 것을 의미하기 때문이다.

### 21) 양복에 흰 양말을 신는다

양말 색깔은 바지색과 조화를 이뤄야 한다.

### 22) 상황에 맞지 않게 정장을 입는다

설악산과 같은 장소에 가보면, 일부 한국인들이 등산 복장이 아닌 멋진 레스토랑에 어울릴 법한 정장을 입고 있는 것을 볼 수 있다. 또 클래식 음악회에 참석할 땐 청바지와 티셔츠 차림을 한 젊은이들이 보인다. 미국인에겐 당황스러운 광경이다.

### 23) 환자복을 입고 병원 밖을 걸어 다닌다

한국에선 병원 밖에서 환자복을 입고 한가로이 산책을 하거나 책을 읽고는 환자가 많다. 미국인은 환자복을 부끄러울 정도로 촌스럽다고 생각하기 때문에 절대로 환자복을 입고 병원 밖을 걸어 다니지 않는다.

### 24) 회의 중에 눈을 감고 있다

한국인은 눈을 감으면 집중하는 데 도움이 된다고 말할지 모르지만, 미국인에겐 아주 무례한 행동으로 보인다. 만약 미국인이 회의 중 눈을 감는다면, 상대방의 말이나 눈에 보이는 것에 관심이 없고 차라리 다른 곳에 있으면 좋겠다는 생각을 하는 것으로 인식되기 때문이다.

### 25) 거절의 뜻을 분명히 밝히지 않는다

한국인은 "No"라고 직접적으로 말하기 싫어한다. 같은 한국인이라면 굳이 말로 하지 않더라도 눈치껏 "싫다"는 의사로 받아들일 수 있지만, 미국인은 "No"라고 분명히 말하지 않으면 "Yes"의 뜻으로 이해한다.

### 26) 식사 중 대화하면서 포크, 나이프, 젓가락 등을 흔든다

미국에선 식기를 조용하고 조심스럽게 다뤄야 한다. 음식을 자르거나 입에 넣을 때만 사용하는 식기를 손에 든 채로 제스처를 취하는 것은 위험하고 예의 없는 행동으로 간주된다.

### 27) 직장에서 양치질하는 것이 일반적이다

한국에선 직장에서 양치하는 사람을 종종 볼 수 있다. 구강 건강에 분명히 좋은 습관이지만, 미국인의 눈엔 이상하게 보인다.

### 28) 사무실에서 정장차림에 슬리퍼로 갈아 신는다

많은 한국인 회사원들은 사무실에서 일하는 동안 구두를 벗고 슬리퍼를 신는다. 편한 업무환경을 위해서지만, 유럽이나 미국에서는 슬리퍼란 침실과 화장실 사이를 오갈 때만 사용하는 것으로 다른 사람 앞에서 신는 것이 아니라고 생각한다. 보통 미국인은 편한 신발로 출근해 사무실에서 구두로 갈아 신는다.

### 29) 사무실 책상에 화장실용 휴지를 놓고 쓴다

한국에선 사무실이나 가정에서 티슈 대신 화장실용 두루마리 휴지를 사용하는 것이 흔하다. 심지어 식당에서도 그렇다. 그러나 두루마리 휴지는 화장실에서만 사용되는 것으로 생각하는 미국인에겐 우스꽝스러운 일이다.

### 30) 가위로 고기와 채소를 자른다

한국인은 음식 먹을 때 칼을 잘 쓰지 않는다. 고기 또는 야채 요리는 대부분 조리 전 먹기 좋은 크기로 잘려서 나온다. 그런데 갈비나 냉면 등 식탁 위에서 종업원이나 손님이 가위로 음식을 자르는 경우가 흔하다. 주방에서도 사용이 편한 가위를 이용하는데, 미국인에겐 낯선 풍경이다.

### 31) 면이나 국을 먹을 때 시끄럽게 소리 낸다

"후루룩!", "냠냠!", "쩝쩝!" 뜨거운 면을 입김으로 식히지 않고 입에 넣는 것은 어려운 일이다. 한국인은 맛있게 먹는다는 표현이지만, 미국인은 그 소리를 불쾌하게 생각한다. 그들은 식사 중엔 소리를 내선 안 된다고 교육받는다.

### 32) 입에 음식을 넣은 채 말한다

미국인은 이런 행동을 싫어한다. 가정에서 식사 중 입을 벌린 모습은 눈살을 찌푸리게 하며, 공공장소에선 예의와 교양이 없는 것으로 인식된다. 한국에선 음식물이 입 밖으로 튀어나오지 않는 한 큰 문제가 없는 행동이다.

### 33) 본론에 들어가기 전 장황하게 잡담을 한다

한국인은 친밀한 관계가 되기 전이나 상대방의 의도를 파악하기 전에는 구체적인 사업 이야기를 꺼내지 않는다. 냉정하고 통명스러운 사람으로 인식될 수 있기 때문이다. '시간은 돈'이라 생각하는 미국인은 가급적 최소한의 시간 내에 가장 효율적으로 일을 처리하고 싶어 한다. 빠듯한 일정으로 한국을 찾은 미국 사업가들은 '변죽만 울리는 듯한' 한국인의 태도에 답답함을 느낄 수 있다.

### 34) 식사 중 식탁을 가로질러 물건을 집는다

한국인들은 다른 사람에게 필요한 것을 건네달라고 부탁하기보단 식탁 위로 팔을 뻗어 직접 집으려 한다. 식사 중인 다른 사람을 방해하지 않기 위해서다. 미국인은 물건 가까이 있는 사람에게 건네달라고 부탁하는 것을 훨씬 좋아한다. 자신의 팔이 다른 사람의 음식 위로 지나가는 것을 무례하다고 생각하기 때문이다.

### 35) 식탁에서 요란하게 이쑤시개를 사용한다

한국인은 이를 쑤실 때 눈에 띄지 않으려고 손으로 가리지만, 실제론 그런 행동이 더욱 시선을 끈다. 미국에선 식사 중인 다른 사람에게 방해되지 않도록 대개 화장실이나 식당 밖에서 이쑤시개를 이용한다.

### 36) 식사 후 바로 자리를 뜬다

한국인은 식사 중 별로 말을 하지 않는다. 식사 후엔 바로 자리에서 일어난다. 미국인은 식사 전 약간의 이야기를 나눈 후, 식사를 하면서도 적당한 대화를 하고, 식사가 끝난 후 더 많은 대화를 한다. 소화가 되도록 식후에 느긋하게 앉아서 대화를 즐긴다.

### 37) 식당에서 뜨거운 물을 준다

미국인은 차가운 음료를 즐긴다. 겨울이라도 거의 차가운 음료가 제공되며, 뜨거운 물은 절대 나오지 않는다. 뜨겁게 나오는 음료는 차와 커피뿐이다.

미국인은 한국 식당이나 커피전문점에서 뜨거운 물이 나오거나 얼음이 없다는 이야기를 들으면 종종 당황해 한다.

### 38) 자신이 마신 잔으로 다른 사람에게 술을 권한다

자신이 마시던 잔으로 술을 권하는 것은 상대방에 대한 진실한 우정을 표시하는 행위라고 생각하는 한국인이 많다. 그러나 대부분의 미국인은 이런 행동을 비위생적이라고 생각한다.

### 39) 손님에게 술 한 잔 더 하라고 강요한다

한국인은 손님에게 술이나 음료를 한 잔 더 마실 것을 여러 번 권한다. 이를 거절하는 최선의 방법은 술잔을 완전히 비우지 않거나 술을 더 권할 때 술잔을 손으로 덮는 것이다. 미국인은 본인의 의사에 반하는 어떤 일을 하도록 강요받을 때 상당히 기분 상해할 수 있다.

### 40) 개인적인 질문을 한다

한국에 사는 미국인들은 개인적인 문제에 대해 자주 질문을 받는다고 생각한다. 나이, 결혼 여부, 연봉, 자녀가 없는 이유, 체중 등의 질문이다. 상대방에 대한 관심이 많아 묻는 것이지만, 미국인은 사생활 침해라고 생각되는 질문을 싫어한다.

### 41) 모임에서 노래하라고 강요한다

노래방 문화는 한국문화의 일부로, 참석한 사람들 모두 한 곡씩은 부르는 것이 일반적이다. 하지만 미국에선 아주 보기 드문 일이다. 다른 사람의 노래는 듣기 좋아하지만, 앞에서 노래하는 것은 불편하게 생각하는 미국인이 많다.

### 42) 동성과 손을 잡고 걷는다

한국인, 특히 여성들 사이에선 동성(同性) 간에 손을 잡고 걷는 것이 아주 자연스러운 일이다. 미국 여성들은 이런 행동을 다소 불편하게 여긴다. 미국 남성들은 어려서부터 받은 교육 탓에 간단한 악수를 제외하곤 어떤 접촉도 몹시 불편하게 생각한다.

### 43) 남자들끼리 몸을 터치한다

한국 남자들은 처음 만난 사이라도 상대방의 무릎이나 다리를 터치하는 행동을 자연스럽게 생각한다. 이런 행동은 상대방에게 친근감을 나타내는 것이다. 한국인들은 이를 스스럼없이 하지만, 개인공간을 중요시하는 미국인은 자신의 공간을 침해당했다고 느끼거나, 성적인 행동을 한다고 생각할 수 있다.

### 44) 동성과 춤을 춘다

미국인은 한국의 클럽에서 많은 한국인 남녀가 동성끼리 춤 추는 것을 보고 충격을 받는다. 미국에서도 여성끼리는 종종 함께 춤을 추지만, 남자는 절대로 남자끼리 춤을 추지 않는다. 한국에선 우정과 재미의 의미지만, 미국에선 동성연애자임을 나타내는 행동이다.

### 45) 얼굴이 굳어 있고 표정이 없다

다른 사람에게 속마음을 드러내지 않는 것은 한국문화의 일부분이다. 이러한 경향은 한국인들이 어렸을 때부터 헤프게 웃으면 안 된다고 교육받은 데서 비롯된 관습이다. 미국인은 자신의 감정표현, 특히 웃음에 있어 개방적이다. 모르는 사람에게도 미소를 건네며 인사하는 미국인들에게 한국인의 무표정한 얼굴은 오해를 사기 쉽다.

### 46) 말하는 것이 모호하다

가족이나 가까운 친구가 아닌 이상, 한국인은 간접적으로 이야기하는 경향이 있다. 논쟁을 피하거나 무례하게 보이지 않으려고 '아마', '…같다' 등의 표현을 자주 쓴다. 하지만 명확하고 직접적인 의견과 사실적인 설명을 원하는 미국인들을 짜증나게 할 수도 있다.

### 47) 당황할 때 웃는다

한국인은 실수할 때 당황스러움을 감추기 위해 미소를 짓는 경우가 많다. 이는 실수한 사람에게 진지한 사과의 표정을 기대하는 미국인에게 오해의 소지가 된다. 미국에서 그와 같은 미소는 '잘못했지만 신경 안 쓴다'는 뜻으로 해석되기 때문이다.

### 48) 운전자가 보행자에게 양보하지 않는다

한국엔 보행자에게 양보하지 않는 운전자가 많다. 최근엔 많이 나아졌지만, 여전히 횡단보도와 신호등을 지키지 않는 차들 때문에 위험한 일이 발생하기도 한다. 미국은 특히 보행자의 안전을 중요시하기 때문에 한국인의 운전문화가 더욱 위험하게 느껴진다.

### 49) 보도 위에서 오토바이나 스쿠터를 탄다

많은 오토바이나 스쿠터가 배달에 이용된다. 바쁜 일정상 종종 행인들을 무시하고 보도 위에서 운전하는 것을 볼 수 있다. 미국인은 위험한 행동에 짜증을 낸다. 당연히 보행자들만 이용해야 할 보도 위에서조차 분별없는 운전자를 피할 수 없기 때문이다.

### 50) 팁 주는 것을 잊어버린다

한국에선 팁이 드물기 때문에 서양의 여러 나라를 여행하는 한국인들은 종종 팁 주는 것을 잊어버리곤 한다. 미국에서 팁은 서비스업 종사자의 수입 중 상당부분을 차지하며, 자신의 봉사에 대해 최소한의 팁이라도 받을 것을 기대한다.

### 51) 한국인의 '이리 와'는 미국인에겐 '저리 가'가 된다

한국인의 '이리 와' 신호는 손바닥을 아래로 내려 흔드는 것이다. 미국인에겐 '저리 가'라는 뜻이 된다. 미국에서 오라는 손짓은 손바닥을 위로 올려 흔드는 것이다.

### 52) 화장지가 화장실 밖에 걸려 있는 경우가 있다

미국의 경우 화장지는 모든 칸막이 안에 있다. 그러나 한국의 일부 공공화장실엔 화장지가 칸막이 밖에 있어 뜻밖의 곤란을 당하는 미국인이 많다.

### 53) 화장실 칸마다 휴지통이 있다

한국의 많은 화장실엔 사용한 휴지를 버리기 위한 휴지통이 있다. 미국은 그런 용도의 휴지통이 없으며, 사용한 휴지는 변기 속으로 넣어버린다.

### 54) 양쪽으로 열리게 돼 있는 출입문을 한쪽만 열어둔다

건물의 입구와 출구가 명확하게 구분돼 있는 것을 좋아하는 미국인은 이틀 아주 불편하게 여긴다. 한국을 방문하는 많은 외국인이 좁은 출입구에서 다른 사람과 마주칠 경우 누가 양보해야 할지 몰라 순간적으로 망설이게 된다.

### 55) 공중화장실이 남녀 공용으로 사용된다

한국의 작은 건물이나 식당엔 화장실이 남녀 공용일 경우가 많아 남녀가 동시에 화장실을 쓰는 일이 종종 발생한다. 또 남녀 화장실이 별도로 있을 때도 바로 옆칸에 붙어 있는 경우가 많다. 미국인에겐 놀랍고 당황스러운 일이다.

# Chapter 5 한국인이 오해할 외국인의 습관

### 1) 검지손가락을 이용해 사람을 부른다

미국인들은 사람을 부를 때 흔히 검지손가락을 세워서 부른다. 한국인은 동물을 부를 때나 검지손가락을 사용하며, 사람을 부를 땐 절대 사용하지 않는다.

### 2) 검지손가락으로 사람을 가리킨다

많은 미국인은 상대방의 주의를 끌기 위해서 검지손가락으로 사람을 가리킨다. 한국에선 아주 무례한 행동이다.

### 3) 어린아이의 코를 떼어간다는 우스개의 의미로 검지와 중지 사이에 엄지를 끼워 보인다

한국에선 가운뎃손가락을 추켜들어 내미는 행위와 같이 모욕적인 의미지만, 미국에선 어린아이를 놀리는 행동이다.

### 4) 연장자 앞에서 담배를 피운다

한국인은 연장자가 담배를 피워도 그 앞에선 거의 담배를 피우지 않는다. 무례한 행동이기 때문이다. 미국인은 흡연장소가 허락된 곳이라면 앞에 있는 사람의 나이는 큰 의미가 없다.

### 5) 상급자에게 인사 대신 손을 흔든다

한국인은 연장자와 마주하면 항상 허리나 고개를 숙여 인사한다. 상급자와 하급자가 동등하다고 생각하는 미국인들은 서로 손을 흔들어 인사한다. 이러한 사회적 지위의 평준화는 한국인에게 생소하게 보인다.

### 6) 악수를 너무 세게 한다

미국 남성들은 종종 신뢰감, 정직함 또는 친밀감의 표시로 힘찬 악수를 한다. 적어도 상대방이 악수할 때 조금이라도 힘을 주길 기대한다. 한국인에겐 다소 격렬하게 보이기도 한다.

### 7) 공공연히 가족 자랑을 한다

미국인들은 공공연히 가족 자랑하길 좋아한다. 한국인은 가족 구성원을 드러내놓고 자랑하지 않는 것을 미덕이라고 생각하기 때문에 가족 자랑은 잘 하지 않는다. 배우자의 요리솜씨나 미모, 아이들의 학교성적을 공공연히 칭찬하지 않지만, 미국인은 반대다.

### 8) 대화 중 주머니에 손을 넣고 있다

서서 대화하는 친구 사이부터 기자회견 중인 대통령에 이르기까지 미국인들은 이런 격의 없는 자세를 흔히 취한다. 이는 그 사람이 긴장하고 있지 않은 편안한 상태임을 보여주는 행동이다. 그러나 한국인들, 특히 연장자들에겐 상대방을 존중하지 않거나, 상대방의 이야기에 관심이 없는 태도로 보일 수 있다.

### 9) 대화 중에 너무 빤히 쳐다본다

미국에선 상대방의 눈을 쳐다보는 것이 효과적인 의사소통을 하는 데 중요한 요소가 된다. 마음에서 우러나온 관심과 존경의 표현이기도 하다. 그러나 한국인들은 대화 중 미국인들이 너무 빤히 오래 쳐다본다고 느낀다. 한국인은 잠시 시선을 돌리면서 쳐다보는 것이 상대방을 편하게 하기 때문이다.

### 10) 연장자에게 한 손으로 물건을 주고받는다

미국인은 대개 한 손으로 물건을 주고받는다. 젊은이가 연장자에게 물건을 줄 때도 마찬가지다. 상대방에 대한 존경심이 없는 것이 아니라, 그들의 습관이기 때문이다.

### 11) 운동 중에 심지어는 대화 중에도 껌을 씹는다

미국인은 아마 세계에서 가장 껌을 많이 씹는 사람일 것이다. 대화 중에도 껌 씹는 것을 개의치 않는다. 때와 장소를 가려 껌을 씹는 한국인에겐 상당히 무례한 행동이다.

### 12) 차 안에서 음악을 크게 틀어놓는다

이런 경솔한 행동의 근원은 미국 헌법의 중심을 이루고 있는 자유의 권리에서 비롯된다. 미국의 젊은이들은 자유롭게 차를 몰고, 자신이 좋아하는 음악이면 뭐든지 원하는 만큼 크게 틀어놓고 듣는다. 특히 반항적인 젊은이들이 이런 권리의 행사를 좋아한다. 한국에서도 일부 운전자들이 음악을 크게 틀지만 대부분은 창문을 내리거나 조용히 듣는다.

### 13) 연장자에게도 이름을 부른다

서로 신뢰하고 협조하는 친숙한 관계를 형성하기 위해 많은 미국인은 사업상의 모임이나 사교적인 자리에서 이름을 불러줄 것을 고집한다. 아주 가까운 친구가 아닌 이상 이름을 부르지 않는 한국인에겐 상당히 무례한 행동이다. 한국인은 주로 '부장님', '선생님' 등 직함이나 존칭을 사용한다.

### 14) 모든 아시아인은 똑같은 민족이라고 생각한다

미국인이 한국인에게 중국인 또는 일본인이냐고 물으면 많은 한국인이 기분 상해 한다. 아시아 경험이 별로 없는 미국인들은 아시아인의 국적을 구별하기가 쉽지 않다. 이런 종류의 질문은 피하는 것이 좋다. 이는 한국인이 유럽인을 보고 미국인이라고 하는 것과 비슷하다.

### 15) 사람들 앞에서 큰 소리로 코를 푼다

특히 식사 중 큰 소리로 코를 풀면 한국인들에겐 큰 실례다. 몇몇 미국인은 사람들로부터 몸을 돌리고 코를 풀기도 하지만, 그렇게 하더라도 한국인들이 불쾌해 하기는 마찬가지다. 한국인들은 사람들 앞에서 거의 코를 풀지 않는다.

### 16) 길거리나 공공장소에서 음식을 먹는 것이 자연스럽다

미국인은 집 앞 계단, 버스, 지하철, 복잡한 거리 등에서 샌드위치나 햄버거를 먹는 것을 즐긴다. 한국인은 대부분 이러한 행동에 익숙하지 않다. 그러나 미국인은 공공장소에서 음식을 먹으면서 걷는 것에도 익숙하다.

### 17) 상대방의 이목보다는 자신이 좋아하는 옷을 입는다

다른 사람이 어떻게 생각하는지는 상관하지 않고, 자유와 개인의 권리를 바탕으로 한 미국인의 신념에서 유래한 문화다. 종종 보는 사람이 언짢을 수도 있는 독특한 패션도 볼 수 있다. 타인의 시선을 크게 의식하는 한국인에겐 이상하게 보일 수도 있다.

### 18) 웃옷을 입지 않고 경기 관람이나 조깅을 한다

야구장이든 공원이든 미국인 남자는 웃옷을 벗고 싶을 때 부담 없이 벗는다. 웃옷 벗은 모습을 누구나 보기 좋아하진 않으며, 한국에선 더욱 그렇다.

### 19) 정장을 입을 때도 운동화를 신는다

미국의 직장 여성들은 종종 출퇴근 때 운동화를 신는다. 사무실에 도착하면 구두로 갈아 신는데, 한국과는 반대다.

### 20) 직접적, 공격적으로 이야기한다

미국인에게 직접적인 대화방식은 명확하고 적절한 의사표시로 받아들여진다. 그러나 한국인에겐 그런 말투가 퉁명스럽거나 협박하는 것처럼 느껴질 수 있다. 미국인은 이야기의 핵심으로 바로 들어가는 것을 좋아하지만, 한국인은 대개 핵심을 이야기하기 전에 배경 설명을 길게 하는 편이다.

### 21) 사무실에서 책상이나 의자에 발을 올려놓는다

미국인들은 휴식을 취할 때 책상이나 의자에 발을 올린다. "발을 올려놓고 잠시 쉬어라"란 표현도 있다. 그러나 한국의 사무실에선 존경심이 결여된 아주 예의 없는 행동으로 간주된다.

### 22) 상사의 책상에 던지듯 물건을 내려놓는다

미국인은 혐오감이나 분노의 표출이 아닐 경우엔 펜이나 폴더 같은 물건을 상사의 책상에 가볍게 던져놓는 것을 아무렇지 않게 생각한다. 화가 났을 경우라도 '시민적 불복종(civil disobedience)'으로 여겨 상사가 크게 개의치 않는다. 하지만 한국에서 그런 행동은 당장 해고감이다.

### 23) 대화 중에 팔짱을 끼고 있다

미국인에게 팔짱 끼는 것은 뭔가 주의 깊게 생각하고 있을 때 취하는 격의 없는 자세에 불과하다. 그러나 한국에서 이런 태도는 종종 다른 사람의 의견에 대한 단호함이나 반대의사를 의미한다.

### 24) 강의 중 테이블이나 책상에 앉는다

미국 학교에서 강사가 책상 등에 앉는 자세는 교사와 학생이 허물없고 친밀한 관계라는 것을 보여준다. 또 회사에서도 이런 행동이 발표 등을 할 때 흔히 일어나지만, 한국의 대다수 직장인은 이 행동을 못마땅하게 생각한다.

### 25) 입에 필기도구를 문다

미국인은 강의 또는 발표를 들을 때나 생각에 잠길 때 필기도구를 씹거나 빠는 경우가 많다. 뭔가에 깊이 몰두하고 있다는 의미지만, 한국인의 눈엔 품위 없고 유치한 행동으로 보인다.

### 26) 상급자 앞에서 다리를 꼬고 앉는다

미국에선 다리를 꼬는 것이 단지 편히 앉는 자세일 뿐이지만, 한국에선 연장자 앞에서 이렇게 앉는 것은 결례다.

### 27) 명함을 받아서 제대로 읽어보지도 않고 주머니에 넣는다

미국에선 당연한 행동이지만, 한국에선 상대방이 건네준 명함을 주의 깊게 보지 않아서 성사 가능성이 큰 거래를 놓치는 경우가 발생할 수 있다. 사람을 처음 만날 때, 상대방으로부터 받은 명함을 읽는 시간을 가지는 것은 한국에서 존중의 표시로 인식된다.

### 28) 빨간색으로 사람 이름을 쓴다

한국에선 죽은 사람의 이름을 쓸 때만 빨간색을 사용한다. 미국에선 어떤 색깔로 사람의 이름을 쓰든 문제가 되지 않지만, 한국에선 남의 이름을 쓸 때 가급적 빨간색으로 쓰면 안 된다.

### 29) 사소한 불만을 서면으로 표현한다

미국인은 향후에 발생할지도 모르는 논란을 피하기 위해 모든 것을 서면으로 작성하고 싶어 한다. 한국인도 이를 받아들이긴 하지만, 사소한 문제까지 미국인이 서면으로 불평하는 것을 좋아하진 않는다. 한국에선 서면보다 말로 이의를 제기하는 것이 낫다.

### 30) 횡단보도에서 보행신호가 켜지길 기다리지 않는다

일부 미국인은 횡단보도를 건널 때 보행신호를 기다릴 만큼의 참을성이 없다. 특히 지나가는 차가 없을 땐 더욱 그렇게 행동한다. 차보다 사람을 우선시하는 문화가 강하기 때문인데, 한국에선 상당히 위험한 행동이 될 수 있다.

### 31) 식사 중 손가락을 빤다

미국인은 닭튀김, 햄버거, 피자 등 음식을 먹을 때 손가락을 사용한다. 그리고 식사 후엔 손가락을 빤다. 일부 미국인도 이 행동을 좋아하진 않지만, 한국인은 대부분 이를 결례라고 생각한다.

### 32) 식사 중에 말을 너무 많이 한다

미국인에게 식사는 사교의 시간이기도 하다. 식사 중 침묵은 불편한 분위기를 만들 수 있다. 미국식 재담은 한 사람이 음식을 씹는 동안 다른 사람은 얘기하고, 그 다음에 역할을 바꾸는 식으로 이뤄진다. 하지만 한국인은 식사 중 많은 이야기를 하지 않는다.

### 33) 시끄러운 목소리, 큰 제스처, 과장된 표정을 한다

미국인은 대화를 나눌 때 한국인보다 훨씬 활기차게 이야기한다. 특히 한국인과 영어로 대화할 땐 목소리를 높이고 과장된 제스처를 쓰는 경우가 많다. 미국인들은 많은 한국인이 영어를 유창하게 말하진 못하지만 귀머거리는 아니라는 사실을 잊어버리는 듯하다.

### 34) 남편의 성으로 한국 여성을 부른다

결혼 후 남편 성을 따르는 미국의 관습 때문에 생기는 혼동이다. 결혼 후에도 자신의 성을 버리지 않는 한국인 여성을 남편 성으로 부르면, 대개 자신을 부르는지 모르게 된다.

### 35) 자신의 몫만 계산한다

한국에선 누군가 식사를 함께하자고 청한다면 이는 식사 대접을 하겠다는 의미로 받아들여진다. 일부 젊은 세대를 제외한 많은 한국인은 각자 부담하는 것에 익숙지 않다.

# 참고문헌


Cuddy, A. J., Wilmuth, C. A., & Carney, D. R.(2012), The benefit of power posing before a high-stakes social evaluation

권경리 · 한광종(2017), 국제매너와 이미지메이킹, 백산출판사

김성후 · 김인구 · 정순선(2007), 현대 비즈니스 매너, 백산출판사

김영경 · 김신연 · 임혜경(2002), 향기 나는 매너 감동 주는 서비스, 호미

도영태 · 김순희(2005), 직장예절, 영진미디어

로잔 토머스 지음, 서유라 옮김(2018), 태도의 품격: 최고의 조직은 왜 매너에 집중하는가, 다산북스

문소윤(2016), 서비스 파워, 백산출판사

박성희(2007), 공감, 학지사

박한표(2004), 매너의 역사, 세련화인가? 아니면 본능적 충동의 억압인가? 서양사학연구, 11집, 한국서양문화사학회

스튜어트 다이아몬드 지음, 김태훈 옮김(2011), 어떻게 원하는 것을 얻는가, 8.0(에이트 포인트)

심혜경(2007), 매너교육의 초등도덕교육에의 적용, 부산교육대학교 교육대학원

오미영 · 정인숙(2005), 커뮤니케이션 핵심이론, 커뮤니케이션북스

오재복 · 노연아 · 반반야 · 백종준(2017), 따라하고 싶은 테이블 매너, 백산출판사

윤치영(2007), 설득 · 경청 논박의 기술, 일빛

이인경(2016), 인파워&서비스이미지메이킹, 백산출판사

이정원 외(2017), 매력이 넘치는 매너플러스, 교문사

이향정 · 오선미 · 김효실(2017), 매너지수를 높이는 글로벌 매너, 글로벌 에티켓, 백산출판사

장순자(2016), 서비스 매너, 백산출판사

조영대(2016), 글로벌 에티켓과 매너, 백산출판사

크리스틴 포래스 지음, 정태영 옮김(2018), 무례함의 비용: 막말 사회에서 더 빛나는 정중함의 힘, 흐름출판

한국산업인력공단(2012), 의사소통능력

한국직업능력개발원(2012), 회사생활 그 첫걸음

호조 구미코 지음, 조미량 옮김(2016), 일 잘하는 사람의 공통점은 매너에 있다, 넥서스BIZ

황정선(2010), 내 남자를 튜닝하라, 황금부엉이

대한무역투자진흥공사, 국가 · 지역정보(http://news.kotra.or.kr/)
디캔팅 하는법: 왜 와인은 디캔팅을 할까(http://lamp58.tistory.com/entry/)
보건복지부 장사정보시스템(http://www.ehaneul.go.kr/)
예술의 전당 관람예절(https://www.sacticket.co.kr/SacHome/useguide/viewGuide)
외교부 여권안내홈페이지(http://www.passport.go.kr/issue/photo.php)
인천공항공사(https://www.airport.kr)

SBS(2017.1.15.), [라이프] 웜톤? 쿨톤? 너무 어려운 '퍼스널 컬러' 이렇게 해보자
YTN(2015.07.11), "기계보다 사람이 먼저다" … 두 줄 서기 폐지되나? 기사 일부 인용
매일경제, Citylife, 제309호(2012.01.03), 결국 조직에서 밀려나게 될 직원유형 일곱 가지 중 하나
전북일보(2007.04.18), 애경사(哀慶事)와 경조사(慶弔事)
조선비즈(2010.4), 한국인이 혼동하기 쉬운 글로벌 에티켓 2: 문화의 차이가 無禮를 불러온다
조선비즈(2015.09.24), 해외 호텔 이용 매너 5가지
조선일보(2012.02.15), 고객님, 신상품이세요 → 신상품입니다 현대백화점, 높임말 바로잡기 캠페인
중앙일보(2017.03.29), [여행의 기술] 비상구 자리 원하면 3시간 전엔 공항 가야, 기사 일부 인용
한국일보(2017.12.14), [장강명 칼럼] 규범에 대한 규범, 기사 일부 인용
한국일보(2017.7.19), 휴가철 호텔 · 공항서 팁 얼마나 줄까요
한국일보(2018.07.14), 무례라는 공해
허핑턴포스트(2014.9.29), 당신이 최악의 비행기 탑승객이라는 증거 10
허핑턴포스트(2017.7.26), 기내에서 대접받는 7가지 에티켓

## 저자 소개

### 서여주

- 이화여자대학교 일반대학원 경영학 석사
- 이화여자대학교 일반대학원 소비자학 박사
- 전) IDS & Associates Consulting 컨설턴트
  경기연구원 연구원
  한국직업능력개발원 연구원
  과학기술정책연구원 부연구위원
- 현) 알토스랩 대표
  이화여자대학교, 가천대학교, 을지대학교, 단국대학교 외래교수
  우송대학교 겸임교수

서여주 박사는 우리 사회에서 진정성(authentic) 있는 행동에 대한 올바른 인식과 구체적인 가이드를 꾸준히 연구·개발하고 있는 학자이다. 특히 에티켓과 매너의 영역을 사회적 과제와 요구도에 맞게 세분화하였는데 이는 사람에 대한 공감과 공생의 세계관을 갖추는 데 도움이 되고 있다. 더욱이 대학에서 글로벌 매너와 커뮤니케이션에 관한 강의를 통해서 이(異) 문화에 대한 이해와 전인적 소통능력 및 비즈니스 협상능력을 키우기 위해 노력하고 있다. 또한 다수의 학술 및 정책 연구를 수행하면서 2016년 소비자정책교육학회와 2018년 단독으로 고객만족경영학회에서 우수논문상을 수상하기도 했다. 수많은 이슈를 주의깊게 살피며 학계는 물론 실무영역에서도 선도적인 문제를 제기하고 있다.
대표 저서로는 『고객서비스 능력 향상을 위한 고객응대실무』, 『인간관계 심리 메커니즘』, 『소비자 행동과 심리』, 『소비와 시장』, 『소비와 프로모션』, 『소비자 그리고 라이프스타일』 등이 있다.

저자와의
합의하에
인지첩부
생략

# 365 Global Manners

2018년 8월 30일 초 판 1쇄 발행
2023년 2월 10일 제4판 1쇄 발행

**지은이** 서여주
**펴낸이** 진욱상
**펴낸곳** (주)백산출판사
**교 정** 박시내
**본문디자인** 오행복
**표지디자인** 오정은

**등 록** 2017년 5월 29일 제406-2017-000058호
**주 소** 경기도 파주시 회동길 370(백산빌딩 3층)
**전 화** 02-914-1621(代)
**팩 스** 031-955-9911
**이메일** edit@ibaeksan.kr
**홈페이지** www.ibaeksan.kr

ISBN 979-11-6567-612-4 93190
**값 23,000원**